基础外语教育与研究

主编　龚亚夫

第二辑

上海外语教育出版社
外教社　SHANGHAI FOREIGN LANGUAGE EDUCATION PRESS

图书在版编目（CIP）数据

基础外语教育与研究. 第二辑 / 龚亚夫主编；张宏
执行主编. -- 上海：上海外语教育出版社，2023
ISBN 978-7-5446-7717-2

Ⅰ.①基… Ⅱ.①龚… ②张… Ⅲ.①外语教学—教
学研究—中小学 Ⅳ.①G633.402

中国国家版本馆CIP数据核字(2023)第088428号

出版发行：**上海外语教育出版社**
　　　　　（上海外国语大学内）　邮编：200083
电　　话：021-65425300 (总机)
电子邮箱：bookinfo@sflep.com.cn
网　　址：http://www.sflep.com
责任编辑：墨 菲

印　　刷：上海商务联西印刷有限公司
开　　本：787×1092　1/16　印张 12.75　字数 310 千字
版　　次：2023 年 9 月第 1 版　2023 年 9 月第 1 次印刷

书　　号：ISBN 978-7-5446-7717-2
定　　价：42.00 元

本版图书如有印装质量问题，可向本社调换
质量服务热线：4008-213-263

主编寄语

　　中小学外语教学现在正处于一个非常特殊的、承前启后的时期。新一轮课程改革已经开始，新的课程方案、课程标准已经颁布实施。一方面，义教阶段学校使用的教材，还是依据上一轮课程标准编写的，无论从教学目标、话题内容以及教学路径等等方面，都不能适应课程改革课程标准提出的新的要求；另一方面，一些新的概念，新的要求，引发中小学教师的极大关注，比如，大单元教学、单元整体教学、大概念（大观念）、英语学习活动观、主题意义、教—学—评一体化等等。教师们在努力理解这些新概念，也积极寻求答疑解惑，同时尝试很多新的做法。这些尝试与探讨，又使教师们逐渐转变理念、调整教学思路、尝试新的方法，为即将在义教阶段使用的新教材提供准备。本期集刊，就是反映这样特殊时期教师们的探讨。

　　既然是探讨，就允许有各种不同的观点、不同的主张，本期集刊，也反映出编辑部这样一种理念。细心的读者可能会发现，一段时间之内流行的某些说法，某种教学主张，过一段时间可能被取代，被替换为新的提法；或者某些概念，过一段不再提及。这些变化，反映出人们在改革过程当中，无论是教师还是专家的认识，也是在根据实际，不断地调整以适应实际情况。集刊为了使教师广开思路，多接触不同的教学主张，刊出的一些文章，并不一定代表编辑部完全赞同这些说法和主张，而是力求反映这个阶段教师们的探索，这就需要教师审思明辨，形成自己独立的思考。因此，我们也呼吁，如果读者朋友们有什么想法，对于文章作者提出的某些说法有疑问，都欢迎大家及时向编辑部反映，真实地、坦诚地谈出自己的看法。课程改革，需要听取一线教师的声音，反映教学的实际，解决教师的困难。当然，更欢迎大家积极投稿，使自己的教学体会、教学主张和成功经验，能让全国更多同仁共享！

龚亚夫

2023 年 7 月

主　　　编：龚亚夫

执 行 主 编：张　宏

编 辑 部 主 任：韩天霖

编辑部副主任：黄新炎

项 目 编 辑：窦蓉艳

投 稿 邮 箱：JCWYTG@163.com

目 录

名家论坛

新课程新教材建设

教学任务设计

课程设计指南

研究方法

测试与评价

课堂观察实例

今天我们应该怎么学语法

赵美娟

提　要：本文阐述了语法指什么,提出语法可指语言的规则系统,也可指关于这套规则系统的知识,还可指运用语法知识的能力,并阐释了掌握语法知识并不等同具备语法能力;探讨了语法知识的维度,指出语法不能局限于对静止的语言形式的描写,而要覆盖形式—意义—用法三个维度,形式关乎语言表达的正确性,意义关乎表达的准确性,用法关乎表达的得体性;探讨了语言知识如何转化为语法能力,认为学习者需参与多种形式的语言产出活动,在具体语境中感知、理解、比较、应用,建立起形式—意义—用法的关联,方能提高在真实语境中的语言应用能力。

关键词：语法知识;语法能力;形式—意义—用法;产出;语境化

1. 引言

但凡人们论及外语学习,必会提到语法。借助于语法规则,人们可以理解语言结构、产出句子,故语法学习在学外语过程中的重要性无需赘述。但是不少学习者一提到学语法就有些发怵,觉得语法规则难记,学起来枯燥无趣,而且记住规则后在使用中仍难免犯错。造成语法学习低效乏味的原因与语法学习的方法有很大关系。那么,语法究竟应该怎么学? 要回答这个问题,首先需要了解语法究竟指什么。

2. 语法指什么

大家可能听到过类似以下的说法：

> Latin has a good deal of grammar.　（1）
>
> Jespersen wrote a good grammar, and so did Kruisinga.　（2）
>
> His grammar was terrible.　（3）

这些句子中的 grammar 意思不尽相同,句(1)中 grammar 指的是语法变化形式,是构成一门语言的组词造句的规则系统;句(2)中指的是对语法规则的研究和描述;句(3)中指的是语法运用情况。由此可见,在人们心目中,语法有着不同的含义,可能是一个语言规则系统,可能是对语法规则的描述和研究，也可能是语法规则的应用能力。

2.1　语言的组词成句规则

每一门自然语言都存在着一套组词成句的规则，我们称之为语法。Kroeger（2005，p. 5）指出"语法这一术语常用来指赖以生成某一特定语言中所有固定句型的一整套规则"。例如动词后带有后缀-ed 表示"过去"，It is ... that ... 表示强调，If I were you 表示假设意义。这些规则是语言中的客观存在，所有持同一语言的人都会遵循这些规则生成句子、理解句子，故可以实现相互交流。

2.2　关于语言组词成句规则的知识

语法的另一层意义是对语言组词成句规则的研究。《韦氏大词典》是这样界定语法的："关于词性以及词的屈折变化和在句中的功能和关系的研究。"研究者会借助于语法编码，如SVC、SVO、现在时、过去时、主动态、被动态等，对语法现象进行描写。研究的成果揭示了语言的运行规则，形成人类对于语言的认识，积累起了关于不同语言的语法知识。

2.3　运用语法规则的能力和表现

语法还可以指人们运用语法规则的语言表现和能力。当我们说"The teacher told John to watch his grammar."时，我们关注的是约翰在语法规则运用上的表现，是其语法应用能力的体现。

大量的教学实践表明，学习了语法知识并不能自然地具备语法能力。不少学习者花大量功夫记住了许多语法规则，却仍不能在交际活动中正确地表达，面临所谓"惰性知识问题"（Larsen-Freeman，2005，p.8）。他们理解规则，也可以准确地描述规则，但这些知识仅保存于大脑中，却不能主动、自觉地应用于解决面临的问题。学习者若要能用所学外语进行书面的、口头的交流，不仅需要掌握语法知识，还需要构建语法能力。对于外语学习者而言，语法包含了语法知识和语法能力两个维度。

3. 学习者需具备怎样的语法知识

语法知识是人们研究语言后所形成的关于语言构造特点和使用规范的探索结果，是语言自身运作规律的写照，包括诸如名词的数、格，动词的时、态等形态变化和诸如句子的成分、语序、种类等句子结构方面的知识。

英语中，无论是屈折词缀，还是词与词的关系，或是某个句型，都具有一定的表意功能。正因为语法形式可表示特定的语法意义，所以人们曾认为"语法是在语境信息不足时使说话者或写作者的意思清晰的过程"（Thornbury，1999，p.13）。诚然，当我们看到 an apple 和 the apples 这两个词组时，无需语境，单单凭借冠词、词缀-s，便可知苹果在数量上的不同。又如以下两个简单句：

　　　Tom was in Beijing.　（4）

Tom has been in Beijing.　（5）

虽然没有上下文，但是了解了英语语法关于一般过去时和现在完成时的描述，并不难发现两句句子表达的意义存在着不同，句(4)用一般过去时，指汤姆以前在北京，表示过去的状态，而句(5)用现在完成时，指的是汤姆已去北京且还在北京，表示过去发生且延续到现在的状态。以上例子说明语言形式传递着意义，即使在语境信息不足的情况下，听者说者双方按照共同的语法规律，仍可完成一定的信息交流。

然而，随着语法研究的深入，人们发现自然语言的复杂性在于语言形式和意义的对应关系未必是唯一的，某一形式可以有不同的意义，某一意义可以用不同的形式来表示：

例如：

The chicken is ready to eat.

The chicken 既可作为 to eat 的主语，表示"鸡准备吃了"；也可作为 to eat 的宾语，表示"鸡已煮好，可以吃了"。同一语言形式可以表达不同的意义。在这种情况下，若是带有前言后语，说话人要表达的意思才能明白无误：

It's time to feed the chicken. It is ready to eat.（＝鸡准备吃了）

The chicken is cooked. It is ready to eat.（＝鸡可以被享用了）

又如：当否定句带有原因状语时，要确定 not 所涉的否定范围，脱离语境会有一定的困难。试看以下例句中 not 否定的是什么：

You did not leave me because you doubted.

此句可以理解为"你没离开我，因为你有疑惑"，也可以理解为"你不是因为疑惑而离开我"，这时候如果加上一定的语境信息，意义才可确定。如果有了上下文：

"I remember," the old man said. "I know you did not leave me because you doubted."

"It was papa who made me leave. I am a boy and I must obey him."

（*The Old Man and the Sea*）

借助于上下文，意义就明确了："你离开我了"，not 否定的是原因状语"because you doubted"。

而另一种情况是某一意义可以有不同形式来表示，例如：

The ethics committee of the Institute approved this research.

This research was approved by the ethics committee of the Institute.

这两个例句分别是主动句和被动句，句式不同，但表达的基本意义是一致的，都是谈论伦理委员会批准研究,是同义句式。这两句的差异体现在表达重点不同,强调的内容不同:用主动态强调伦理委员会做了什么,用被动态则强调研究得到批准。

以上例子表明,语法不只是静态的语言形式,不只限于句子内部结构,它还与语境相关,具有动态功能。"语法与意义、社会功能、语篇交互作用,并非作为一个自治系统而独立存在"(Celce-Murcia,1991,p.459)。语法是语言句型组合的动态过程,语言交际环境和目的决定了说话人会选择何种语言形式来表达意义。

既然语法不是独立存在的,关于语法的知识也就不能局限于对静止的语言形式的描写,而要覆盖形式—意义—用法三个维度:形式关乎语言表达的正确性,意义关乎表达的准确性,用法关乎表达的得体性。

外语学习者在学习语法知识时,需持形式—意义—用法三维学习观,注意这三个方面的相互关联,除了学会理解语言形式的构造特点,掌握相关语法规则,还要懂得某个形式在具体语境中可以表达何种特定的功能和意义。

4. 学习者需具备怎样的语法能力

掌握语法知识有助于学习者分析语言结构的特征,理解语言形式表达的意义,也有助于学习者辨别言语的正误,对自我语言输出进行适当的监控。但是需注意的是,光有语法知识并不能保证学习者的语言输出不会出错。学习者若要开展有意义的语言交流,在具备语法知识的基础上,还需增强将知识应用于语言实践的能力。

语法能力指的是语言使用者理解句子结构、生成句子、在不同语境中恰当使用语言传递信息的能力。一个具备语法能力的学习者能够:

● 判断句子是否符合语法规范,识别歧义句

当看到 Visiting relatives can be annoying. 这样的句子时,学习者能够辨析出该句可能表达的不同意义:

> It can be annoying to visit relatives.（拜访亲戚……）
>
> 或 Relatives who visit can be annoying.（来访的亲戚……）

● 辨别句子类型,理解句子中各成分之间的关系

当看到结构相似但内在逻辑不同的句子时,例如:

> John is easy to please. （6）
>
> John is eager to please. （7）

学习者能够正确辨析它们的差异,理解它们的不同:句(6)相当于"It is easy to please John.(取悦约翰很容易。)",John 系 to please 的逻辑宾语;句(7)相当于"John has a strong desire to please someone.（约翰急于取悦他人。）",John 系 to please 的逻辑主语。

● 创造性地使用合乎语法规范的句子

学习者可以凭借其掌握的语言知识说出、写出合乎语法规范的句子,这些句子可能是其从未听或看到过的,并非靠模仿他人所言而学会使用的。

● 根据情境选用适当的表达形式

学习者能正确理解形式—意义—用法的关联，能够根据情境灵活选用适当的形式进行有意义的、得体的交流。例如在下列情况下，第二句用哪种形式好，倒装结构还是正常词序？

| Worry, worry, Alice sat worrying. | *In came Jasper*, smiling jaunty, stepping like a dancer. |
| | *Jasper came in*, smiling jaunty, stepping like a dancer. |

脱离语境，无论 In came Jasper 还是 Jasper came in 都是正确的表述。但如果结合第一句给出的语境：Alice 在焦躁不安地坐等着，在担心什么，那么这时候 In came Jasper 才是首选，因为倒装结构表明事情是出乎意料的，Jasper 步履轻快无忧无虑走进来的样子，显然不在 Alice 的意料之中。具备语法能力的学习者能够基于语境，从适切性、得体性角度选用合适的形式。

5. 语法应该怎么学

学语法需要识记语法规则，但是要学好语法，绝不能止步于识记语法规则。有效的语法学习始于对语言现象的形式特征的认识，随后过渡到理解形式与意义的关联，再过渡到其在交际场合中的应用。在学习中，可以按认识—理解—应用—创造的层次开展学习活动。

5.1　利用归纳法发现语法规律

面对接触到的新的语言现象，学习者可尝试开展语法分析、自行进行归纳，找出现象中的特点共性，总结出相关的语法规律。可适当利用可视化工具如图表、图示、图形等来呈现语言形式与意义和用法的关系，然后再与前人总结出的规律进行对比修正。这个过程比起直接阅读和记忆已有语法规则来得复杂耗时，但是从人的认知发展来看，通过整合知识而自行发现的规律会更持久地保留在记忆中。这个发现的过程避免了记忆背诵的机械无趣，发现的成果也会给人带来成就感，从而激发学习兴趣。

5.2　通过演绎法深化对语法规则的理解

学习者在概括出特定结构的相关规则后，可尝试依照这些规则来组词造句，例如学习了一般过去时后，可借助填空、改写、仿写等形式进行练习，深化对规则的理解。然后从单项语法练习过渡到综合性的语言活动，在说话、写作中尝试使用这个时态，通过在多种语言活动中的实践应用，达到内化知识的目的。

5.3　借助句型操练识记不同语块

英语中存在着不少固定或半固定、模式化的块状结构，被称作预制语块（prefabricated chunks）。教学实践证明，句型操练（pattern drills）有益于学习者识记预制语块，例如给予学习者以 Only 开头的倒装句型：

Only＋状语＋助动词＋主语＋主动词
$\left\{\begin{array}{l}\text{副词}\\\text{名词短语}\\\text{介词短语}\\\text{状语从句}\end{array}\right.$

供其参照练习,造出诸如以下句子:

Only	here	can you see the whole city.
Only	this morning	did I finish all my homework.
Only	in this way	can you work out the problem.
Only	by working hard	can you succeed.
Only	when it is raining	do I stay indoors.

通过让学习者反复操练句型,可促其习惯养成(habit-forming),从而熟练运用相关句型,实现控制性加工到自动化加工的转化。

5.4 开展语境化语法学习,增强语法意识

以上三类活动可以帮助学习者形成对特定语法现象的认知,理解语言形式承载的意义,熟悉语块的构造。但正如前面提到的,语法是形式—意义—用法的统一体,语法形式的选择取决于具体语境中所表达的语用意义。单单掌握语言形式不足以帮助学习者明白在什么语境中运用该形式、或在某个具体语境中该形式可以表达何种意义。所以,学习者不能满足于句型操练,不宜总是机械套用某个预制语块,而应在语篇中体会语法规律的作用,在情境中应用语法规则。以冠词为例,让学习者说出带有冠词的名词词组并不难,他们可以轻易列出 a boat、the boat、a day、the day 等,但 a 和 the 的区别何在? 这就需要他们在语境中去发现、去总结:

It was *a* windy morning but they hired *a* boat and sent for *a* sail along *the* coast. In *the* afternoon, *the* wind increased and they soon found themselves in difficulties.

这个语篇虽然不长,但它所提供的语境足以让学习者理清上下文的关系,正确理解句与句的关系、句子内部关系,可以让学习者更好地感知:a windy morning、a boat、a sail 中的 a 为非确定特指,the coast、the afternoon、the wind 中的 the 为确定特指。

语境化语法学习可与听、说、读、写活动结合起来,例如开展阅读活动、视听等输入性活动时,在完成阅读理解、视听理解练习后,可聚焦于某个语法形式,有意识地关注它,分析其形式特征和在语境中的作用。在开展说、写等输出性活动时,也可有意识地、主动地将新学的语法点运用到说、写中,完成说、写活动后应及时反思语法结构运用得是否正确、得体。

结合语境的动态学习过程将学习者置于鲜活的语言交际中,一方面可避免死记硬背的枯燥乏味感,另一方面也可提高他们对语言表达形式的敏感度。

6. 结语

语法学习重在学中用,用中学。发展语法应用能力就如同训练听、说、读、写技能,是一个动态过程(Larsen-Freeman,2005,p.24)。当学习者形成对语法规律基本认知后,需尝试在语言运用中感知、理解、比较、应用,建立起形式—意义—用法的关联,深化对语言内在复杂结构的认识;需参与多种形式的语言产出活动,将惰性知识转变为活性知识,提高在真实语境中的语言应用能力。

参考文献

［1］Celce-Murcia, M. Grammar pedagogy in second and foreign language teaching[J]. TESOL Quarterly, 1991, 3(25), 459 - 480.

［2］Kroeger, P. R. Analyzing Grammar: An Introduction [M]. Cambridge: Cambridge University Press, 2005.

［3］Larsen-Freeman, D. Teaching Language: From Grammar to Grammaring[M]. Beijing: Foreign Language Teaching and Research Press, 2005.

［4］Thornbury, S. How to teach Grammar[M]. Essex: Pearson Education Ltd, 1999.

作者单位:上海外国语大学 上海　200083

加强培养中学生的外语阅读能力是新时代赋予我们的重任

郑新民[1]　陈　曦[2]

提　要：在二十一世纪的今天，阅读对中学生具有重要意义，也是教育最重要的基石之一。结合"黑布林英语阅读系列"的实例，本文将阐述教师如何引导中学生阅读经典，如何精、泛读，培养学生掌握阅读策略和技能、高效阅读，最后提出通过阅读培养学生的交流沟通能力，拓展写作能力。

关键词：阅读策略；精泛读；交流沟通

1. 为什么阅读对中学生这么重要

从我国教育部正式颁布的义务教育段课程标准（2022 版）来看，英语作为一门外语，体现着人文性与工具性的融合统一，它的社会功能随国家与社会发展需要而变化，决定了未来中国外语教育的发展方向。新课程标准与时俱进，全面贯彻党的教育方针，落实立德树人根本任务，顺应新时代基础教育改革与发展的潮流，并决定着教学与测试的原则与发展方向。通过学习新课程标准，我们发现新课程标准对中学生需要掌握的英语词汇量增加了，课外阅读量增强了，这一信息无疑是在凸显和强化英语阅读在今后教学中的重要性。

那么，阅读对于中学生来说究竟有哪些重要意义？首先中学生处在人生成长的重要阶段，阅读可以帮助他们形成正确的人生观和价值观，同时可以增强他们的知识和才干。书本知识可谓包罗万象。通过阅读，中学生可以极大地开拓视野、丰富知识、关联信息、分析批判，进而提升逻辑思维能力和表达能力，为深入思考、提出原创观点打下扎实的基础。

具体地说，在教师的指导下，当中学生开始博览群书，就意味着他们要学会选择，即要学会选择如何读经典、如何读"杂"，学会掌握阅读策略和技巧，学会如何精读泛读并举，更要学会如何读得高效。无疑，上述活动会增强他们的大脑活动，通过阅读字里行间的信息来激发记忆和拓展想象力的空间。此外，广泛阅读有助于中学生学会分享，学会质疑，提升沟通能力。再者，有不少研究表明阅读可以增强中学生的创造力。无论阅读者是在进行有目的阅读，还是进行随机阅读，文字都可能在其脑海中引发新的联想或图像，进而引发与看似不同或不相关的事物之间的联系，最终产生更具创造性的输出和表达。

2. 如何学会选择读经典

知识就像浩瀚的海洋，我们所知所学不过沧海一粟。面对广阔无垠的知识海洋，在有限的生命里,我们应该如何选择? 古往今来,已有太多人思考过这一问题,尤其是谈及读书之道时,各路群贤对读书方法仁者见仁,智者见智,有时甚至令人如坠云雾。事实上,读什么、如何读,都是因人而异的,并没有一个标准或正确的答案。但我们认为,意大利作家卡尔维诺的箴言值得我们借鉴,他曾说过:"我们应该选择读经典。所谓经典,不是我们正在阅读的文字,而应该是我们正在重读的文字。"

以英语阅读为例,对于中学生来说,我们认为上海外语教育出版社于2014年从欧洲专门从事英语教育的 Helbling Languages 出版机构引进的"黑布林英语阅读"系列丛书就很有价值,也很适合。该系列丛书以英语分级阅读教学为理念,贯彻因材施教的教育思想,正视中学生个体间的差异性,并结合经典小说与当代作品,以不同层次安排阅读教学活动,让中学生徜徉在英美经典文库中接受科幻小说、诗歌、散文、小说的熏陶。值得一提的是,该系列丛书应用绘本、图片故事等多种新颖形式,使教学活动能够紧密地围绕不同话题展开,通过不同层次间的级别递进,不断深入话题,从而提升中学生对英语课外阅读的兴趣和意识,增强他们的英语学科素养,进而培养他们的批判性思辨能力。关于更加详细的内容,请参阅上海外语教育出版社出版的《黑布林英语阅读教学指导》一书(郑新民,2022)。

3. 如何学会读"杂"

选择读经典并不等于不要读"杂"。人生走向成功,广泛的阅读恰恰是重要的砝码之一。写到这里,我们想利用此机会讲一讲已故上海外国语大学教授杨小石的阅读故事和理念。在一次访谈中,杨教授告诉我们:

"我书读得很杂,几乎什么书都看,而且看的大都是英文版,有天文地理,化工建筑,音乐美术,诗歌散文,还有社会学、医学和心理学,但是数学书我是不读的,因为我对数学一点兴趣也没有。由此可见,我的大学课程是自己选的,是一种具有相当弹性的课程,我的学习方法主要靠大量阅读,读英文原著,读自己喜欢的东西,以此来汲取知识养料。"

杨教授钟爱阅读是受到他的一位老师的深刻影响。抗日战争期间,杨教授求学的复旦大学迁往重庆北碚。据杨教授回忆,当时的复旦大学可谓是名师云集,教师阵容很强大。有全增嘏,教西洋哲学史;有林同济,教散文和西洋政治思想史;有杨益宪,教翻译;有洪深,教戏剧和表演。杨教授很喜欢教学生们如何学会分析角色、剧情、主题思想等,学生们都听得入迷了。他还特意为我们讲述了这么一个故事:

"在重庆念书时,我还特别喜欢的一个老师叫徐宗铎,是个福建人。徐老师是复旦大学首届毕业生。说起徐老师,还真有不少轶事。徐老师那模样长得完全不像是个学洋文、教英语的先生。他剃光头,肥头大耳的,身着长衫大褂,脚穿布鞋,倒像个说相声的,是一个十分有趣但又有点怪异的人。

记得有一次放假了,我正坐在嘉陵江边看书,瞄见徐老师缓缓地从石阶上走下来,要乘渡船过江去。我便迎上去跟他打招呼,'徐老师,您出去散步啊?'徐老师答说是。我接着问,'看您这样子,是要远行啊?'徐老师说他想随便走走,到成都去!说着,他就缓缓前行,没过多久,我看到他拦下一辆农民的牛车,爬了上去,躺在稻草上,晒着太阳,从破旧的布袋里掏出书,边念边哼,一副悠闲自得的样子！徐老师读中国诗也是边念边哼,读英国诗更是边念边哼。他居然就这样躺在牛车上,一路上边念边哼边念,晃晃悠悠去了成都。两个月,徐又溜达了回来。

就是这样一个徐老师,对我的帮助特别大,我的每篇作文退回来时都被他改成'大花脸'。徐老师严谨治学使我获益良多,毕生难忘。在重庆读书的时候,我时常逃课,是因为有的课太乏味了。我经常是一早径直到图书馆去借书,然后抱着一摞子书去泡茶馆。尽管当时图书馆的藏书很有限,可以说,馆藏的每一本书我都摸过,这倒不是说我把里面的书都读遍读透,借出来翻一翻,好看的,就看下去,不好看的,就当天退还。"

杨教授日后之所以能成为国内英语界大家,显然与他博览群书、力避偏废有关。我们认为中学生应该在读"杂"的基础上有选择性地阅读,如果不博览群书,就无从知道该读什么,就无从知道哪些书好,就不懂得该选择哪些有价值的书来读。总之,当今社会,是知识爆炸的时代,要广泛学习知识,当然也要有所选择,取其精华,去其糟粕。

4. 如何学会精泛读并举

精读与泛读是两种不同的阅读方法,它们看似矛盾,其实是可以互补的。泛读,顾名思义,就是指广泛地阅读、泛泛地阅读,或者说是进行大量的原版阅读。一般可以从分级阅读入手,再进阶到章节书。正如上一节杨小石教授所云,这个阶段需要看各种不同的书。要从量变到质变,需要大量的积累。而精读则是指深入细致地研读。对重要的文章和书籍就要认真读、反复读,有时甚至要逐字逐句地读,反复玩味,深入钻研,对重要的语句和章节所表达的思想内容还要做到透彻理解。由此可见,精读和泛读是两种不同的阅读方法。它们各有特定的目的,然而总是相辅相成、相互补充的。精读为泛读准备条件,泛读则巩固和发展精读的成果。

作为中学生,应该要有超前意识,未来考上大学无论是攻读理科还是文科,都需要大量地进行文献阅读。可以这么说,任何科学研究都始于文献阅读,而要读好文献,能准确地捕捉到有价值的信息,是要带着批判性思维,结合精读和泛读的技巧去认真阅读每一篇文章或论文的,即不可轻易随便地接受作者的结论。换句话说,作为经验丰富的读者,需要核实实验、数据及其分析能否支撑该作者的结论,因为作为读者更要相信事实和证据,以及具有逻辑和令人信服的分析,而不只是作者的写作。

事实上,面对海量的文献,人们在过滤和筛选的过程中很难使用精读的方式进行阅读。相反,人们更关注能给他们确切答案的章节部分,偶尔也会不带着明确的问题来浏览论文,除非特别重要,通常是不会从头读到尾,这样看来,泛读前需做好以下准备:

- 在阅读之前提出问题
- 设定目标
- 做出预测
- 检查阅读过程
- 注释文本
- 寻找联系

- 寻找奇怪的要素：新词
- 有趣的结构
- 分析文本的结构
- 跟进讨论
- 寻找能支持作者答案的证据

以上文提到的"黑布林英语阅读"为例,中学生可以将上述技巧运用在不同类型文本的泛读中,包括英语小说或纪实报告,或者是阅读教材所提供的短文等,藉此获得阅读的乐趣和实效。下面接着谈一谈精读。精读是指对一篇文本经过深思熟虑的、批判性的分析,其重点在于关注文本中的重要细节或模式,以求对文本形式和意义能得到深刻的理解和精确的解读。这一点也是英语新课标核心素养所要求的。这一要求实际上是一种很重要的教学方法的转向,即教师要把注意力转向引导学生去关注文本本身。

我们认为,在指导中学生进行精读时,让他们观察事实和有关文本的细节并不是唯一的目标,更为重要的是要让他们注意文本里所蕴含的丰富特征,包括修辞特征、结构要素和文化典故等。更具体地说,精读需要中学生专注文本本身所提供的信息,而不依赖于大量的外界信息或注释。精读与我们建议的其他阅读方法有所不同,即使用其他阅读方法是我们可以从引入教师预设的目的、讨论学生的生活经历等开始。相比之下,精读不鼓励这种预设。很明显,精读的目的是培养或加强中学生的独立思考能力,鼓励他们仅通过文本本身来探究文本的深度。精读需要经历以下的体验:

- 使用短文和摘录
- 少用阅读前活动,直接进入文本阅读
- 专注于文本本身
- 有意识地重新阅读
- 读书时善用铅笔
- 关注令人困惑的事情
- 与他人讨论文本
- 寻找文本中的模式——重复、矛盾、相似
- 拷问有关模式的问题——尤其是"为什么"和"如何"

5. 如何培养学生掌握阅读策略和技能

英语阅读策略与技能林林总总,且已有很多学术专著和实证研究在探讨这一话题,在本文篇幅有限的情况下,我们仅对中学生最有帮助的一些策略和技能进行简述。首先我们先看一看阅读策略与阅读技能有何区别。通常地说阅读策略是一种深思熟虑的、目标导向的尝试,旨在控制和修正读者解码文本、理解单词和构建文本意义的努力。常见的阅读策略有确立目的(setting a purpose)、重述(restating)、预测(predicting)、联结(connecting)、提问(questioning)、推断(inferring)、图像化(visualizing)、确认重点(focusing)、重读(rereading)、释疑(interpreting)、评价(evaluating)、概括(summarizing)和综合(synthesizing)等。阅读技

能则是指言语技能的一种,即控制和调节阅读活动的心智活动方式,主要包括认字、解词的技能,划分段落、概括中心思想的技能,分析、评价文章的语言、结构及思想内容的技能。这些技能可在阅读活动过程中形成和发展,是构成阅读能力的重要因素,反映阅读能力发展的水平和个别差异。

以提问法(questioning)这种阅读策略为例,我们可以将这一方法教给学生,目的是帮助他们与正在阅读的课文进行互动。这一策略可以有效地帮助学生摸清他们所读的内容,并更好地理解课文。学生可以使用提问法来监控自身的理解力,同时,提问法也可以让学生带着问题有目的地去阅读。在阅读时,学生寻求对问题的解答,以期获取更深层的文字含义。学生可以出于多种原因来发问:

● 阐明含义,例如:

1)这个故事中的肖像(portrait)一词是什么意思?

2)为什么 Mr. A 将 Ms. D 介绍给 Dr.C?

3)我从本段主题句子中学到了什么?

● 更好地了解人物和事件,例如:

1)Mr. A 为什么向 Ms. D 介绍唯美主义的概念?

2)为什么 Mr. A 希望他本人与他的肖像互换角色位置?

3)如果……会发生什么?

● 了解作者的意图,例如:

为什么作者在故事中将美丽和青春紧密地联系在一起?

● 做出预测,例如:

我想知道 xx 事情会发生吗?

又如,我们下面结合"黑布林英语阅读"系列中的《丛林大火》一书来谈一谈如何帮助中学生使用预测、推论等阅读策略。

第一是如何通过线索来预测:我们都知道,阅读时学生通常不喜欢阅读生词量大的文本,但他们已经通过汉语掌握了一些与故事相关的知识,加之有图片或插图的帮助,理解情节和人物并不是很困难。因此可以鼓励学生利用文本中的一些细节来提取背景线索,从而帮助他们使用已有的知识来获取信息,并对事件作出预测。

第二是如何做出推论:和寻找线索一样,教师可以使用"脚手架"的方法来引导学生根据有限的信息做出推论。教师应该耐心细致地在故事的不同节点上停下来,要求学生根据截至当前为止所阅读的内容做出推断。如果他们说不出完整的句子,教师可以让学生使用双语来表达。有必要指出的是,当教师给学生反馈信息的时候,还是尽量要使用英语来表达。

第三,我们建议学生轮流从主角以外的视角来讨论故事,这样做可以帮助学生将故事细化成小部分,让他们能以更为详细的方式来表达情节。

通过丛林大火的插图等,教师可以让学生自己判断丛林里发生了什么事情,并用下问题对他们进行引导:

● 你如何看待鸟类/蝴蝶/斑马/豹/猴/大象/火烈鸟/犀牛/青蛙?

- 你的朋友是如何看待这些动物的?
- 该角色是幸福还是悲伤?

接着教师可以使用不带单词的图片让学生参与想象与猜测的活动,要求他们利用想象来判断图片中所发生的事情。这样做的目的就是要让每个学生的表演汇聚在一起,让他们身临其境。总之,要想提高英语阅读水平,掌握英语阅读策略和技能很重要,可以帮助学生发展自我意识,并逐渐有效地帮助他们形成预判、关联、总结、可视化、图像化和综合等高阶思维能力。

6. 如何做到高效阅读

要想做到高效阅读,教师需要培养学生养成良好的阅读习惯。在阅读课教改过程中,不少教师给学生布置了课前阅读练习,并提出问题供他们思考。如果学生能够认真完成课前阅读,课堂上教师就无需花大量的时间逐字逐句地讲解阅读内容,而应将大部分时间用来与学生共同探究基本事实和证据,掌握要点,生成主题,并分享个人对阅读材料的理解。由此可见,要培养学生高效阅读,掌握阅读前、阅读中和阅读后所需要的具体阅读策略就显得十分重要。

以"黑布林英语阅读"系列中的《提秀斯王子与克里特神牛》一书为例,当学生们进行读前活动时,教师可以让他们借助图片或主题句来推测故事情节,接着以此来判断故事的发展。还可以让学生从故事中挑选出新词和难词,并写在笔记本上。为了更有效地支持他们开展读前活动,教师可以提出以下问题供他们思考,以期获得高质量的预习效果:

- 你觉得《提秀斯王子与克里特神牛》的故事是什么?(预测)
- 你认为故事中的提秀斯王子与克里特神牛分别是什么?(预测)
- 你如何看待故事的主题?(关联)
- 这个故事的主题能让你想起自己的相关知识或经历吗?(关联)
- 在你阅读此故事之前,你想问作者什么问题?(提问)
- 当你看这本书的封面和封底时,你有什么想知道的?(可视化)
- 到目前为止,故事中发生了什么?(综述)
- 你认为在故事结束时会发生什么?(预测)
- 如果你在故事里,你会听到、尝到、闻到或感知到什么?(关联)
- 你对提秀斯王子存在什么困惑吗?(提问)
- 你能用你自己的话说出你刚读过的东西吗?(总结)
- 你能告诉我们故事中重要事件的顺序吗?(总结)

如上所述,在课前预习阅读的过程中,教师要求学生必做的任务要具体可行,学生不仅要按顺序阅读,而且还要学会跳读,选定他们特别关注的内容,有的地方还要进行二次甚至是三次阅读,做笔记,提炼主要观点,检查预测,关联个人和用对世界的认识进行推理、解释和总结段落并回应和评估文本等。这些过程实属不易,教师应该在阅读前耐心地予以指导,应尽可能通过各种方式来提高学生的阅读兴趣,充分利用各种任务,并遵循阅读策略和技能,例如预测、关联、提问、可视化、总结等,来激励学生多多参与到阅读的过程里。

现今的英语课堂阅读已由传统的传授式教学向提倡师生互动的任务式课堂转换,学生之间的合作学习已成为阅读教学的重要模式之一。小组讨论作为一种合作学习的方法,要求学生和教师全员参与,可以有效地活跃课堂气氛,促进学生在英语阅读课堂上实现合作学习。提升学生整体的英语素养和培养综合思维能力,提升所有学生的参与积极度,从而实现有效的小组讨论。这样,在活动过程中的合作,不仅可以激发学生的积极性和学习主动性,而且在经验交换、信息交流、人际交往等多个方面都对学生起着积极的作用。在阅读理解中,小组讨论的有效应用可以使学生在阅读活动中充分地发挥他们的想象力,互相学习,互相促进。

我们曾经观察过一位名叫罗伯特的外教给中学生上阅读课。在阅读中的常规环节里,罗伯特让学生们口述(retell)欧·亨利写的"最后一篇叶子"的故事梗概。之后,罗伯特鼓励学生们进行小组讨论,从道德层面发表对故事寓意的看法。罗伯特在教室里四处走动,时不时到每个讨论小组指导一下。显然,他对学生们的热烈讨论感到满意。然后罗伯特要求大家使用接龙的方法对故事进行总结:"这个故事给我们的启发是,即使我们必须面对厄运,我们也应该互相帮助,为我们所爱的人做出牺牲并给予他们希望。"最后,罗伯特提醒学生,好故事的结尾经常是无法预测的,结局并非只有快乐或悲伤,充满复杂情感的好结尾要让读者在翻到最后一页很久以后仍在回味这个故事。成功的结尾应该是开放的,当我们给故事的结尾留有空间,我们就留有空间让人们进一步交流、思考,并去寻找答案。事后我们听到学生们的反馈:这一堂课太震撼了!

最后,再谈一谈在"读后"任务中,我们的目的是要让学生们记住所读文本里的关键内容。通过读前和读中的各项活动,读后的主要活动是鼓励学生能复述出故事的主要事件或情节,会使用正确的时态来连接这些事件。我们还可以通过使用一些有用的连词,让学生们学会整合他们复述的内容,例如:"因为""所以""然后""当"等。如果时间或条件允许,我们还可以把班级分成若干个小组,玩一玩"猜谁是谁"的游戏,让学生们从每个小组中选出一名代表,向另一个小组描述一个人物。例如:我是个大块头,我给诺丁汉郡长送信,但是我把信弄丢了。我是谁?

7. 如何学会分享与质疑

在传统的阅读教学过程中,常常是教师设计问题由学生回答,当然教师的这种引导性提问从某种意义上来说是必要的,但如果长期使用这种方法来教阅读,就很难落实新课标提出的应培养学生具有较强的质疑能力,也不能落实启发引导学生积极思考、教会学生能问善问的要求。我们认为可以使用"问答关联"(Question-Answer Relationship, QAR)这一教学策略帮助学生提高质疑能力。通常地说,QAR 主要包括以下四类问题:

1. "就在那儿"的问题(Right there question):可以在文中找到答案的直白问题。通常,问题中使用的词汇就是故事中所出现的词汇。

2. "思考和搜索"问题(Think and search question):答案是从故事的不同部分综合而来。

3. "作者和你"(Author and you question):这些问题基于故事中提供的信息,但学生需要将其与自己的经历联系起来。这类问题不能直接在故事中找到答案,学生必须阅读全文才能回答。

4. "我自己"(Myself question):在回答这些问题时,学生不一定要阅读段落,而是使用自己的背景或已有的知识来回答问题。

下面,我们以"黑布林英语阅读"系列中《黛西·米勒》第一章为例来谈一谈如何帮助学生学会分享与质疑。首先,在"就在那儿"问题中,我们可以在篇章的某处、某页、某段甚至某句中找到答案。所以,我们就让学生自己找答案,譬如:

- 问:为什么温特伯恩要拜访沃韦?
  答:温特伯恩去沃韦拜访他的姨妈。他平时住在日内瓦附近。
- 问:伦道夫男孩是怎么使自己特别讨厌的?
  答:伦道夫有一个登山杖,他用它到处乱戳——长凳、花坛和女士们的裙子。
- 问:米勒计划在瑞士之后去哪儿旅行?
  答:米勒接下来会去意大利。

关于第二类问题是思考与搜索,其答案还是可以在故事中找到,但是信息可能会稍微分散一点,学生必须在整个故事中"思考和搜索"。请看以下两个例子:

- 问:你能描述一下《黛西·米勒》的故事背景吗?
  答:故事发生在六月的瑞士,沃韦坐落在美丽的日内瓦湖畔,四周有瑞士阿尔卑斯山的美景环绕。它是个旅游胜地,尤其深受美国人喜爱,四周的许多大酒店和旅馆是该处的亮点。

第三类问题是"作者和你"。回答这一类问题,我们要求学生分析故事的某些方面,例如文章的主题、语气或情绪,意在探究其深意。这类问题比前两种类型要难,例如:

- 作者艾瑞·詹姆斯是如何刻画伦道夫和戴西·米勒这两个人物的?

最后一类问题,即"你自己"。回答这类问题时,我们可以建议学生思考从故事某些方面延伸出的含义,不一定要局限在故事中。这时故事变成了探讨更为宽广意义的一个跳板。例如,请将故事中的美国人与其它故事中的美国人进行比较和对比,对不同观点进行讨论。在回答这类问题的时候要鼓励学生从各自的角度出发发表个人观点。

由此可见,QAR 这样的提问策略能够让学生不仅对故事本身,而且还能对其中所蕴含的深意展开思考,激励学生们创造性地思考并合作,在挑战他们使用高阶思维技巧的同时,必须提出具有一定内涵的质疑性问题。

8. 如何学会通过阅读培养交流沟通能力

有研究表明,如果阅读能力差,就会产生倾听能力上的欠缺,从而造成沟通障碍。阅读并非是孤独之旅,往往要与写作相伴。在阅读过程中,中学生要学会提炼文章的中心思想,写好读书笔记。如果读不好,就很难写得好;如果提炼归纳不到位,就理解不了作者所要传递的信息。阅读是获取文字信息,倾听则是获得口语信息。如果交流中捕捉不到对方的情绪和想法,产生不了丰富的联想,只从字面意思去回应,就会发生误会和误解,进而导致沟通交流上产生障碍。

举例说明,在"黑布林英语阅读"系列中有《渔夫与他的妻子》这一本故事书。故事伊始,渔夫和他的妻子住在一栋破败不堪的老屋里。有一天,渔夫捕到了一条比目鱼,这是一种又小又扁的海鱼,其实就是中了魔法的王子。渔夫把比目鱼放生了,但他的妻子却想要回报。于是,他们向比目鱼提了几个要求,但最终由于他们过于贪婪而一无所获。为了引导学生从头到尾把故事读完,我们可以使用"阅读—绘画—表演—讲述"这一方法来激发学生的阅读兴趣、培养他们的整体素养。在阅读过程中,我们要求学生跟着音频文件大声朗读,然后在发音、词语、环境、事件、人物、冲突、情节和主题等方面给予必要的辅导。朗读之后,我们可以让学生绘制一幅简易图来表达他们对故事的理解,并呈现他们的观点。通过鼓励学生使用不同感官来培养阅读兴趣和能力,包括读、画、演和述等方法逐渐让他们感受声音、单词、句子、意义和整个语言,最终培养并发展他们的沟通技巧。

由此可见,唯有阅读,加上多揣摩、多体会、多表演、多对话、多比较、多归纳才能提升自己的交际沟通能力。教师教英语要尽可能地创造复述、呈现、演讲、讨论、表演等机会,让学生通过这些活动来提高社交能力,学会处理问题,为未来走进社会做好准备。

9. 如何巩固阅读效果,拓展写作能力

随着新课程标准的颁布和实施,中学外语教学改革正在朝着纵深发展,教改中的热议话题之一便是如何巩固阅读效果,拓展学生的英语写作能力。如前文所述,阅读教学是英语课程教学的重要组成部分,它不仅解决了学生信息输入的问题,而且还锻炼了学生梳理、分析、批判以及对文本的深入理解的能力,再有一个重要的作用就是为中学生提高写作能力创造了契机,积累了有效的素材,并为他们的写作创造了必要的条件。

从目前学界所发表的关于中学生写作的研究文章来看,我国中学生的英语写作能力有待提高。一篇短短的中考或高考作文中语病连篇、词不达意,甚至没有几句正确的句子,更不用说文章整体结构和谋篇布局了。这种现象必须引起我们的极大关注。新课程标准对写的技能要求十分明确,即学生要学会整理写作思路、组织语言素材和规划文章结构等。在教学中,我们要清醒地认识到英语写作主要包含两个方面的能力:一是语言能力,二是逻辑思维能力。语言能力提升的重点在于提升学生对词汇以及句子的运用能力。要知道词汇运用能力并不等同于词汇量有多大,关键是在于学生对词汇使用语境的精确理解。句子结构的运用能力也并不等同于语法知识量,它的关键在于学生会灵活地应用各种句型准确地表达自己的思想。这样说来,我们在培养学生阅读时,就要指导他们对优秀句子和篇章进行系统的背诵和模仿,因为语言能力的提升并不是光靠学习理论知识,而是要依赖大量的练习和模仿。纵观古今中外,人类写作历程堪称是一部模仿史,无论是汉语写作,还是其他语言写作,人们一开始写作都离不开大量的阅读与模仿。只有通过对经典文章的模仿,学生才能够写出灵活地道的句子,进而更好地理解整合段落的层次性和逻辑性。当然,逻辑思维能力也很重要,它与每个学生的个人经历、知识储备以及思维模式息息相关,这是一个循序渐进的发展过程。相对于逻辑思维能力而言,语言能力有着更为清晰的提升路径,那就是要多背诵、多模仿、多写、多练、多分享。

10. 结语

我国进入了新时代,在人民美好生活的建构中,教育是美好生活的第一要务,是创造美好

生活的前提,而阅读则是教育大厦最重要的基石之一。对于中学生来说,他们的成长史就是他们的阅读史,阅读作为最基础的教学手段,帮助发展他们的语言技能,有助于他们学会倾听、学会关注他人,发展他们的心智,丰富他们交流的内涵,拓宽他们前进的道路。所以,阅读是一条康庄大道,是通向幸福的重要通道。

参考文献

［1］教育部.普通高中英语课程标准(2017 年版)［M］.北京:人民教育出版社,2018.

［2］郑新民.黑布林英语阅读教学指导［M］.上海:上海外语教育出版社,2022.

作者单位:1.上海外国语大学国际教育学院 上海　200083

2.上海外国语大学国际文化交流学院 上海　200083

高中英语新教材的特色
及使用中发现的问题与对策

任志娟

提　要：本文概括总结了北师大 2021 版高中英语教材的特色，对在使用过程中发现的问题进行了分析，探讨了解决问题的对策。

关键词：高中；英语教材；特色；问题；对策

1. 引言

2021 年秋季学期开始，甘肃省普通高中全面实施新课程、使用新教材。全省选用的是北师大 2021 版高中英语教材（以下简称《新教材》）。该套教材以培养核心素养为宗旨，以六要素整合的课程内容为依据，以英语学习活动观为指导，通过语篇的精心编排，力求将核心素养的培养体现在教学活动中，凸显学习活动中学生的主体地位和教师的指导作用。

2. 新教材的特色

《新教材》以《课标》为准绳，全面贯彻落实《普通高中课程方案（2020 年版）》的要求和安排，把《课标》的理念转化为可操作的教学资源，合理规划语篇内容和教学安排，精心编排单元结构，具有鲜明的特色。

2.1　体现《课标》理念，突出主题和语篇的思想性

《新教材》把培养学生的核心素养作为出发点和落脚点，精心编排、选择主题和语篇，关注语言学习中语言与认知、语言与文化、语言与思维的平衡发展，帮助学生建立主题和语篇之间的联系，学习和建构新知识。因此，语篇的功能不再只是呈现词汇和语法，而是基于语篇，从语言和人文知识的角度促进学生的语言能力、文化意识和思维品质的全面发展。换句话说，语篇不再只是浅层次的语言和意义的传递，而是推动学生在语言知识和技能的学习中丰富人文素养，促进认知和思维发展，培养积极向上的情感态度。例如，《新教材》所选语篇 Race to the Pole，通过讲述两支南极探险队的故事，引导学生比较和分析两支队伍成败的因素，体会为理想而努力拼搏的精神，思考面对不可抗拒的巨大困难时应该如何应对的现实问题。

2.2 整体设计单元，有利于实现深度学习

《新教材》采用了单元整体设计的理念和主题引领的思路，注重围绕单元主题整体设计单元教学，力求通过学习活动设计，引领教师教学方式的变革和学生学习方式的优化，推动课程内容呈现的结构化和情境化，提高教与学的效率。各单元的学习活动都围绕主题语境展开，学生从单元话题的预热到多种语篇类型的学习过程中，不断深化对主题的认知，并基于对每一个语篇的深入学习，发展语言能力，不断建构新的基于该主题的知识结构，通过读、听、看等方式，多渠道输入主题知识，展开主题探究，发展语言技能和学习策略，将不完整、不系统的主题知识和概念逐步整合为体现较强逻辑思维的新的知识结构，并通过融合其中的说、写活动，实现内化、建立关联，形成相对流畅、完整的语言表达，从而提出有逻辑性、批判性、创新性的观点。

具体到每个语篇的教学，其活动设计都从创设主题语境展开，从主题入手，激活学生已知，带入学生个人的经验，铺垫必要的语言，接着进入获取与探究新知识的过程，通过获取、梳理、加工、整合，帮助学生形成结构化知识并进行内化，将知识转化为能力。在迁移创新层面，学生深入分析语篇结构和意义内涵，表达个人观点或提出解决问题的新方法，通过一系列融语言、思维、文化为一体的学习活动，培养核心素养，落实育人目标。《新教材》特别把语言知识的学习自然地融入到了对主题意义的探究和解决问题的过程中，使学生学习和运用语言知识来理解、表达意义；将词汇和语法的学习很好地渗透到从学习理解到应用实践，再到迁移创新的活动中，引导学生在已有的知识框架的基础上构建未知，不断完善知识体系，实现从表层学习向深度学习过渡。

2.3 体现开放的教材设计理念，重视培养学生的自主学习能力

《新教材》突出体现开放的理念，包含了多种弹性内容和自主学习资源。例如，教材各个单元都围绕主题补充了两篇泛读材料，每册书后面都有一篇可供欣赏性阅读的文学作品，并且提供了课文注释、听力材料、语法笔记等板块，鼓励学生根据需要选择使用，锻炼和提升学生的自主学习能力。在每个单元的教学设计上，教材也给教师和学生安排了很多开放性空间，力求将学习过程还给学生，通过诸多促进和发展学生学习策略的温馨提示和指导，如 Word Builder、Sentence Builder、Skill Builder、Writing、Summary、Peer Editing Sheet、Unit Diary、Project等，为学生开展自主、合作和探究式学习搭建平台，创造条件。在整个学习过程中，学生不再是被动的参与者，而是主动思考者与学习的主体。

2.4 语篇内容丰富多样，结构符合学生认知发展规律

《新教材》在语篇题材的选择上涵盖了《课标》中的各个话题，在体裁的选择上体现了多样化，多数语篇或选自原版材料，或由国外作者根据《课标》的要求进行改写或创作。围绕中国话题的语篇主要由中方编写团队提供素材或初稿，再由外方作者对语言进行润色和优化，保持了语言的真实性和鲜活性。新教材每个单元从 Topic Talk 开始对学生进行单元词汇及语言输入，为后面的阅读及听说读写铺平道路。Lesson 1 & Lesson 3 承担了本单元的核心知识及语法，Lesson 2 是围绕单元话题的听力活动。Writing Workshop 遵循从阅读到写作的学习过程，合乎学生的写作认知过程。Viewing Workshop 是为了渗透《课标》中的听、说、读、写、看

能力中的"看"而新增的模块,通过视频的方式,增加了英语学习的趣味性,有助于提升学生英语学习的兴趣。Reading Club 1 & 2 取材于原汁原味的英文语料,有助于了解英语文化背景知识,提升学生的英语语感。每单元最后的 Checking Your Progress 帮助学生在单元结束时进行自我检测和自我评价,设计合理、使用方便。

2.5 立足民族文化传承,用英语讲好中国故事

在整套教材的编排中,体现中华文明和中国传统文化是《新教材》始终关注的重点。力求精选、精编体现中华优秀文化的内容,如传统节日、文学艺术、良好社会风气、科技发展、国际形象和影响力等,并将这些内容有机融入教材,反映中华文明的博大精深和我国在中华民族伟大复兴之路上取得的成就。学生学习英语不仅可以了解西方文化,更重要的是传承中华文明,用英语讲好中国故事,最终通过英语学科实现立德树人的目的。

3. 新教材使用过程中发现的问题

尽管《新教材》特色鲜明,但也有不足之处。一是词汇量、阅读量、话题及各种任务提高幅度较大,单元容量过大,内容过于全面,教师难以整合,学生也难以掌握;二是单元板块多,而且每个单元听、说、读、写、看的技能混为一体,与之相应的教学步骤也多,教师难以把握课时分配,在有限的课时内完成教学任务也有难度;三是视听材料生活化、场景化和口语化,朗读语速太快,原味太浓,视听教学实施起来困难较多,特别是在薄弱学校,实施难度更大。此外还有课程资源偏少、与初中教学的衔接不紧密等问题。

除了教材本身存在的问题以外,虽然在新课程实施前后对高中英语教师进行了线下线上相结合的全员培训,但在《新教材》的使用过程中还存在一些教师对新课程的理念、新教材的编排意图和结构理解不透,教学设计技能不掌握等问题,影响新课程的实施效果。

3.1 对英语学习活动观的内涵理解不深,学习活动缺乏针对性、有效性

英语学习活动观是《课标》倡导的教学实施途径,但教师对活动的理解和把握还有欠缺。调查发现,有些教师对英语教材中活动的理解偏离了语篇主题和内容,活动之间缺乏衔接,导致活动开展不畅、用时过长、流于形式。有些教师创设的情境离主题较远,活动情境与学生已有的知识和经验缺乏关联性。《课标》明确指出:"活动是英语学习的基本形式,是学习者学习和尝试运用语言理解与表达意义,培养文化意识,发展多元思维,形成学习能力的主要途径"。但部分教师未能理解教材中每个活动的设计意图,对活动观的认识不到位,不能充分理解活动的层次和功能,不能按照学习与理解、应用与实践、迁移与创新的逻辑层次设计教学。有些教师误以为创设活动情境只是为了活跃课堂气氛,没有把紧扣语篇内容和主题意义作为情境创设优先考虑的因素,导致教学活动偏离语篇主题。

此外,教师对活动细节缺乏关注,为了赶课时而"拽着学生走",没有照顾不同学生的学习需求,对活动进行调整,也没有给学生留出足够的独立思考和互动讨论的时间,致使活动流于形式、缺乏实效。

3.2 对教材的编写意图理解不透，教学内容缺乏整体把握

在深入一线听课的过程中，我们发现教师在开展篇章阅读教学之前，会习惯性地先帮助学生扫除词汇和语法学习的障碍。一些教师还反映，《新教材》在每一个 Topic talk 后都增加了与本单元相关话题的名人名句欣赏，但这部分的词汇大多数是学生不认识的，而课后词汇表也没有对这些词汇做出解释。《新教材》中的词汇练习主要针对阅读中的话题词汇，不少课标词汇和基本词汇在语篇和练习中呈现频次较低，词汇覆盖广度不够；在语法项目的安排方面，《新教材》将不同的主题语境作为组织单元的线索，语法项目可能分解在不同的单元中，也可能在一个单元中同时出现几个语法项目，因此，部分老师认为，语法的呈现不够系统，不适应《新教材》的编排方式。教师之所以感觉《新教材》存在词汇偏难、语法项目分散等问题，主要原因还在于他们不能充分把握教材的编写意图，不了解《新教材》中既有必学内容，也有为学生提供的丰富的课外自主学习资源，教学时应有所区别、灵活处理。例如，《新教材》的"引言"部分本来就是课外拓展阅读内容，并不要求学生掌握。《课标》强调以学生为主体的整合性学习，突出强调要在意义探究中融合对语言知识的学习与运用。而《新教材》的词汇经常以词块的形式出现，这要求教师帮助学生在语境中理解词汇，使学生做到基于理解的学习和运用；语法在教材中的编排方式是不断复现的，语法知识是形式、意义和运用的统一体。由于教师没有真正领会《课标》所倡导的理念和教材的编写意图，仍然停留于以语言知识为主的教学模式，导致在实际的教学中习惯性地把语言形式和语言意义的学习割裂开来，没有整体把握教学内容，直奔语言点教学的现象依然左右着课堂，影响着新课程、《新教材》的实施效果。

3.3 对单元编排结构认识和研究不够，单元内容缺乏重组整合

《新教材》不仅题材丰富、语篇类型多样，而且在单元编排上充分体现主题引领的理念。例如，单元内的 Topic talk 旨在创设主题语境并激活单元知识，为学习单元后续中的 Lesson 2、Lesson 3 及 Writing Workshop 和 Viewing Workshop 做准备。其中 Lesson 1—3 主要是学习运用语言，探究主题意义，发展思维品质和提升文化意识；Writing Workshop 主要是精进语言表达，聚焦读写能力；Viewing Workshop 主要关注拓展主题知识，聚焦看、说能力。自主学习内容包括 Reading Club 1、Reading Club 2 及 Check Your Progress 和 Unit Diary。Reading Club 1—2 主要是围绕主题意义拓展文化视野、发展思维能力；Check Your Progress 对学习效果进行监测；Unit Diary 是反思学习成效，归纳总结要点。显然，《新教材》的单元编排结构新颖，逻辑性很强，组成了完整的学习模块。教师在教学中要围绕单元核心要义对语篇内容进行取舍，也就是重组整合，这样才能做到精讲多练，提高教学效果。一些教师对《新教材》单元编排结构缺乏认识和研究，没有很好地重组、整合单元语篇内容，教学过程面面俱到、平均用力，致使课时紧张，教学出现了"捉襟见肘"的现象。有些教师担心，如果不按照单元编排顺序进行教学，很容易给学生造成一种错觉，他们会认为教师在授课过程中遗漏了部分知识点。这影响了教师对教材进行合理地取舍、调整与处理。

《课标》指出："教师要善于结合教学实际，灵活地和有创造性地使用教材，对教材内容、编排顺序和教学方法等方面进行适当的取舍和调整。"由此可见，对课时和语篇内容的重组整合是《课标》所倡导的，教师应该创造性运用重组整合，在不额外增加课时和学生课业负担的前提

下,重构教学内容,如期高效完成教学任务。

3.4 对语篇的研读和分析不够,整体设计单元教学能力有待提升

深入研读语篇是落实学习活动观的前提,也是设计单元整体教学的基础。由于深入研读语篇不够,部分教师很难概括提炼单元核心内容和主题意义,也就无法多角度、多层次地分析单个语篇所传递的意义,更不能围绕单元主题在各子话题间找到恰当的关联点。虽然在新课程、《新教材》培训时,教师大多能理解专家关于各单元子话题对单元主题意义的分析,如 Unit 1 Life Choices 中,各子话题从人生的不同维度、生活的不同角度和社会的不同层面对单元主题意义进行了深入探究,但当要求教师自己独立进行分析时,他们都感到无从下手,并认为设计单元整体教学绝非易事。问题主要反映在单元教学目标的制定和表述方面,很多教师直接使用教材中针对学生的单元学习的概括性要求代替单元教学目标。部分教师叙写的课时目标存在问题,主要表现为主体错位,不能体现以学生为中心的理念,不具备可操作性和可检测性。有些教师反映,自己对语篇进行深度解读的水平有限,特别是对语篇深层内涵以及文体特征、内容结构和语言特点的解读没有把握。有些教师觉得准确定位单元各子话题之间以及子话题与单元主题之间的关联点有困难。单元是承载主题意义的基本单位,《课标》要求教师要关注主题意义,制定单元教学目标,整体设计单元教学。由于教师混淆了学习过程和学习结果(即能用英语做事的要求),误认为教材中单元的学习过程就是单元教学目标,这就导致学习活动的指向性出现偏差,教学设计也就不能实现单元教学目标。

3.5 教师的教学能力不适应新教材的要求

《新教材》对教师的专业素养和教学能力要求很高,许多教师在语言水平、知识储备和教学基本功方面都需要进一步提升。在课堂上,有些教师虽然尽力用英语进行教学,但可以明显看出"翻译"的痕迹。新教材中"多数语篇或选自原版材料,或由国外作者改写或创作",语言地道鲜活且富含大量文化信息,准确把握和理解语篇的内涵,真正读懂、读透语篇,对部分教师来说也是个不小的挑战,再用英语引导学生分析、评价作者或主人公的观点、情感态度,对大部分教师来说更加困难。英语作为一门语言课程,内容包罗万象,承载了丰富的文化信息,涵盖了各种与时俱进的新观点、新内容。因此,教师备课量大,需要自己查找很多资料。例如,新教材必修第六单元第二课的话题是"Mahatma Gandhi and Martin Luther King",这两个历史人物的细节,大部分教师都不是很清楚,任务 I 中给出句子"He suffered racial discrimination in South Africa.",要求学生去判断这句话说的是哪一个人物,虽然教师用书上有答案,但是没有解释为什么印度人甘地会在南非受到歧视。通过查阅资料,教师才知道甘地是被派往南非公干,因此是在南非受到种族歧视的。

《课标》在语言技能中增加了"看"的要求。虽然教材每个单元都有 Viewing Workshop,也提供了相应的视频内容和相关教学活动设计,但仍有一部分教师反映视频内容比较难,很多教师在把握和处理该部分材料时有畏难情绪,对如何在教学中培养学生"看"的能力感觉心中没底。如教材中 Viewing Workshop 的内容大多是以英语母语者的真实交际情境为背景,"看"的学习材料是单元主题的拓展,富含跨学科知识和跨文化知识,视频虽然有字幕,但是生词较多,语速特别快,导致教师普遍感觉视频内容比较难,如介绍宇宙的视频,其语速教师自己

也很难跟上，连看字幕都来不及，更谈不上让学生理解内容了。

4. 解决新教材使用问题的对策建议

针对新教材使用过程中发现的问题，我们需要采取有力措施，开展有针对性的分层培训和研讨，帮助高中教师准确把握新课程的实施理念和《新教材》的编排意图、结构，切实提高课程实施能力。

4.1 继续开展多层次培训，提升教师的专业素养和能力

主要围绕解读《课标》、吃透教材、创新教法、研究学生等主题，开展线上线下结合、专家引领、校内外研讨相结合的多层级的培训工作；通过序列化培训，引导教师聚焦核心素养，深入研读教材，全面理解、准确把握新课程的理念、要求和《新教材》的编写意图、思路、单元编排结构，掌握教学设计和实施的技能。要改进培训模式，以区域教研、校本培训、自主研修为基础。组织教师开展教学反思、听实验课、讲示范课，使他们在反思中提高驾驭教材的能力。培训要坚持专题辅导与合作研讨相结合、理论学习与实际应用相结合、集中培训与个人研修相结合，提倡参与式、对话式、探究式的培训方式，在新课程、《新教材》培训时，把备课、说课、做课、评课作为活动载体，把课例示范作为主要的培训方式，聘请不同类型的专家型教师上公开课、示范课，引领教师提升专业能力，为顺利实施高中新课程提供坚实保障。

校本培训是提升教师专业素养最直接、最理想的途径。结合主题意义探究对教材进行深度研读和分析、查阅资料丰富课程资源的过程，就是教师不断更新和丰富语言、文化知识，深入研究和理解教材编写意图和单元编排结构的过程；而对所查阅信息和知识进行理解、加工并转化为可供学生使用的课程资源的过程，就是教师把语言知识转化为能力的过程；通过观摩课等教学研讨和交流活动以及选择教学手段和方法、运用现代教育技术辅助和促进教学的过程，就是教师不断积累、丰富学科教学知识，提升教学能力的过程；在教学中结合教学实际开展行动研究，是教师实现个人专业化成长的有效途径之一；在教学中开展集体备课，参与听、评课和"同课异构"等活动，是实现同伴互助和共同提高、促进教师专业发展的有效保障。

4.2 完善教研工作机制，构建新课程实施的支撑体系

教研工作全面转型，教研重心下沉，坚持问题导向、实践导向、目标导向，围绕高中学校在新课程、《新教材》实施重点、难点问题开展课题研究和实践引领，认真总结高中新课程、《新教材》实施的有效策略和实践经验，开展基于不同类型高中学校的精准指导，尤其加强对薄弱学校的指导力度。一是充分运用信息化手段，建立网络名师工作室、网络教研平台，探索网络教研、智慧教研新途径，推动区域教研协同发展。二是以竞赛推动教研，组织开展课堂教学竞赛活动，引导教师全员参与课堂深化行动；组织开展学科竞赛，激发学生学习兴趣和积极性。探索"线上＋线下"课堂教学竞赛模式，推行分级赛讲课制度。学校层面开展现场磨课、赛课、评课；县级层面集中或分片开展现场赛课、评课；市级层面开展网上赛课、评课和答辩。适时组织优质课现场观摩，激励教师全员参与赛讲课活动，强化教师课堂教学改进意识。三是以项目（课题）带动教研，实施"普通高中英语教材教学能力提升"项目，帮助高中英语教师更快适应新

课程、使用《新教材》。通过阅读、听力、写作教学的专项指导,帮助教师理解新课程理念,掌握学习活动设计的要领,提升教师的课程实施能力,同时培养一批英语青年骨干教师,通过集体备课、磨课、教学指导、课例点评等环节,以研究课的形式呈现项目(课题)成果,最终形成本土化和系统化的教学资源,切实改进教学过程,有效提升课堂教学实效。四是课程资源建设,主要是依托教育信息化平台,收集、丰富课程资源,促进资源、成果共享。

4.3 以课例为抓手,持续推进教学改进

课例是以典型教学内容为载体、以教学实践情境为场域、以实践共同体为单位、以专业学习为引领、以同伴互助为形式、以优化课堂教学质量和提高教师专业能力为目的的螺旋上升式的教学研究活动。"同课异构"中的课例研讨、展示课或赛课中的课例打磨,是教师非常熟悉且经常参与的教研形式,也是提高教师教学能力的有效途径。如在课例设计之前,教师需要首先学习《课标》,研读教材,从学习活动观的视角研讨如何设计学习活动,且活动要有情境、有层次、有实效。在研读《课标》案例的基础上独立设计学习活动,按照活动层次要求,分类设计从易到难、从简单到复杂的学习活动,并通过同伴互助的形式修改和完善活动设计,然后进行课堂教学,邀请同行教师和专家现场评课或录制教学视频,为反思、研究和提高课堂教学设计水平提供依据。最后,展示修改后的课例,检验教学效果。这样的课例研究,关注教学改进的过程,教师既是在开展教学研究,也是在进行教学实践,能够有效提升教师执教《新教材》的水平。

4.4 发挥备课组的作用,分工协作丰富"看"的资源

针对《课标》要求及《新教材》所配备"看"的资源较难和有限的情况,英语各课组可在集体研讨决定"看"的资源建设清单基础上,开展教师之间的分工协作,结合单元主题选编、自制"看"的资源。如有的单元可以配电影、电视剧片段,或电视采访、情景会话、脱口秀、名人演讲视频、纪录片、英语歌曲视频、景点漫画等,还可以多种形式的资源混合交叉使用。在资源建设方面,以备课组为单位让教师分工协作,同时发动学生参与视频内容、资源的选择和制作,可以减轻单个教师的备课压力和工作量,同时也提高了教师开发和建设课程资源的能力,发掘了学生用英语做事的潜力,最重要的是可以"引导学生从不同角度、以不同的思维方式进一步丰富对单元主题的认知,建构新知识,拓展思维方式,并通过讨论形成对单元主题更全面、更深入的认识,形成积极向上的人生观、价值观"。

4.5 从学习、模仿到实践,提高单元整体教学设计能力

《课标》中的案例从单元主题与所涉及的话题、语篇类型、各语篇所出现的主要内容、所侧重的语言技能、所涉及的语言知识和单元话题的功能及作用等方面对单元内容进行了全面分析,为单元整体教学设计提供了模板,也为教师进行语篇整合提供了可以模仿的范例,教师可以分步学习、模仿和实践。在设计单元整体教学活动的过程中,要明确教学活动指向学生核心素养的融合发展,落脚点是贯穿单元的、体现六要素整合的学习活动,特别是输出活动,体现学生在单元学习过程中的成长和发展。要把单元教学目标的制定作为重点,通过模仿掌握方法。单元教学目标由课时目标组成,课时目标要体现一定的关联性和逻辑递进性;单元目标无论是用口头还是书面语言表达出来,都要体现学生核心素养的培养和发展。教师在学习、模仿和实

践的过程中,要不断反思单元整体教学设计的适切性,特别要重视对单元主题意义的探究。教师可以结合教材中每个单元中的话题和学生感兴趣且可理解的语言材料来创设情境,依托具体语境,在相同和近似的语言形式不断复现的情况下,帮助学生理解语言意义。教师还可通过使用强调的方式,如用不同颜色标注、加下划线、加粗等和适时地运用语言暗示,引导学生关注语言形式的使用,进而赏析和评价语言形式在传递意义和表现主题方面所起的作用。这种在情境中引导学生感知语言、学习语言、运用语言、评价语言以及结合主题语境开展主题意义探究的言语整体教学,可以有效提高教学效率。

5. 结语

《新教材》落实《课标》理念,以培养学生的核心素养为宗旨,以英语学习活动观为教学实施途径,题材丰富、语篇类型多样、文化信息量大,突出以学生为主体的整合性学习,强调在意义探究中学习和运用语言知识,围绕主题意义整体设计单元教学,对教师的专业素养和教学能力提出了更高的要求,需要开展多层次培训,完善教研工作机制,以课例为抓手,不断提高教师单元整体教学设计能力。

参考文献

［1］北京师范大学出版社.普通高中教科书·英语［M］.北京:北京师范大学出版社,2021.

［2］中华人民共和国教育部.普通高中英语课程标准(2020 年修订版)［M］.北京:人民教育出版社,2020.

作者单位:甘肃省教育科学研究院 兰州　730030

核心素养视域下高中英语
新课程实施策略探究

李兴勇

提　要： 高中英语新课程实施的目的是发展学生英语学科核心素养。本文基于高中英语教学中存在的典型问题，提出高中英语新课程改革的内涵，结合具体的案例探索核心素养视域下高中英语新课程实施的策略，即实施单元整体教学，推进课程目标实现；关联和拓展教学内容，丰富课程资源；实践英语学习活动观，实现深度学习；布置多元作业，满足学生个性发展需求；实施持续性评价，促进学生学习。

关键词： 英语核心素养；高中英语新课程；课程改革；实施策略

1. 引言

　　英语学科的核心价值是培养具有中国情怀、国际视野的社会主义建设者和接班人。英语学科旨在发展学生的语言能力、文化意识、思维品质和学习能力等英语学科核心素养，落实立德树人根本任务（教育部，2020）。新一轮的高中英语课程改革强调学科的育人价值，强调核心素养的培养。这些变化要求英语教师转变教育教学观念，由关注教师的教转向关注学生的学、由提取表层信息和零碎知识转向整合深层意义和主题内容、由传授知识和技能转向培养核心素养和培育价值观（梅德明，2019）。英语教师如何应对高中英语新课程改革需要？新课程改革包含课程建设、教学方式和学习方式的转变、评价方式的改变。新课程改革的关键是教师教学行为和教学认知的改变。

　　目前高中英语教学中，存在以下六个问题：一是目标导向不够。单元教学目标没有聚焦核心素养的培养，课时教学目标没有聚焦英语学习活动观，目标没有层次性，导向教学和评价不够。二是教学深入和超越教材不够。"唯教材"的教学让学生视野狭窄，不能形成阅读素养，不能产生英语学习兴趣。深入教材让学生理解教材内涵，超越教材让学生有丰富的学习资源，才会更好地了解世界。三是学习活动深度不够。教学中信息梳理后没有形成信息关联和整合，没有强调语言应用实践，没有强调主题意义探究的多元表达，没有在"新情景"中的迁移，没有实现深度学习。四是语言教学情景不够。语法教学无情景故事；词汇教学和语篇教学相割裂；读写教学的语言支架没有注重情景中的表达。五是教学过程中不够重视学生。教师重视传递文本和意义，轻视学生对主题意义的多元表达。六是形成性评价不够。在教学中，重视终结性评价，对形成性评价轻视，对基于学习目标的达成情况评价较少，对学习产品的评价不够，教、学、评的一致性落实不够。

这些问题反映出教师在高中英语教学中对新课程标准没有很好地把握，仍旧将语言视为抽象的规则体系，重视语法、词汇等基础知识教学，而忽略英语的工具性和人文性的功能。高中英语新课程的改革就是要改变这些情况。

2. 高中英语新课程改革的内涵

高中英语新课程改革的内涵是要改革单一的教学内容、学生被动的学习方式、教师控制性的教学方式以及单一的教学评价，促进学生英语学科核心素养的发展，培养具有中国情怀、国际视野和跨文化沟通能力的社会主义建设者和接班人。

2.1 从"知识传授"变为"重素养培养"

在传统的英语教学中，教学内容"唯教材"，教师注重教学内容的传递，关注零散的语言知识，教师花大量的时间讲词汇和语法，学生进行背记单词和做语法练习题。在立德树人目标下的英语新课程教学要以"学习中心"为导向，教学内容注重学生英语学科核心素养发展，实践英语学习活动观，教学内容丰富多元。

2.2 从学生的"接受学习"变为"主动学习"

根据建构主义观点，个体对事物的理解来自于新旧知识之间的相互作用，而非传递接受（李璇律、田莉，2019）。所以，"接受学习"的学习方式不符合人的认知发展规律。教师要构建"学习为中心"的课堂，让学生进行主动学习。维果茨基的学习空间所展示的有效学习过程体现了学生主动学习的过程，包含内化于心、转化为己、外化为形、分享于众（Harre，1984）。例如，开展阅读画思维导图并概括总结让学生内化于心进行理解；开展描述阐释和主题意义探究让学生将所理解的转化为己；开展模拟、实践、自学展示等让学生将所学外化于行；开展小组合作、相互评价、心得分享、总结提升让学生分享于众。教师的作用以激发、引导学生能动、独立的学习为最高追求和根本目的（陈佑清，2014）。

2.3 从"控制型"教学变为"生成型"教学

"控制型"教学让学生掌握词汇和语法知识为教学目标，将教材视为全部教学内容，教学方式以教师讲授和学生机械训练为主，评价标准是看学生能否背记教师传授的词汇和语法知识。"生成型"的教学关注学生主体性和学生自主性，教学方式上把教师有意义的讲授和学生的自主、合作、探究等学习方式结合起来，注重学生的自我建构。高中英语课程改革就是要从"重教"向"重学"转变，让所有学生参与到学习活动中来，真正成为学习的主人。

2.4 从"单一评价"变为"多元评价"

传统的教学评价只是单一的分数评价，只是对学生学习结果的评价。这种评价方式单一，不注重过程，不能有效促进学生学习过程的改进，不是为了学生的学习开展的评价。高中英语新课程的教学评价的目标应与学科核心素养、学业质量标准一致，要将评价自然融入课堂教学活动中，形成教、学、评一体化，促进学生更好地进行语言学习。

3. 高中英语新课程实施的实践策略

3.1 实施单元整体教学，推进课程目标实现

单元是实施课程内容、开展深度教学、学生实现深度学习以发展核心素养、落实学科育人目标的基本教学单位。单元教学要关联整合课程内容，在探究主题意义和问题解决的过程中，实施目标层次化、语篇主题化、活动关联化的单元整体教学。

3.1.1 理清目标关系，确立目标层次性

实施单元整体教学要理清高中英语学科的总体目标、具体目标、单元教学目标和课时目标的关系。高中英语课程的总体目标是全面贯彻党的教育方针，培育和践行社会主义核心价值观，落实立德树人根本任务，在义务教育的基础上，进一步促进学生英语学科核心素养的发展，培养具有中国情怀、国际视野和跨文化沟通能力的社会主义建设者和接班人；具体目标是培养和发展学生在接受高中英语教育后应具备的语言能力、文化意识、思维品质、学习能力等学科核心素养（教育部，2020）。单元教学目标是以语篇为载体，通过理解、探究和实践来发展学生语言能力、文化意识、思维品质和学习能力。课时目标是实现单元教学目标的具体目标，要实践英语学习活动观，以促进核心素养的有效养成。

3.1.2 梳理语篇主题，确定单元整体教学目标

单元整体教学目标的设定是在对单元教学内容的语篇模态和内容进行解读的基础上，通过挖掘单元整体主题意义，梳理各个语篇主题，进行单元内容的关联分析，确立本单元主题意义探究达成的阶梯性，然后设计阶梯性的发展学生核心素养的学习活动，并进行单元语篇划分和课时的分配以推动通过单元整体教学实现核心素养的培养。

例如，外研社版高中《英语》必修一第一单元 A New Start 单元整体的学习目标是学生能理解高中日常学习与生活，能正确面对高中生活，适应高中生活并就高中学习与生活表达观点。学生在达成本单元整体学习目标的过程中，通过学习理解多模态语篇，如了解英国 King Alfred's School，阅读理解高中生活第一天和第一周的学习和生活；阐释语篇中人物的情感变化，探索如何进行高中生活的时间管理；用本单元所学来表达自己高中生活的经历和感受或者就如何改善学校向校长提出建议等来活动来发展学生的语言技能、思维品质、文化意识和学习能力。

3.1.3 设计关联性的活动，支撑目标达成

单元整体教学在单元主题意义的引领下开展理解、探究和实践等学习活动。活动之间有层次性，从理解到探究再到实践，体现了认知和行为变化的递进性。每个课时在本课语篇的主题意义的引领下开展学习理解、应用实践、迁移创新等学习活动。活动之间有关联性，从生活话题、到文本内容、再到文本主题，再进行主题意义的情景运用，体现了语言输入、内化和输出的学习过程。课时学习目标要落实单元整体学习目标，要践行英语学习活动观。课时学习目标的确立要根据课程标准要求、语篇内容解读情况和学情实际来设定。课时学习目标要明确，即从内容知识层面和方法知识层面讲清目标达成的途径和内容，实施教学时开展相应的活动以支撑目标的达成，评价时以达成目标的过程作为评价任务。

例如,外研社版高中《英语》必修一第一单元 A New Start 中的语篇"My first day at senior high"的课时学习目标是学生通过阅读和画思维导图的形式,梳理文本结构,提取作者描述自己第一天的高中生活的事实信息;通过阅读和写概述形式,分析作者从好奇到紧张、害怕再到放松、自信的暗线情感变化,判断作者情感变化的原因;通过小组讨论,联系自己,描述自己的高中生活的第一天的经历并评论。这样的课时目标实践了英语学习活动观,将各个学习活动关联起来,落实了本单元要理解、正确面对高中学习与生活并表达观点的单元整体学习目标。

3.2 关联和拓展教学内容,丰富课程资源

教师要根据单元教学实际,不断丰富课程资源,要树立"用教材教,而不是教教材"的意识。课程资源的丰富是基于教材内容进行关联和拓展。

3.2.1 关联教学内容

高中英语课程实施要根据学生实际和学习目标需要关联教学内容,即基于学习目标把教学内容进行关联。关联有两种形式。一是对教材单元内各语篇进行关联,建立单元内各语篇间的联系,让教学内容的内涵有一致性,体现单元整体教学理念。二是关联与本单元相关的教学内容,如让学生根据本单元的话题和主题开展演讲比赛、话剧表演等活动。这样,教学时基于教材进行学习理解教材内容,深入教材对语篇内容的主题进行分析和探究并进行语言的应用实践。

外研社版高中《英语》必修一第一单元中的语篇很多,有日记、访谈类的文本、视频、图片、音频、宣传册等多模态语篇,根据本单元学习目标,学生能理解、正确面对高中生活,并能就高中学习与生活表达观点。本单元对教学内容的关联整合分析为:本单元的 starting out 和 my first day at senior high 等内容属于学习了解高中生活,学生课后写自己的高中生活第一天的经历和感受,语法部分 sentence structure、听力的 making a plan 以及 school clubs 和 high school hints 属于基于多模态语篇的学习进行深入探究如何度过高中生活,学生课后准备演讲如何管理高中时间。Writing a journal entry、presenting ideas 和 making a project 等内容属于如何更好拥有高中生活的表达,学生做海报、发表演讲来表达自己的观点和宣传学校。这样基于单元教材学习,对教学内容进行关联和整合,让单元教学从理解、探究、表达三个层次不断递进形成一个整体。

3.2.2 拓展教学内容

要改变"唯教材"的教学内容观,教师的教学就要基于教材、深入教材和超越教材。超越教材是根据教材的话题和主题进行延伸阅读和其他拓展活动,以开拓学生视野,加深对主题的认识,并且根据课堂所探究的主题意义进行情景运用,解决实际问题或发表观点。如根据所学主题开展外语小品比赛、演讲比赛。其中延伸阅读是最主要的拓展教学内容的方式。延伸阅读是让学生阅读与教材单元话题和主题相关联的语篇,以丰富学生认知,提升学生阅读素养。

Krashen(2004)指出,"阅读是唯一办法,唯一能同时使人乐于阅读,培养写作风格,建立足够词汇,增进语法能力,以及正确拼写的方法"。高中课外阅读量在必修阶段平均每周不少于1500词(必修课程阶段不少于4.5万词),在选择性必修阶段平均每周不少于2500词(选择性必修阶段不少于10万词)(教育部,2020)。因此,高中英语作业要实施每个单元的常态课外阅读,可以用阅读表来记录阅读实施情况(Bamford & Day,2009)。

基于单元主题的群文阅读是单元课外阅读的有效形式。学生在群文阅读中整合、求同、存异、判断，从而学生的信息提取能力、策略运用能力、多元思维能力、思辨能力就有了很大的提高（李兴勇，2019）。

学习了外研社版高中《英语》必修一第一单元后，教师可以让学生延伸阅读外语教学与研究出版社出版的《英语分级群文阅读》高一上册第一单元 A Fresh Start 的三篇文章 Start high school、The best high school 和 Never give up，然后让学生基于三篇文章联系自己实际回答"How will you spend your senior school life?""How will you face the challenge in your senior high school?"。学生阅读了更多如何面对高中生活的语篇，对高中生活这一话题了解更多，对如何面对高中生活这一主题意义的认识会更加深刻。

3.3 践行英语学习活动观，实现深度学习

3.3.1 实施层次递进性的学习活动

英语学习活动观的提出为整合课程内容、实施深度教学、落实课程总目标提供了有力保障，也为变革学生的学习方式、提升英语教与学的效果提供了可操作的途径（教育部，2020）。英语学习活动包括学习理解、应用实践、迁移创新等层层递进的语言、思维、文化相融合的活动。在教学时要实施感知与注意、获取与梳理、概括与整合等基于语篇的学习理解活动，建立信息间的关联，实现知识结构化；实施描述与阐释、分析与判断、内化与运用等深入语篇的应用实践活动，实现知识功能化；实施推理与论证、批判与评价、想象与创造等超越语篇的迁移创新活动，实现知识素养化。

在实施外研社版高中《英语》必修一第一单元语篇 My first day at senior high 教学时，学习理解活动可以是通过图片引入，交流"How about his feelings?"来进行感知与注意，然后阅读语篇获取信息并进行梳理"What experiences did he have on the first day?"应用实践的活动是对文中人物的情感进行描述、阐释与内化"How did he feel about his each experience?"以及对文中的主题意义进行探究"How did Meng Hao face challenges?"迁移创新活动是讨论"How to understand 'Well begun，half done'?"进行推理与论证，然后让学生描述自己的高中生活第一天所面临的挑战来进行想象与创造。这样通过阅读概括、梳理、整合语篇信息，实现语篇内容的理解；通过人物情感变化和主题意义的探究，实现语言的应用实践；通过学生联系自身实际，加深对主题意义的理解和运用，对语篇背后的价值取向或作者态度进行推理与论证，实现迁移创新。

3.3.2 创造教学高潮"场"，实现深度学习

国内外学者普遍认为，深度学习是核心素养达成的重要路径，核心素养是深度学习的结果体现（崔友兴，2019）。深度学习重视学生在学习中的主体地位，强调教学内容要与学生的经验建立关联，通过建构新知识和深度思维，获得真实世界中解决问题的能力（刘月霞、郭华，2018）。因此，教学要和学生实际相联系，要发展学生的深度思维。"教学"不是单纯的"流程"，而是"展开"——在重点部分，设计共同展开深度探究的活动，创造教学高潮"场"（钟启泉，2021）。

外研社版高中《英语》必修一第一单元语篇 My first day at senior high 教学以 Meng Hao 高中第一天生活经历和情感变化进行语篇的故事线和情感线的梳理和分析进行展开来实现学习理解、应用实践，对文本主题进行分析论证，然后描述自己的高中生活的第一天实现迁移创

新。本课的教学高潮是对 Meng Hao 的高中第一天经历的评价,探究"Well begun,half done"的意义。教师引导学生对语篇的价值取向进行推理与论证,以深刻理解主题内涵。

3.4 布置多元作业,满足学生个性发展需求

3.4.1 建立单元目标作业体系

单元教学目标是总体目标的有机组成部分。每个课时目标的设定都要为达成单元目标服务(教育部,2020)。作业布置要根据单元教学目标和课时教学目标确定单元作业设计以及课时作业设计的层次性,建立单元作业目标体系。单元作业布置要在主题意义的探究上、语言知识的运用上以及语言表达上花功夫。如外研版高中《英语》必修一第一单元的教学目标是通过听说读写活动让学生探究主题意义并能就自己和学校的实际进行创造性的解决问题,即如何进行对高中学习的自我规划和自己高中学校的宣传。对单元多模态语篇的主题意义的认识,可以让学生进行总结提炼;对多模态语篇的词汇可以让学生做思维导图进行归纳复习;对如何进行自我学习规划,可让学生周末计划;对自己高中学校的介绍可布置学生做学校宣传册。这些作业设计可体现单元教学的整体性和目标层次性。

3.4.2 作业设计体现分层和选择性

基于单元整体的作业要实施分层布置并给学生提供选择,满足学生个性发展需求。分层可以根据水平分层和兴趣分层。水平分层是指把作业分为基础作业和拓展作业,学生依照自己的能力和水平自主选择、自由搭配(李兴勇,2012)。学生学习了外研社版高中《英语》必修一第一单元 Developing ideas 板块的阅读材料 High school hints 后,由于本单元话题是高中生活,教师可以让学生结合自己的经历写一篇如何面临高中新生活的演讲稿。可以布置 A 层学生写一篇短文列举出高中新生可能面临的困难并给出建议,B 层学生结合自己的经历写一篇如何面临高中新生活的演讲稿。兴趣分层是指根据学生兴趣,布置不同的作业形式,让学生根据自己的兴趣爱好自主选择(李兴勇,2012)。如根据学生兴趣特点,布置阅读交流分享会的准备作业,让学生交流讨论;布置学生进行角色扮演、依据书名或文本主题设计海报;布置学生依据文本故事创作小短剧、表演课本剧;布置学生写书评或概要;布置学生进行同伴评价;布置学生对阅读或学习进行总结反思等作业以满足不同学生的兴趣。

3.4.3 布置多种形式作业,促进学生发展

作业作为课堂教学活动的必要补充,其根本目的在于促进学生发展(杨清,2021)。高中英语作业布置不能仅仅布置书面的作业,还要布置一些让学生通过体验、实践、讨论、合作和探究的形式才能完成的作业,以促进学生的发展。要布置多模态的阅读,让学生去探究多元的主题意义,并在探究的过程中学习和欣赏语言,不断积累;要让学生进行语言实践,表达对主题意义的认识,不断提升学生语言能力。学生学习了外研社版高中《英语》必修一第五单元 Into the wild 之后,可以布置学生阅读濒临灭绝动物介绍的群文,让学生写阅读后的评论,形成保护野生动物的意识,同时让学生积累一些关于动物保护的语言,通过制作动物保护的海报和演示来进行语言实践,号召身边的人保护野生动物。同时,也要布置一些"反思补救性"作业,让学生积极运用和主动调适英语学习策略。如期中或期末考试后,作业布置可让学生对学习过程、投入程度进行反思,思考如何在接下来的学习中解决这些问题,对学习提出计划并调整(李兴勇,2012)。

3.5 开展持续性的评价，促进学生学习

3.5.1 评价的内容

持续性评价是教师教学、学生学习不可缺少的环节（刘月霞、郭华，2018）。学习评价决定着学生的学习价值取向。施行积极的学习评价就是秉持为学生的积极学习而评价的理念，通过积极的评价促成学生的积极学习和积极发展（崔志钰等，2021）。教师要评价学生语言学习过程，即对学生在学习过程中的语言技能、语言知识、文化知识的达成情况进行评价，如评价学生语言表达的准确性和流利性；教师评价学生的学习效果，即对学生作业进行的鼓励性的评价，对学生成绩进行反馈和改进性评价；教师要对学生的学习能力进行评价，如参与课堂学习的积极性和主动性，参与小组合作学习、与老师和同学对话交流等方面的表现等；教师要对学生在分析问题和解决问题过程中的思维品质进行评价，如逻辑性思维能力、批判性思维能力、创新性思维能力等。

3.5.2 评价的方式

评价应当贯穿于学生的整个学习过程，可采用教师评价、同伴评价、自我评价等不同方式促进深度学习。教师要开展指向教学目标达成的评价，即教师基于学习目标设置学生本课学习过程的评价任务，然后让学生对自己的学习过程进行自我评价。教师也要开展对学习产品的评价，即对学生的写作作品、演讲、制作的宣传册等进行评价。评价时要给出评价标准，采用学生自评、同伴评价、全班展评和教师点评等方式，让学生基于改进的维度进行提升。如外研版高中《英语》必修一第一单元语篇 My first day at senior high 教学评价任务是让学生在本课结束时能梳理提取作者描述自己第一天的高中生活的事实信息，能概括文章结构、描述作者情感变化及原因、联系自身谈论自己高中第一天的经历和感受等评价任务。由此一来，学生可以根据评价任务进行自评以检视本节课的学习目标达成情况。又如，外研版高中《英语》必修二第四单元中的 Writing a movie review 的学习任务是让学生写影评，教师提供对影评的评价维度。此任务可以用到本课所学结构，以情节描述叙事模式展开清晰呈现评论观点，随即让学生进行自评、同伴评价等。

4. 高中英语新课程实施的保障

4.1 实施学习中心原则

以学习为中心，尤其是学习过程中学习的中心地位，是课程标准对英语课堂教学的理念层面的基本要求（鲁子问，2022）。核心素养视域下的高中英语新课程的实施要实施学习中心原则，即教学以学习为过程，开展自主学、合作交流互惠学、展示评价学来实现学习目标。

4.2 研究新课程的教学

学科教研组要以研究高中英语新课程的教学为主要任务，即研究新课标、新教材、新教学以保障高中英语新课程的顺利实施。对于新课标，要研究如何践行新课标的基本理念、如何实施三类课程以满足学生个性发展需求。对于新教材，要研究新教材和新课标的关系、新教材的

编写思路、新教材各册的关联性。对于新教学,要研究教师如何实施深度教学、学生如何实现深度学习。教研组要以开展"课例研究"为立足点,不断提升教研活动质量。

4.3 教师促进自身改变

每位教师要在实际教学中,基于教学问题,在专家指导和自己的反思中进行持续的、优化的教学实践,不断追求在教学认知上和教学行为上的改变,从渐变到根本性改变以满足新课程实施发展学生核心素养的需要。

5. 结语

高中英语新课程改革的目的是改变零散的知识教学走向发展学生核心素养的教学。高中英语新课程改革的实施在于单元教学内容的整体性、基于单元主题的拓展性,课堂教学活动的层次性、学生主体的生成性,课内外教学评价的多元性和促进性。实施新课程时,教师实践英语学习活动观,实施深度教学,基于教材、深入教材和超越教材进行必备知识的学习和关键能力的培养,以培养学生交际素养、学习素养和思辨素养为主要任务,发展学生英语学科核心素养。

参考文献

[1] Bamford, J., & Day, R. R. *Extensive Reading Activities for Teaching Language* [M]. Beijing: Foreign Language Teaching and Research Press, 2009.

[2] Harre, R. Personal being: *A Theory for Individual Psychology* [M]. Cambridge, Mass: Havard University Press, 1984.

[3] Krashen, S. D. (2004). *The Power of Reading* (2nd.) [M]: Insights from the Research. Portsmouth, NH: Heinemann.

[4] 陈佑清.建构学习中心课堂——我国中小学课堂教学转型的取向探析[J].教育研究,2014,(3):96-105.

[5] 崔友兴.基于核心素养培育的深度学习[J].课程·教材·教法,2019,39(02):66-71.

[6] 崔志钰,陈鹏,崔景贵.积极学习评价:基本特征·现实检视·实施策略[J].教育理论与实践,2021,41(34):54-58.

[7] 教育部.普通高中英语课程标准(2017年版2020年修订)[M].北京:人民教育出版社,2020.

[8] 克里斯蒂娜·麦卡弗蒂,张世钦.英语分级群文阅读高一上册[M].北京:外语教学与研究出版社,2020.

[9] 李兴勇.高中英语分级群文阅读教学的实践探索[J].中小学外语教学(中学篇),2019,(01):55-59.

[10] 李兴勇.综合语用能力:高中英语作业的追求[J].教育科学论坛,2012,(10):20-22.

[11] 李璇律,田莉.建构主义视域下的深度学习[J].教学与管理,2019,(12):1-4.

［12］刘月霞,郭华.深度学习:走向核心素养(理论普及读本)[M].北京:教育科学出版社,2018.

［13］鲁子问.英语教学论(第三版)[M].上海:华东师范大学出版社,2022.

［14］梅德明.普通高中英语课程标准(2017 年版)教师指导[M].上海:上海教育出版社,2019.

［15］外语教学与研究出版社.普通高中教科书·英语必修第一册[T].北京:外语教学与研究出版社,2019.

［16］杨清.双减之下,老师布置作业需要有这 4 个转向[N].中国教育报,2021 - 10 - 01(03).

［17］钟启泉.深度学习[M].上海:华东师范大学出版社,2021.

作者单位:四川省教育科学研究院 成都　610225

编写出版推动科研，教学实践促进提高

——浙江省衢州第二中学外语组专业发展之路

潘志强

提　要：语言具有丰富的文化内涵。世界文化意识伴随着英语教学实践的丰富而形成。以核心素养为目标的英语课程标准要求英语教师广泛获取英语教学信息，在英语教学过程中积极开展教学研究、编写出版活动。注重多渠道、多形式的跨文化交流，提升世界文化意识，培养具有国际视野、通晓国际规则、能够积极参与国际事务与国际竞争的国际化人才。

关键词：文化意识；教学研究；跨文化交流

1. 聚焦教学实践，改革课堂教学模式

本人 1982 年毕业于浙江师范学院（现浙江师范大学）英语专业，同年回到母校——衢州二中任教高中英语，与我的英语老师刘泽武先生成为同事。刘老师毕业于浙江大学外文系，他经常叮嘱我："既然我们是教英语的，那么就要教得洋味儿十足。"于是，如何才能让中国的英语教学也变得"洋味儿十足"成为我 41 年的英语教学生涯里一直在探索实践的目标，引导学生不只将英语当成语言工具，而是整体认识其中蕴藏的丰富的文化知识，培养学生的跨文化交际能力。

41 载坚守教育一线，13 年尽职校长岗位，用大爱情怀打造"宽容、和谐、担当"的名校"精神长相"。作为二级教授，本人曾荣获"全国先进工作者""享受国务院特殊津贴专家""全国五一劳动奖章""浙江省担当作为好干部""浙江省功勋教师""浙江省劳动模范""浙江省特级教师""长三角最具影响力校长"等荣誉。同时，我也为我的同事与团队感到骄傲。我所在的衢州二中教育教学质量处于全国普通高中第一方阵，外语组 2020 年被评为浙江省先进教研组。学校曾于 2011 年获得浙江省唯一"全国中小学外语教研工作示范学校"荣誉，2016 年获得首批"浙江省高中英语学科基地校"荣誉，并于 2020 年获"浙江省高中英语数字教育与资源应用基地校示范校"荣誉。

回顾最初正式的职业生涯开启时，我秉持着教师需要自觉地为学生无私奉献的信念，利用各种机会和假期时间为英语基础薄弱的学生补课，夯实学生的语言知识和语言技能。教学之余，还把自己的教学感想写成文字，在最初的十几年里总共发表文章 400 多篇。

1995 年，我担任衢州市第一个对外交流教师，奔赴友好城市——美国明尼苏达州雷德温市任教。随着在雷德温的教学经验的增加，我认识到英语教学绝不仅仅是语言教学，更重要的是文化交流，以促进彼此了解。于是，我写了一篇名为"Cultural Part of Language Lesson"

（《语言教学中的文化内涵》）的文章，发表在雷德温当地报纸上。

创设语言环境对语言学习非常重要。在英语教学中，通过图片、实物、视频等模拟出英语国家的生活工作场景，模拟英语环境，可以达到事半功倍的效果。从那时开始，我就思考如何搜集相关资料。1995 年圣诞节期间，我从房东的旧报纸里剪出了 2 000 多张漫画和照片。这些图片为我回国后的课堂教学带来了巨量的有关美国政治、经济、文化教育和家庭生活的信息。此后，外国报纸成为我教学资料的内容来源。

1996 年，人民教育出版社与朗文出版集团有限公司合编的新版中学英语教材开始实施。通过对教材的研读，我意识到英语教学改革势在必行，于是写了一篇题为《中学英语教学与文化背景》的论文，发表于《上海教育》杂志。这篇论文的成功让我进一步认识到，在课堂教学中融合跨文化教育将会成为高中英语教学的一个非常重要的热点和方向。我一直在课堂教学中努力践行这种思想。1997 年，在浙江省高中英语教研会议上，我发表了题为《英语文化背景与中学英语教学》的发言，引起了与会老师的强烈共鸣。

同时，我也在我们教研组内积极倡导在英语课堂教学中贯穿跨文化交际教学。一方面，我们充分挖掘教材中的文化因素，引导学生开展文化比较。另一方面，我们经常利用各种课外教学素材，为学生补充必需的文化营养。我经常开设公开课，向老师们展示跨文化交际教学课堂的教学模式，帮助大家确定常规课堂和跨文化教学的结合点和结合模式，引导大家积极开展教学实践。

2003 年，《普通高中英语课程标准（实验版）》颁布，明确提出文化意识是英语学科素养之一，是得体运用语言的保障。2018 年，《普通高中英语课程标准（2017 年版）》颁布，文化意识成为英语学科四大核心素养之一，体现英语学科核心素养的价值取向。

课标的思想为我们的教学实践提供了支持和方向。2004 年，我作为唯一的英语教师，参与拍摄了《浙江省特级教师课堂教学实录》。在这堂题为"Laughing Matter"（笑料）的课上，我很好地演绎了自己倡导的参与型英语教学方式，营造出轻松的课堂氛围，既锻炼了学生听说读写能力，又在不经意间让学生领略了西方幽默文化，达到了从交际处着眼语言教学的教学目的。

在培养语言知识和技能之外，先行一步的文化意识培养使得我们的课堂教学逐渐凸显出来，逐渐形成了具有衢州二中特色的高中英语课堂教学模式。之后我们开始深度解读文本，加强阅读教学。以贵丽萍老师为首的教师团队开始研究批判性思维教学和自主阅读教学。我们利用"黑布林英语阅读"系列材料，通过课堂教学，帮助学生掌握英语阅读方法和策略，以此培养学生的课外阅读能力和习惯。

从 2005 年开始我校外语组喜讯不断，贵丽萍、陈国清、南红、张宇峰、徐鑫等诸多老师在浙江省高中英语课堂教学评比活动中获得一等奖，涂小兰、郑婵娟和赵晓景等老师获得二等奖。2020 年，陈敏仪老师获得浙江省中小学青年教师教学竞赛决赛中学英语组特等奖。

2. 开展课题研究，推进核心素养落地

随着时代的进步，我们和国外的交流日益增多。1995 年，我校先后有 11 位教师担任友好城市交流教师，赴美国明尼苏达州雷德温市任教。2002 年，我校被确立为"盖普"项目的参与

学校,至今有 6 位教师赴英国开展教学工作,也接受了 6 批国外的年轻教师来校任教。每年,我们还在寒暑假送出师生游学团,让我们的老师和学生亲身经历各种异域风情和文化。这些活动帮助我们培养了一批又一批的具有国际视野和跨文化交际能力的学生,也有力推动了我们的英语教学,可以更好地贯彻我倡导的"在英语课堂中开展跨文化交际教学"的理念。

对外交流的增加,促使我不断思考如何寻找高中新课程改革突破口,在教育教学过程中培养学生的英语学科核心素养。从 2009 年起,我们开展了"国际理解教育校本课程"的探索与实践研究。

首先,我们打造出具有衢州二中特色的国际理解教育课程:借助友好城市、国际组织、海外夏令营等平台,以讲台为阵地,以科研为手段,以国内外大事件为契机,以活动为载体,创建教育国际交流陈列室,把在着眼于实现民族自尊基础上的国际主义与在国际理解基础上的爱国主义相统一,打造具有中国心、世界情的优秀学生。

其次,我们利用国外友人和国内各界人士的文章,丰富我们的跨文化交流素材,并出版书籍,形成物化成果。我们先后出版了《桥》《汉语桥》《我在海外教汉语》《心桥》等书籍,记录了外国友人、本校教师以及各方朋友的异域生活和工作经历、对国外生活的认识和感想,成为绝佳的跨文化交际教学材料。

2011 年,我主持的课题"国际理解教育校本课程的探索与实践研究"荣获浙江省第四届基础教育教学成果奖一等奖;2014 年,该课题荣获基础教育国家级教学成果奖二等奖。"教科书不再是学生的世界,世界才是学生的教科书。"这句话开始被更多人熟悉与肯定。

在我们开展国际理解教育课题研究的同时,组内其他老师也各有聚焦,从教学的各个角度开展课题研究。

贵丽萍老师的团队跟从浙江省教育厅教研室高中英语教研员葛炳芳老师,研究英语阅读教学中的评判性思维的培养。他们着重研究了评判性阅读策略在阅读课堂教学中的实施和运用,其中包括预览、评注、分析、概述、提问、预测和评价等。2018 年,她随同葛炳芳老师荣获"基础教育国家级教学成果奖"一等奖。

胡云老师的团队则在语用学和高中英语写作教学的关系方面开展研究。他们关注了语用学知识在高中英语写作教学,尤其是应用文写作在教学中的应用,从而提高学生语言表达的得体性。他们的研究还提出了语用学知识在写作教学中应用的课堂教学模式。该课题于 2015 年被浙江省教研课题立项,并于 2017 年顺利结题。

2016 年,随着新高考开始在教改实验省份实施,英语读后续写题型在高考中出现。我立即组织团队研究读后续写课程的开发和开设。该课题关注学生在读后续写题型写作中的主要困难,通过课堂教学,引导学生开展课外自主的小说阅读,在提升学生语言知识和技能的同时,发展学生的思维能力和文化意识,最终提高学生的综合写作能力。该课题于 2019 年顺利结题。

3. 编写教学书籍,推广教学研究成果

1996 年回国后,为了给学生寻找合适的文化背景方面的资料,加强英语课堂的听说教学,我决定和外语组的同事合作,利用从美国带回的资料,编写一本听力材料。我们将这本书分

15 个单元,每个单元围绕一个主题,包含 4 个课时,每个课时有听前、听中和听后三段训练,训练方法循序渐进。教材内容包括趣味故事、名人轶事、地理历史常识、科学和体育知识等,旨在提升学生的语言技能,拓宽学生的国际视野。

我们将这本书命名为《中学生英语听力循序渐进(Step by Step for Middle-School Students)》,编印成册后,受到了华东师范大学心理学系皮连生教授和浙江省教育厅教研室高中英语教研员叶在田的好评,被认为是"一套配合学生素质教育的好教材"(皮连生语)。

后经山东师范大学外国语学院院长马传禧教授推荐,这本自编教材于 2001 年在上海外语教育出版社出版,并在之后多次重印。此书在国内英语教育领先的上海取得成功,印证了我们的英语教学思路是正确的,我们不仅可以在浙西的高中课堂里践行融合跨文化交际的英语教学,还可以在国际性大都市里推行自己的教学理念。

通过这次合作,我和上海外语教育出版社对彼此有了非常深入的理解。作为国内外语类首屈一指的专业出版社,上海外语教育出版社的编辑老师非常认同我们学校外语组老师在英语课堂中融合跨文化交际教学的理念,也认可我校外语组老师的英语专业能力和教学能力。我们外语组老师编写的第二本书《中学生英语写作循序渐进》也于 2003 年 10 月出版面世。

我们和上海外语教育出版社的合作向纵深方向发展,经常就国内的高中英语教学进行深入交流,并邀请国内外专家学者来校讲学。浙江外国语学院院长洪岗教授、浙江师范大学外国语学院院长洪明教授、浙江师范大学外籍教授 Paul King、浙江省教育厅教研室高中英语教研员葛炳芳老师、原北京外国语大学副校长何其莘教授(《新概念英语》中方作者)、上海外国语大学郑新民教授、教育部教师教育资源专家委员会专家鲁子问教授等国内外专家学者来校开设讲座,从理论层面介绍跨文化交际、语用学、小说阅读教学、课题研究方法等知识和技能。洪岗与何其莘两位教授还在我校开设专家工作站,直接指导我校的英语教学。

随着我校英语课堂教学改革和课题研究的不断推进,外语组老师的教学能力也持续进步,我们积累了大量的素养,可供我们继续将这些研究成果物化为书籍。自 2001 年起,我们已经在上海外语教育出版社总共出版了 12 本书:《高中英语活页文选》(2003 年 11 月)、《高中英语能力突破——写作》(2006 年)、《新课标高中英语活页文选》(2009 年)、《高中英语听力全解》(2011 年)、"黑布林英语阅读"(2014 年 1 月)、《中学英语听力循序渐进》(2014 年 10 月)、《高中英语阅读理解和完形填空全解》(2016 年)、《高中英语读后续写全解》(2017 年)。其中"黑布林英语阅读"丛书和《中学英语听力循序渐进》为外教社从国外引进的图书,由我担任总改编,对书本的语言进行适当修改,并添加理解性练习,方便我国学生使用。

通过在上海外语教育出版社出版的这些书籍,我校的英语教学在省内外树立了良好的声誉。通过这些教辅书籍的编写工作,我们不仅将自己的研究成果推向全国范围,为我国的英语教学贡献力量,同时还培养了一支精干的英语教育教学队伍。教师们在教学中自觉思考,改进教学模式,落实核心素养,并且对英语听说读写等技能的培养与考查把握更加精准,对高考的命题思路更加清晰,促进了专业素养和教育教学能力的提升。

以教研组胡云老师为例,自 2003 年首次参与教辅书籍编写工作,他先后参编、副主编和主编了 10 本教辅书籍,另外还主编了 4 套高考模拟试题集。他也迅速成长为我们的英语教学骨干,2012 年起担任了我校的外语教研组组长,2012 年被评选为衢州市第四届学科带头人,2015 年参与了浙派名师名校长高中英语培训班的培训,2019 年先后被评为第五届全国中小学外语教学能手和第七届衢州市名师。

4. 结语

　　语言与文化密不可分，语言有丰富的文化内涵。英语学习中有许多跨文化交际因素，这些因素在很大程度上影响着英语的学习和使用。如果说，语音是英语教师的素质外显，语法是英语教师的素质内涵，词汇是英语教师的素质张力，那么文化就是英语教师的风骨气质。这种文化就体现在英语教师的世界文化意识，即开阔的国际视野、宽广的国际胸襟和突出的跨文化交际能力。

　　这种文化可以让英语教学充满文化韵味，营造出英语化、国际化、人文化的课堂气氛，让学生真正体会到语言实际运用的快感。

　　世界文化意识伴随着英语教学实践的丰富而形成。为此，英语教师要广泛获取英语教学信息，主动了解异国文化的内涵与背景，在英语教学过程中积极开展多渠道、多形式的跨文化交流，努力让世界成为学生的教科书。只有当师生形成世界文化意识，拥有中国心、世界情时，英语教学过程才能从语言知识的传授，演变为世界文化意识的提升，才能把我们的学生培养成具有国际视野、通晓国际规则、能够积极参与国际事务与国际竞争的国际化人才。

参考文献

［1］教育部.普通高中英语课程标准(实验版)［M］.北京：人民教育出版社,2003.
［2］教育部.普通高中英语课程标准(2017年版)［M］.北京：人民教育出版社,2018.

作者单位：浙江省衢州第二中学 衢州　324000

中国内地与香港特别行政区
最新义务教育英语课标的对比研究

赵　璧

提　要：对比内地、香港特别行政区最新的义务教育学段英语课程标准文件可以发现，两者在课程基本理念、课程目标和实施建议上有诸多共通之处，但又存在显著的地域特色，内地 2022 版课标更强调国家性、跨文化性和宏观指导性；而香港地区课标则更突出交际功能和发挥学校、学生的主观能动性。相比之前的版本，两地课程标准文件中都融入了加强价值观教育、推动信息技术应用、培养自主学习能力和创新精神等重要更新，体现出了我国英语教育改革的重点和趋势，其相关实施细则可以互为启示和参考。

关键词：课程标准；英语；义务教育；香港特别行政区；对比

1. 引言

　　课程标准是国家或地区制定的关于课程目标、内容与实施的纲领性文件。它是国家或地区对学生接受一定教育阶段之后的结果所做的具体描述，是国家或地区教育质量在特定教育阶段应达到的具体指标，具有法定的性质。因此，它是国家或地区管理和评价课程的基础，也是教材编写、教学、评估和考试命题的依据，"正确理解新义务教育英语课程标准是将英语课程建设和人才培养由蓝图设计转变为具体实施的关键一环"（梅德明，2022：104）。

　　目前，义务教育学段中国内地实施的是教育部 2022 年最新颁布的《义务教育英语课程标准（2022 年版）》（以下简称《标准 2022》），而香港地区则在 2017 年颁布了新版的《英国语文教育学习领域课程指引》（English Language Education Key Learning Area Curriculum Guide，以下简称《指引 2017》）。两份英语课程文件有何异同？两份课程文件的修订体现出了怎样的英语教育发展趋势？本文通过对比《标准 2022》和《指引 2017》在课程目标、内容框架以及教学建议方面的共同点和差异，以期加深广大英语教育工作者特别是中小学英语教师对最新英语课程标准文件的理解，掌握英语教育发展趋势，并为课程标准的实施提供启示，确保基础教育课程改革取得期望成效。

2. 两地课程文件背景简介

　　教育部先后在 2001 年和 2011 年分别颁布了《义务教育课程设置实验方案》和《义务教育

英语课程标准(2011年版)》(以下简称《标准2011》),"坚持了正确的改革方向,体现了先进的教育理念,为基础教育质量提高作出了积极贡献"。经过二十年的实施,在深刻总结教学改革经验、深入分析存在问题的基础上,教育部根据新时代新要求对原课标内容进行了全面修订,并于2022年4月颁布了《标准2022》。

《标准2022》共分前言、正文和附录三个部分,规定了内地不同阶段的学生在语言能力、文化意识、思维品质、学习能力等方面的基本要求,正文包括课程性质、课程理念、课程目标、课程内容、学业质量、课程实施等六个部分,其中课程实施部分对教学建议、教学评价、教材编写、教学研究与教师培训等都给出了详细的建议和要求。

香港地区教育局2001年以《学会学习—课程发展路向》文件掀起全面的、大规模的课程改革,在过去20年中对课程发展持续更新,如2009年推行"三三四"学制,2015年推动STEM教育等。《指引2017》由课程发展议会(Hong Kong Curriculum Development Council)编制,在原来2002年版本的基础上,2017版主要加入了与跨学科、新技术相关的内容和要求。

《指引2017》共包括介绍、课程结构、课程规划、学与教、评估、学与教资源等六个部分,对香港地区小学、初中和高中阶段的课程目标、课程内容、学习目标、学习任务等进行了规定,并为教学方法、评估方式、资源开发等提出了要求和建议。

3. 两地课程标准文件的对比研究

3.1 整体目标

《标准2022》的"前言"部分从国家发展和学生发展两个方面明确了在义务教育阶段开设英语课程的价值。在国家发展方面,开设英语课程"体现国家意志","对中国走向世界、世界了解中国、构建人类命运共同体具有重要的作用";而在学生个人发展方面,"学习和运用英语有助于学生了解不同文化,比较文化异同,汲取文化精华,逐步形成跨文化沟通与交流的意识和能力,学会客观、理性看待世界、树立国际视野,涵养家国情怀,坚定文化自信,形成正确的世界观、人生观和价值观,为学生终身学习,适应未来社会发展奠定基础"。

回顾内地以往的英语课程文件可以发现,不论是"教学大纲"还是"课程标准","虽然都不同程度地关注了学习外语对国家发展的意义,但都未充分关注对学生发展的价值"(王蔷,2013:34)。而自《标准2011》起,英语课程标准中都强调了学习英语对学生个人未来发展的工具性价值和人文性价值。相比之下,《标准2022》更突出了英语课程在培养"国际视野、家国情怀、文化自信"等社会主义核心价值观方面的引领作用。

相比之下,香港地区的《指引2017》中则只突出了英语课程对学生个人发展的意义。《指引2017》指出,英语课程的整体目标是增加学生对其他民族文化的知识和经验,增加学生运用英语追求个人与智力发展、求学、娱乐、工作的机会,以及帮助学生应对信息技术进步带来的社会经济需求变化。

在整体目标上,两份文件的共同点在于都充分认可了英语课程对于学生个人发展的重要意义,并强调了在国际交流与合作日渐深入的国际大环境下学习英语的必要性。两者最显著的差异在于《标准2022》更加突出了开设英语课程对于增强中国与世界的互信、构建人类命运共同体的意义,并凸显了英语课程在培养学生文化对比能力和价值观塑造方面的人文价值。

3.2 课程目标

《标准2022》所明确的课程理念之一就是发挥核心素养的统领作用。与义务教育学段英语课程要培养的四项核心素养相对应,其总目标也相应地细分为发展语言能力、培育文化意识、提升思维品质、提高学习能力等四项分目标。

《指引2017》中也列出了英语课程的三项学习目标,即语言形式和交际功能(language forms and communicative functions)、语言技能与语言发展策略(language skills and language development strategies)、英语学习的具体态度(attitudes specific to English language learning)。

对比两份文件可以看出,内地和香港地区为英语课程设定的目标具有较高的一致性,都把语言知识和能力,以及针对英语的学习能力和策略列为学习英语课程的分目标。但香港地区更注重语言的交际功能,强调有意义的语言使用与掌握语言形式同等重要,学生必须学会在现实生活或模拟情况下应用外语进行有目的的交流。《标准2022》继承了《标准2011》中对英语交际活动中的文化属性的关注,强调对中外优秀文化的了解,注重跨文化比较、沟通和交流能力的培养,以及正确审美情趣和价值观的确立。此外,《标准2022》还特别强调要把语言学习和思维品质联系起来,要在语言学习中"逐步发展逻辑思维、辩证思维和创新思维,使思维体现一定的敏捷性、灵活性、创造性、批判性和深刻性"。

3.3 实施建议

《标准2022》和《指引2017》中都包含了为中小学英语课程提出的具体实施要求和建议,其中教学、评价和资源三个方面在两份课程文件中都有涉及,且有一些共同的关注点。

首先是教学部分。《标准2022》在"教学建议"部分中强调"要坚持面向全体学生,充分尊重每一个学生","教材编写建议"部分中则要求"考虑城乡差异、地区差异,以及学生个体差异"。《指引2017》中也指出,每个班级都是由动机、学习方式、偏好、需求、兴趣和能力各不相同的人组成,因此英语教学要拥抱学习者的多样性。在这一方面,两份课程标准文件都强调英语教师要充分发挥主观能动性,通过合理设定教学目标与内容,选择适当的教学材料和方法,设计组织多样性的教学活动,以确保具有不同学习需求的学生都能取得理想的学习成果。在此基础之上,《指引2017》还特别提出了培优项目、补缺性项目以及在线学习方案的可行性。

其次是评价部分。两份课程标准文件中都强调了要采取多样化的评价方式、结合形成性评价和终结性评价的原则,以及要引导学生成为评价主体,自觉运用评价结果改进学习。《标准2022》中把评价体系分为教学评价和学业水平考试两部分,提出前者包括课堂评价、作业评价、单元评价和期末评价等,强调要注重"教-学-评"一体化设计,逐步建立主体多元、方式多样、素养导向的英语课程评价体系。《指引2017》则把评价体系分为"学习评价"(Assessment of learning)、"教学性评价"(Assessment for learning)、"作为学习的评价"(Assessment as learning)三类,"学习评价"属于终结性评价,"教学性评价"和"作为学习的评价"都属于形成性评价,其中"教学性评价"的评价主体是教师,"作为学习的评价"的评价主体则是学生。《指引2017》要求学校给予形成性评价更多的重视,要把形成性评价放在比终结性评价更高的位置上,并鼓励学校将形成性评价的范围由"教学性评价"拓展至"作为学习的评价",并指出内部数据和外部数据(如香港地区中学文凭考试、STAR 测试、TSA 考试成绩等)都可引入评价体系。

第三是课程资源的开发与利用。《标准 2022》中指出要合理开发和积极利用教材、学校、学生资源和数字学习资源,同时也应注意开发其他类型的英语课程资源,如社会资源、教师资源、家长资源等。《指引 2017》也强调了要善加利用教材和其他教学资源,同时还要充分利用教育局资源、社区资源以及教育局或高校与中小学共建的各种合作项目等等。

两地文件虽然在课程资源的分类上有所不同,但关注范围实际颇为相似。比如《指引 2017》中其实是把家长资源、校友资源、政府与非政府组织的相关资源都统列为了"社区资源"。而《标准 2022》中提出信息时代应积极利用的"数字学习资源",在《指引 2017》中则被归为"教材以外的其他教学资源",并建议教师鼓励学生利用互联网资源完成课业项目和作业,并为学生提供相应的指导。

教材资源方面,由于香港地区实行的是校本管理制度,各学校有权自主选择所用教材,因此《指引 2017》把建议重点放在了教材的选择和使用上,尤其强调要根据本校学生的需求、兴趣和能力选择合适的教材,在使用时则要注重灵活性,减少对课本的倚赖。而内地主要使用统编教材,所以《标准 2022》在"课程实施"部分专门单列了"教材编写建议"一节,从思想性、公平性、主题性、真实性、层次性、开放性、自主性和智能化等八个方面为义务教育学段英语教材的编写提供了指导性建议。

课程资源开发的成本问题也是两地文件共同关注的领域。《标准 2022》特别指出,课程资源的开发与利用要考虑当地经济发展水平以及学生和家长的承受能力,以不增加学生的负担为前提,坚持简便、实用、有效的原则。《指引 2017》中则提供了一系列由香港地区教育局及其他机构开发的课程资源,主要发布在教育局网站和"香港教育城"网站上,包括英语学与教资源包、一站式资源平台、网上试题学习平台、以及英语广播节目和教育电视节目等多媒体资源。这些资源都是可以免费观看或者下载的。

内地和香港地区的最新课程标准文件都提供了教学、评价、课程资源开发与利用方面的实施建议,其关注点也多有共通之处。内地由于地域广阔、地区差异显著,因此相关实施建议相对而言更笼统一些,指导意义大于规定意义。香港地区教育条件整体比较均衡,校本管理制度又赋予了学校和教师较大的操作自由度,所以相关实施建议比较细致,针对性和操作性相对较强。

4. 两地课程文件中共显的英语教育改革趋势

《标准 2022》和《指引 2017》既继承了此前版本的基础理念和框架,又作了一些重要的、与时俱进的修订。从这两份课程标准文件的修订思路和内容中,可以看出我国英语教育改革的一些整体上的重点和趋势。

首先,注重价值观教育。《标准 2022》中的重要修订之一就是强化了课程育人导向。在指导思想上,《标准 2022》要求"培养学生适应未来发展的正确价值观、必备品格和关键能力,引导学生明确人生发展方向,成长为德智体美劳全面发展的社会主义建设者和接班人";在内容上,要"全面落实习近平新时代中国特色社会主义思想,将社会主义先进文化、革命文化、中华优秀传统文化、国家安全、生命安全与健康等重大主题教育有机融入课程,增强课程思想性"。

而《指引 2017》的第三条更新重点也是加强价值观教育（Values Education），鼓励学校通过提供多样化的学习经历着重培养学生的七项优先价值观和态度，即坚持不懈、尊重他人、责任、国家认同、承诺、诚信和关怀他人。同时，也鼓励学校把与本校使命、环境、学生需求等相一致的积极价值观和态度（如法治、责任、可持续发展、文化包容、尊重多元化、相互尊重和接纳等）融入英语课程教育之中。

其次，注重自主学习能力的培养。关于"教"和"学"的关系概念，"教"在前"学"在后的称谓反映出自早期西方历史以来"以教为中心"的传统研究范式（刘旭、苟晓玲，2021：16），以及对教师在教与学关系中主导作用的认可。《标准 2022》中虽然沿用了"教学"的传统表述，但也突出了着力培养学生自主学习能力的理念。《标准 2022》明确将"学习能力"列为英语课程需培养的学生核心素养之一，并把"学习策略"列入课程内容的六要素。《标准 2022》还在"教学建议"部分指出："教师要充分认识到学生是语言学习活动的主体"，使学生"成为意义探究的主体和积极主动的知识建构者"，要"引导学生乐学善学"，也即要让学生知道"如何学"，包括明确学习目标、养成良好学习习惯、选择适合自己的学习方式和方法、掌握自我评价的能力等。

而香港地区当代教育的重要范式转向之一就是从着重"教"转移到着重"学"（彭敬慈，2015：87），教学（teaching and learning）的概念也逐渐被"学与教"（learning and teaching）所取代。《指引 2017》沿用了 2002 年版本中"学与教"（learning and teaching）的术语，体现了"以学定教"的核心理念，以及培养学生自主学习能力的基本思想。《指引 2017》中多处提及要培养学生高效、自主、独立、终身学习的能力，比如在"未来发展方向"部分，就提出要"让学生参与评估过程，促进自我反省和自主学习"；在"语言技能与语言发展策略"部分也提出需要提升学生的语言发展策略，使他们成为"有动力、独立和自主的学习者"。

第三，注重信息科技在教育中的融入。《标准 2022》把"推进信息技术与英语教学的深度融合"列为课程理念之一，并在教学、教材编写和课程资源开发等部分都给出了实施建议。在教学方面，"要将'互联网＋'融入教学理念、教学方法、教学模式中，深化信息技术与英语课程的融合，推动线上线下学习相结合，提高英语学习效率。"在教材编写方面，可以通过配套数字学习资源，搭建数字学习平台，提供数字教学资源等方式，推动智能化教学的开展。而在课程资源开发与利用方面，《标准 2022》强调要利用计算机和数字技术为学生个性化学习和自主学习创造有利条件，并鼓励有条件的学校建立英语教学网站，开设网络课程。

《指引 2017》的更新重点之一就是教育中的信息技术（Information Technology in Education），主要包括加强电子学习（e-learning）和提升信息素养（information literacy）两个部分。电子学习是通过电子媒介和数字沟通工具实现学习目标的一种开放、灵活的学习模式，它与传统的学习模式互补，能提高学习和教学的有效性，适应学生的多样化需求。信息素养则是指有效地、合乎伦理地使用信息的基本能力和态度。随着信息技术和社交媒体的发展，文本的呈现方式发生了线性到多模态的变化。因此学生也需要具备处理和创建多模态文本的能力，掌握搜索和管理信息的技巧，这对终身学习和自主学习至关重要。

第四，注重创新精神。《标准 2022》在"前言"部分表示，本次课标文件的修订原则之一就是"坚持创新导向"。创新精神在课程建设方面的主要体现包括强化课程综合性和实践性、增强课程适宜性、体现课程时代性等；在教学方面则主要强调用创为本的英语学习活动观，"坚持学创结合，引导学生在迁移创新类活动中联系个人实际，运用所学解决显示生活中的问题，形成正确的态度和价值判断。"相应地,在学业水平考试中,也要设计能够体现学生批判、创新等思维过程和方法的试题,以评测学生的思维品质。

《指引2017》鼓励创新的主要思路是推动英语课程学习与STEM教育的融合。STEM是科学、技术、工程和数学四门学科英文单词的首字母缩写。香港地区从2015年起推动STEM教育,旨在强化科学、科技及数学教育,以培育相关范畴的多元人才,提升香港地区的国际竞争力(课程发展议会,2015:8)。英语与STEM教育融合的主要实施路径是鼓励学校通过跨学科(LaC)阅读或者项目式学习,加强英语与科学、技术、工程及数学课程之间的协作,以拓宽学生的知识面,提供整合和应用不同学科知识和技能的机会,帮助学生在不同学科的学习经验之间建立联系。

《标准2022》和《指引2017》作为中国内地和香港地区最新的课程标准文件,在继承此前版本核心教育理念的基础上,不约而同地都增加了加强价值观教育、注重自主学习能力和创新精神的培养、融入信息技术等方面的内容,可见这几个方面既是两地英语课程建设的主要着力点,也代表着中国英语课程未来持续更新的方向。

5. 从对比研究中获得的实施启示

从2001年《义务教育课程设置实验方案》,到《标准2011》,再到今年颁布的《标准2022》,内地的义务教育课程标准文件大概以十年为周期持续修订更新。《标准2022》集中体现了过去十年来英语课程改革实践的成果,也指明了未来十年义务教育学段英语教育改革的主要方向。除了"前言"中列明的主要变化以外,通过对《标准2022》和《指引2017》的对比研究,结合内地当下各学段教育改革的发展方向,可以获得以下实施启示。

首先,切实加强价值引领。党的十八大以来,习近平总书记多次强调德育的重要性。义务教育课程体系也要坚持德育为先,以德励人,以德成才。自2016年以来,"课程思政"的新型教育观在全国各教育学段广泛推行,强调必须将价值塑造、知识传授和能力培养三者融为一体、不可割裂。根据《标准2022》,义务教育学段教师在英语课程教学中可以把价值引领的重点放在培养学生的国际视野、家国情怀和文化自信上,在组织课程内容时应有意识地融入文化教育和安全教育等重大主题。此外,《指引2017》中所提倡的将价值观教育扩展至涵盖道德教育、公民教育、宗教教育、性教育、环境教育、法制教育等不同范畴的"拓宽性"思路,也颇有借鉴价值。

其次,积极开展跨学科学习。2018年中共中央提出要发展新文科,"其重要内涵之一就是推进多学科交叉融合,强调不同学科之间的综合性和融通性","既打通经济、管理、法律、艺术等文科学科间的内部边界,更在文科与理科、工科、医科之间建立起紧密联结"(郁建兴,2021:75)。《标准2022》中要求"设立跨学科主题学习活动,加强学科间相互关联,带动课程综合化实施,强化实践性要求",在实施路径上,"以单元或模块为单位设计综合实践活动是落实英语课程跨学科学习的操作路径"(赵尚华,2022:37)。《指引2017》中所推荐的跨学科阅读,尤其是广泛阅读不同主题的非虚构性文本的实践方式,具有较高的可操作性。《标准2022》在"课程内容"部分列出了多个跨学科的内容主题群,比如"人与社会"下的"文学、艺术与体育""历史、社会与文化"和"科学与技术"等主题群,以及"人与自然"范畴下的"自然生态""环境保护"

"灾害防范"和"宇宙探索"等主题群。教师可以以语篇为依托,选取跨学科主题的素材开展教学活动,从而实现将语言学习与其他学科的内容学习相结合的目标。

第三,合理融入信息技术。在人工智能背景下,信息技术既是新时代教育的内容,也是教育的手段。2017年国务院发布的《新一代人工智能发展规划》提出要在中小学设置人工智能相关课程。与此同时,信息技术又"打破了传统的学习样态、传统教学的时间和空间障碍,高质量、个性化、终身化、即时性的学习活动成为可能"(于杨、尚莉丽,2021:4)。《标准2022》一方面要求教师"深化信息技术与英语课程的融合,推动线上线下学习相结合,提高英语学习效率",另一方面也要引导学生关注信息技术的安全性与合理性。《指引2017》中既强调加强电子学习又强调提升信息素养的设计思路与此高度一致。在技术赋能英语教学的探索过程中,义务教育学段教师应对这两方面都给予足够的重视。

6. 结语

作为教学指导性文件,课程标准是国家或地区管理和评价课程的基础。对比内地和香港地区最新的义务教育学段英语课程标准文件《标准2022》和《指引2017》可以发现,两者在课程基本理念、课程目标和实施建议上有诸多共通之处,为相关比较互鉴研究奠定了基础。同时,两地课标文件又存在显著的地域特色,比如内地课标文件更强调国家性、跨文化性和宏观指导性,为各省市因地制宜的实际操作保留了更大的弹性空间;而基于校本管理制的香港地区课程文件则更注重交际功能和发挥学校的主观能动性,相关实施建议也更细致具体。

《标准2022》和《指引2017》在之前版本基础上所做的一些重要的、共性的更新,如融入价值观教育、推动信息技术应用、注重培养自主学习能力和创新精神等,反映出了我国英语教育改革的要点和趋势,而两份文件中所给出的实施建议,可以为两地的相关实践提供互补和启发性参考。

参考文献

[1] The Curriculum Development Council. English Language Education Key Learning Area Curriculum Guide (Primary 1-Secondary 6) (2017) [EB/OL]. Retrieved from https://www.edb.gov.hk/attachment/en/curriculum-development/kla/eng-edu/Curriculum%20Document/ELE%20KLACG_2017.pdf

[2] The Curriculum Development Council. English Language Education Key Learning Area Curriculum Guide (Primary 1-Secondary 3)(2002) [EB/OL]. Retrieved from https://www.edb.gov.hk/attachment/en/curriculum-development/kla/eng-edu/cdc_ele_kla_curriculum_guide_(p1-s3)_2002.pdf

[3] 教育部.对十三届全国人大三次会议第5475号建议的答复[EB/OL]. Retrieved from http://www.moe.gov.cn/jyb_xxgk/xxgk_jyta/jyta_jiaocaiju/202010/t20201030_497388.html

[4] 教育部.教育部关于印发《高等学校课程思政建设指导纲要》的通知[EB/OL]. Retrieved from

http://www.moe.gov.cn/srcsite/A08/s7056/202006/t20200603_462437.html

［5］教育部.义务教育英语课程标准(2011 版)［EB/OL］. Retrieved from http://www.moe.gov.cn/srcsite/A26/s8001/201112/t20111228_167340.html

［6］课程发展议会.推动 STEM 教育 发挥创意潜能［EB/OL］. Retrieved from https://www.edb.gov.hk/attachment/tc/curriculum-development/renewal/STEM/STEM%20Overview_c.pdf

［7］课程发展议会.学会学习-课程发展路向［EB/OL］. Retrieved from https://www.edb.gov.hk/sc/curriculum-development/cs-curriculum-doc-report/wf-in-cur/index.html

［8］刘旭,苟晓玲.从摇摆到统一：教与学的关系辨正［J］.现代大学教育,2021,37(02)：16－23＋111.

［9］梅德明.正确认识和理解英语课程性质和理念——基于《义务教育英语课程标准(2022 年版)》的阐述［J］.教师教育学报,2022,9(03)：104－111.

［10］彭敬慈.香港教育之新的教育目标与范式转向［J］.中国教师,2015(09)：87－89.

［11］王蔷.深化改革理念 提升课程质量——解读《义务教育英语课程标准(2011 年版)》的主要变化［J］.课程·教材·教法,2013,33(01)：34－40.

［12］于杨,尚莉丽.新技术革命背景下新文科建设的价值指向与路径探索［J］.教育理论与实践,2021,41(21)：3－6.

［13］郁建兴.以系统思维推进新文科建设［J］.探索与争鸣,2021(04)：72－78＋178.

［14］赵尚华.《义务教育英语课程标准(2022 年版)》解读［J］.全球教育展望,2022,51(06)：34－46.

课题信息：【本文系上海市哲学社会科学规划研究一般课题"人工智能时代机器翻译的伦理研究"(批准号 2020BYY002)和上海市英语教育教学研究基地"中学英语教材区域国别研究"项目的阶段性成果。】

作者单位：上海外国语大学 上海 200083

应用语言学视角下英语新课标
解读及其教学落地

提　要：基于应用语言学的视角，解读英语学科新课标下核心素养的四个维度。语言能力维度，以语言知识为基础，以语言交际为目的；文化意识维度，语言是文化的载体，文化是语言的根基；思维品质维度，语言决定思维，思维依赖语言；学习能力维度，培育自主语言学习是目标。教学中，需要系统规划课程，形成自身的学科核心素养的培育体系。

关键词：应用语言学；语言能力；思维品质；文化意识；学习能力

1. 引言

　　经济和教育的全球化对学生的英语学习提出了更高的要求，学生只有具备英语交际能力、文化意识、思维品质以及自主学习的能力，才能满足时代的需求。在此背景下，《普通高中英语课程标准（2017 年版）》（以下简称《课标》）提出英语学科新课标的概念，主要包括语言能力、文化意识、思维品质及学习能力四个维度，表现为学生通过学科学习而逐步形成的正确价值观念、必备品格和关键能力。

　　应用语言学有广义和狭义之分。广义应用语言学指的是运用语言学的理论、方法和基础研究成果，阐明、解决交叉学科中出现的和语言相关的问题，其分支包括认知语言学、心理语言学、计算机语言学、测试语言学等。狭义应用语言学主要指针对母语、二语或外语的教学与习得的研究，其研究范围涵盖语言能力的发展、语言知识的习得、语言文化及思维的影响、语言学习动机的提升等。本文主要基于应用语言学的视角，解读英语学科新课标的四个维度，并初步思考英语学科新课标如何在不同课型中落实。

2. 应用语言学视角下的英语学科新课标解读

2.1　语言能力：以语言知识为基础，以语言交际为目的

　　语言能力的概念最早由乔姆斯基（Chomsky）提出，他认为人类生来具有普遍的语言能力，再通过特定的语言环境激活该语言能力，从而切换为特定的某种语言。婴儿先天具有一种普遍语法，言语获得过程就是由普遍语法向个别语法转化的过程。该语言能力指语言使用者的内化语言知识，即语言使用者在运用语言时所启用的一套内化语言规则，包括句法、词法、语

48 ·

音、词汇等。而韩礼德(Halliday)认为,语言的习得是在交际活动中实现的,它是逐步探索并使用语言来表达各种功能的过程。海姆斯(Hymes)提出语言能力指的是使用语言进行交际的能力,即语言学习者能够输出合乎规则的语篇,并能恰当、得体地使用。对于语言能力,虽然语言学家们有不同的界定,但普遍将其分为语言知识和交际能力。其中,语言知识包括英语词法、句法、词汇、语篇、语音、语用等知识,交际能力主要由口语输出和语用能力组成,主要包括学生的听、说、读、写等技能。

新课标中,语言能力素养被定义为"在社会情境中,以听、说、读、看、写等方式理解和表达意义的能力,以及在学习和使用语言的过程中形成的语言意识和语感",同样包含上述两层含义。在学校教育中,基本的语言知识和听、读、写这三项技能在英语教学中已经得到较好的训练。相比之下,口语能力一直是中国学生的薄弱环节,学生很难在短时间内准确组织语言并输出。英语高考改革增加口试,将会对学校教学起反拨作用。以上海英语高考改革新题型为例,增加的口试(分为朗读、提问、短文回答三种小题型)主要考查学生在特定情景中的交际能力;另外一种新题型为概要写作,主要考察学生的英语基础能力,包括语言整合、语言输出以及信息提取等语篇分析能力。

2.2 文化意识: 语言是文化的载体,文化是语言的根基

学习英语是为了顺利进行交际,不同的文化习俗势必会成为交际的障碍,因此只靠英语能力是不够的,还必须要有相应的文化意识。学者汉威(Hanvey)的文化意识理论将文化意识分为四个层面:在第一层面,人们只意识到文化表象和表征;第二层面,人们意识到外语文化与母语文化的不同表象;第三层面,人们开始从理论上理解双语文化之间的差异表象;第四层面,人们在长久的生活体验中,彻底了解到外语文化的本质并可以从文化内涵角度解释对方的行为。学者束定芳认为,文化是学习者在社会环境中积累的知识,而语言是学习者在社会语言环境中习得的一套系统的能力。语言是文化的载体,文化借助于语言而形成,并通过语言进行表达,语言的词汇和结构体现着文化的内涵;文化是语言的根基,每种语言都受到文化观念的影响和制约,并对应着特定文化。学习外语必然会接触到内嵌着目标语国家文化的语料,深入了解所学语言的文化内涵,有利于学习者真正掌握并准确输出习得语言。由此可见,语言知识的学习同时也是一种潜移默化的新文化的学习,两者相互内嵌。

《课标》中,文化意识被界定为"对中外文化的理解和对优秀文化的认同,是学生在全球化背景下表现出的跨文化认知、态度和行为取向"。文化意识这种潜在的情感态度会对英语学习产生重要影响,积极融入的文化态度及类似的文化环境有利于英语的顺利习得,消极排斥的文化态度及迥异的文化环境则正好相反。因此,文化意识的培养除了让学生了解母语和英语文化信息和文化事实,还应该让学生了解不同文化背后的思维习惯和不同文化之间的相互影响和关系,以促进其习得跨文化交流沟通所需要的文化知识和交际策略。学生在与来自不同文化背景的人交流时,意识到彼此之间的文化差异,并能够理解差异背后的原因,再根据情境调试交际策略,必然能达成顺利的跨文化交际。

2.3 思维品质: 语言决定思维,思维依赖语言

美国学者萨丕尔(Sapir)和沃尔夫(Whorf)提出的萨丕尔-沃尔夫假说阐明了语言与思维

的关系,所有高层次的思维都依赖于语言,语言决定思维。语言结构决定某个文化群体成员的行为和思维习惯。国内语言学家桂诗春提出,语言与思维的起源并不是同时的,两者却在大多数情况下相互关联的,有着密不可分的关系。因此,语言研究不能将语言与思维完全分离开来。龚亚夫在理论上探讨了通过英语知识的学习促进学生思维能力发展的必要性和可能性,他提出思维能力包括培养学习者批判性思维的能力,如反思、推理、解释、分析、评价、证实等。学生自身通过英语能力的学习也可以锻炼自己的另一套思维模式,有利于填补原有思维的缜密性以及思维的创新性,并且提升语言表达的准确性。

英语学科的思维品质是通过分析与综合、抽象与概括、比较与分类、系统化与具体化等思维方法对文本做出有深度的分析解释,从而揭示文本的意义。基于英语阅读与思维的关系,有学者研究如何在阅读教学过程中通过提高学生的阅读理解能力来培养学生的批判性思维能力;也有学者从学习活动方式的使用和课堂教学方法的选择的层面来探究如何在英语教学过程中培养学生的英语思维能力。教师通过英语阅读来促进学生理解能力、反思推理能力、解释分析能力的发展正是培养学生批判性思维能力的重要途径。概括能力在英语学科思维中占据着重要位置,英语知识的输入与输出需要充分发挥概括能力,因为概括能促进知识的迁移。所幸,高考新题型中增加了概要写作,对学生的概括思维能力培养起到推动作用。

2.4 学习能力：以语言学习为目标

狄金森（Dickinson）对自主学习能力做了大量研究。他认为,自主学习不仅是一种学习态度,更是一种独立学习的能力,即一种自己愿意对自己的学习做出决策和选择并对自己的学习持有信心,最终能够对自己的学习过程和结果反思总结的能力。

新课标将学习能力定义为"学生积极运用和主动调适英语学习策略、拓宽英语学习渠道、努力提升英语学习效率的意识和能力"。在英语教学中,培养学生的自主语言学习能力是重要课程目标。

3. 语言学视角下英语学科新课标在教学中的落地建议

语言教学活动是培养学科新课标核心素养的载体,学科新课标是整个语言课程的支柱。本研究基于语言学理论论述如何将英语学科新课标落实到不同课型的语言教学中,以期给英语教学带来相应的启示。

3.1 听、说语言教学

韩礼德认为语言的习得是在交际过程中逐渐实现的,学习者通过使用语言来表达各种功能。在口语教学中,教师可以通过讨论、辩论、对话、角色扮演等多种类型活动来培养学生的语言表达能力,不同类型的活动表达不同的语用功能,如讨论的目的是共同找出合理的解决方案,辩论的目的是说服对方等。另外,教师在设计口语活动的过程中需要创设特定主题情境,学生在具体的情境中完成设定任务,模仿真实口头交际。教师在设计口语任务活动时,要采取分层设计策略,将活动难度分等级,引导学生循序渐进地完成口语任务,逐步提升口语能力。

汉威提到,学生要理解母语文化和二语文化的差异,避免文化差异成为交际的障碍。理解文化差异可以促进听力理解;反之,则阻碍听力信息的解码。听力教学中,教师要多给学生提供有文化赋值的音频语料,学生在解码语言的同时也可以习得相应的文化知识。教师可以提前给学生提供文化知识"脚手架",扫清认知障碍,促进学生在听力过程中顺利解码;另一方面,教师也可以在听力结束后引导学生整理音频中所出现的文化知识,进一步夯实、内化所听的文化知识,为后续的听力活动做铺垫;听力过程中,教师要引导学生注意音频中的文化知识要点,尝试根据语境来解码或推理其文化内涵。

3.2 读、写语言教学

萨丕尔-沃尔夫认为,所有高层次的思维都依赖于语言,语言决定思维。阅读是英语教学中较为重要的一种课型,阅读也是培养学生思维品质发展的较为重要的途径。阅读教学中,教师可以通过略读、扫读、问答、读后活动等方式帮助学生在恰当理解文本的同时,促进其高阶思维的发展。培养学生思维品质的主要教学策略包括提问、讨论、分析、解释等。在教学活动中,教师不应该只注重学生的语言形式、语法分析、用词准确等应试知识点的掌握,还应该带着学生进行语篇分析、文本解读,开展不同层次的阅读活动(如学习理解类活动、应用实践类活动、迁移创新类活动等)。在不同层级的阅读活动中,教师还可以分层提问,如细节性问题、理解性问题、分析性问题、应用性问题、综合性问题等,达到锻炼学生高阶思维的目的。

写作是产出并体现思维的过程,作文一方面可以体现学生的思维品质,另一方面也可以促进学生的思维发展。在写作教学中,教师可以通过思维导图培养学生的思维品质和写作架构能力,使学生在产出正确语言的同时能够依托并产出清晰、有层次的高阶思维。写作教学中教师要重点关注三类反馈,即教师评价、同伴互评、学生自评。在教师反馈中,教师不仅要纠正错误的语言用法,还要帮助学生理清文本的行文脉络,帮助学生有条理地表达自己的观点。另外,教师还要引导学生就行文思路和条理进行互评和自评,评价前由教师给出参照标准。在互评环节中,学生要针对他人的行文思路给出建设性意见。互评既可以帮助他人找出作文的语篇布局问题,也利于学生反思自身的作文架构。在自评环节中,学生要按照评价标准对自己的文章进行反思并解决问题。互评和自评都能极大地提升学生的高阶思维。

4. 结语

总而言之,英语学科新课标中,语言能力是核心,思维品质是关键,文化品质是追求,学习能力是基础,各个元素紧密相连,缺一不可。在不同的课堂类型中,通过不同的教学方法和教学策略,学生的思维品质、文化意识、语言能力和学习能力都能得到发展。教师在日常的教学工作中,一定要围绕新课标的四个方面开展教学活动,形成系统的教学模式,提高学生的语言综合素养。另外,核心素养的提升是一个循序渐进的过程,需要将核心素养的培养阶段化,在实施过程中,要充分考虑其各阶段的规律性,包括学生的认知、学习能力,有所侧重地发展核心素养的不同维度。

参考文献

[1] Chomsky, N. Generative grammar [J]. *Studies in English Linguistics and Literature*, 1988(4): 23 – 36.

[2] Dickinson L. *Autonomy and Motivation: a literature review* [J]. System, 1995(2): 165 – 174.

[3] Halliday, M. A. K., Matthiessen C M I M. *Halliday's Introduction to Functional Grammar* [M]. Routledge, 2013.

[4] Hanvey, R. G. *Cross-cultural Awareness* [J]. Toward Internationalism: Readings in Cross-cultural communication, 1979(3): 46 – 56.

[5] Hymes, D. *On Communicative Competence* [J]. Sociolinguistics, 1972(6): 269 – 293.

[6] Jiang, N. *Lexical Representation and Development in a Second Language* [J]. Applied Linguistics, 2000(1): 47 – 77.

[7] 龚亚夫.论基础英语教育的多元目标——探寻英语教育的核心价值[J].课程·教材·教法, 2012(32): 3.

[8] 桂诗春.20 世纪应用语言学评述[J].外语教学与研究,2000: 6.

[9] 束定芳.语言与文化关系以及外语基础阶段教学中的文化导入问题[J].外语界,1996 (1): 7.

[10] 王蔷.从综合语言运用能力到英语学科核心素养——高中英语课程改革的新挑战[J].英语教师,2015(15): 2.

[11] 余文森.从三维目标走向核心素养[J].华东师范大学学报(教育科学版),2016(1): 3.

作者单位：华东师范大学第二附属中学 上海　201203

培养英语学科核心素养的
高中英语阅读教学设计
——以人教版 Module 8 Unit 1 Reading: California 为例

周　萍

提　要： 英语学科核心素养分为语言能力、文化意识、思维品质和学习能力四个方面。本文以人教版高中英语教材 Module 8 Unit 1 Reading: California 为例,说明在阅读教学中,通过结构化知识提升学习能力,问题推进发展思维品质,拓展阅读增强文化意识,塑造价值观反哺语言能力等,来培养学生的英语核心素养。

关键词： 核心素养；阅读教学；学习能力；思维品质；文化意识；语言能力

1. 引言

　　2014 年 3 月,教育部发布《关于全面深化课程改革落实立德树人根本任务的意见》,提出了"核心素养"这一重要概念,要求将研制与构建学生核心素养体系作为推进课程改革深化发展的关键环节。《普通高中英语课程标准(2017 版)》将英语学科核心素养归纳为语言能力、文化意识、思维品质和学习能力四个方面。同时,学生以主题意义探究为目的,以语篇为载体,在理解和表达的语言实践活动中,融合知识学习和技能发展,通过感知、预测、获取、分析、概括、比较、评价、创新等思维活动,构建结构化知识,在分析问题和解决问题的过程中发展思维品质,形成文化理解,塑造正确的人生观和价值观,促进英语学科核心素养的形成和发展(王蔷,2015)。因此,教师应该在阅读教学中,努力提升学生的学习能力,发展他们的思维品质,增强他们的文化意识,最终提高他们的语言能力。

　　本文以人教版高中英语教材 Module 8 Unit 1 Reading: California 为例,说明如何以培养学生的英语学科核心素养为指向进行阅读教学设计。

2. 培养英语学科核心素养的阅读教学设计

2.1　知识结构化提升学习能力

　　英语知识结构化是一种整合性的融通语言、思维、文化的知识形态,其建构过程不仅受到语篇内在逻辑和文化内涵的制约,也受到来自语篇解读者的背景知识和认知图式的影响(赵连杰,2020)。在阅读教学中,指导学生借助图示理清文章的观点和思路,能够帮助学生更加直观地了解语篇的结构,同时形象的图示也能够促进学生理解抽象的概念,认清问题的本质(刘春燕,2020)。所以,学生借助图像式思维工具,如思维导图、表格,整理出重要信息,能从形象思维层面掌握语篇的主要内容,建构结构化知识,提升自己的学习能力。

"California"是一篇说明文,主要介绍加利福尼亚州的历史。第一段对于加州多元文化的

people/immigrants

⇓

California

⇓

multicultural diversity

图1

特点进行了总体介绍,接下去以时间为线索,以不同时期的迁入者为小标题,分段展开。内容多、信息杂。在阅读文章第一段时,教师先在黑板上列出 California 一词,随后要求学生找到段落中与 California 相关的 key word,因为有读前活动的铺垫,学生较容易找到关键词 multicultural 或者 diversity。然后教师提问:"Why does California have this diversity of culture?",根据答案完成左图(图1)。仅仅几个词就抓住了第一段中最重要的信息及三者之间逐步推进的关系,即来自不同国家的移民涌入加州,加州也因此逐渐成为美国最具多元文化的州。

此外,历史可以从时间、事件或人物中选取其一来完成构建。这篇文本以进入加州的不同的人群为小标题来完成历史的介绍。教师可以选择不同角度,即找出重要时间段中发生的重要事件,也能够抓住历史进程。因此在阅读语篇时,教师要求学生列出年代(图2),找出事件,琐碎的信息因为图表而整体化,清晰化,结构化。学生在这个过程中也增强了学习能力。

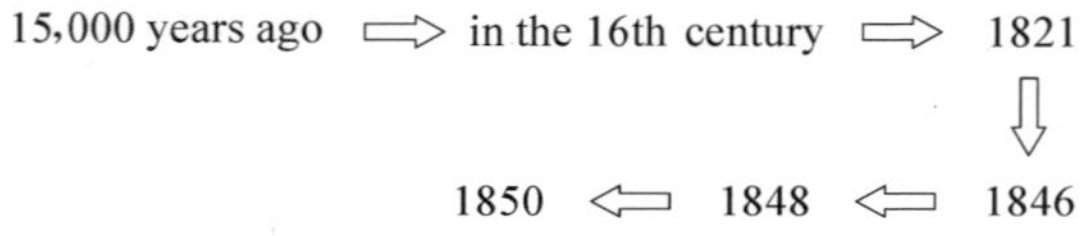

15,000 years ago ⟹ in the 16th century ⟹ 1821

⇓

1850 ⟸ 1848 ⟸ 1846

图2

2.2 问题推进发展思维品质

思维品质是指人的思维的个性特征,反映其在思维的逻辑性、批判性、创造性等方面所表现出的水平和特点。发展思维品质是英语教育的主要目标之一,也是阅读教学的重要任务(周智忠,2017)。阅读教学通常包括预测、思考、寻找信息、理解意思和意图讨论等环节。这些环节都涉及到思维过程。如果能够有效地设计这些教学环节,阅读教学将促进学生思维品质的发展(程晓堂,2018)。而提问是教师在课堂教学,尤其是阅读教学中经常使用的教学策略。因此,教师可以通过阅读的读前、读中和读后各个环节,借助问题,层层引导来发展学生的思维品质。

在读前环节,教师呈现教材上给出的三幅图片,要求学生看图进行预测:"What do you think the passage is mainly about? Why?"。预测是积极思维的过程,能够激发学生的阅读兴趣,还可以激活相关的背景知识,训练学生的发散性思维。这三幅图分别是土著人和他的住所、手拿一个大盘的老人(淘金者)和唐人街的一幢传统的中式建筑。根据图片中人物的装束和建筑逐渐由简单原始变为现代时尚,学生能够得出结论:这篇文章是介绍加州的历史或者发展进程的。

在读中环节,教师将进入加州的移民分成了三部分,提问:"What does California mean for different people in the different periods?",要求学生在 a place 后面的横线上填上一个动

词短语。学生在回答此类问题时,需要根据文本的信息进行判断、推理、综合、概括,由此发展他们的批判性思维。根据文本内容可推断出,对早期的美洲土著人、西班牙士兵、传教士及从阿拉斯加转道这里的俄国猎人而言,加州是安身之所。而对因为"淘金热"而被吸引到这里的世界各地的人来说,这是实现发财梦的地方。在此之后,对于带着各种各样的手艺和谋生技能来到这里的人而言,加州则是开始新生活的地方。

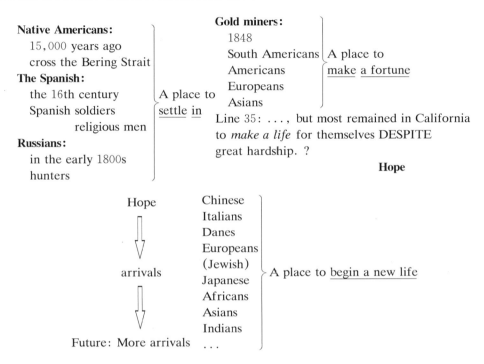

在读后环节,教师组织小组讨论:"What problems do you think might arise in a multicultural community?"这篇文章的主题是多元文化的土地。这个问题将文本主题与现实生活结合起来,要求学生积极思考、讨论交流,创造性地给出自己的答案,培养了学生创造性思维。学生通过讨论得出,虽然多元文化给加利福尼亚带来了繁荣,但多种族居住在同一个地区,也会带来一些问题,如文化间的竞争、歧视及误解等。这也加深了学生对于文本的理解。

2.3 拓展阅读增强文化意识

在语言教学中,语言和文化密不可分,语言是文化的一部分,是文化的重要载体(高洪君,2020)。文化意识具有抽象性、概括性、可培养性,是一项高阶要求,具有上位的意识形态,也需要下位的素材挖掘,语篇是素材的重要来源(王颖婷,2019)。教师不仅需要深度挖掘阅读文本,找到与学生相关联的文化因素,培养学生的文化意识,而且应该拓展阅读,设计多种延伸活动,学生在自己查找与文本主题相关信息的过程中,加深文化理解。

这个单元的主题是 A Land of Diversity,指的正是具有多元文化被人们称之为"熔炉"的美国,加州因其得天独厚的地理环境和非常宜居的地中海式气候,吸引了来自世界各地的移民,甚至连加州这一名字也说明了多文化的沟通与融合。进入加州的早期西班牙探险者形容这片地区"热得像个烤炉"（cali→hot，"热"；fornus→forno→"oven"，结尾加 ia 来表示一个地方）或"是个石灰烤炉"（cal→lime，"石灰"），西班牙语经常这样使用拉丁词根来构造新词。因此"加利福尼亚"（California）可能出自西班牙语"caliente fornalia"，"热火炉"的意思；或来源于"calida fornax"，是拉丁语"炎热的气候"的意思。

在阅读文章后，教师要求学生上网查找出加州历史上的重要人物，通过了解相关人物的信息，更多地了解加州的历史和文化。此外，还可以要求学生阅读与加利福尼亚相关的史料、视频或者旅游刊物，通过他人的眼睛或不同的视角，更多地了解这一地区。还可以组织学生分组以 PPT 或演讲的形式展示自己在拓展阅读中读到的内容。

2.4 塑造价值观反哺语言能力

任何一篇文章不仅传达了作者想要传达给读者的信息，也体现着一定的价值取向。哪怕是说明文或者新闻报道这样看似客观中立的文体，选择哪些材料，舍弃哪些材料，都体现出作者的写作意图。同时，高中学生处于人生发展的重要阶段，他们已经形成了一定的思维模式和思维方法，并在逐步构建自己的人生观、价值观。因此，对学生进行正确的人生观、价值观的教育应渗透在日常的教学中，让学生通过小组讨论、正反辩论厘清自己的观点，提升口头、书面的语言表达能力。

"California"这篇文章传达的重要信息点是多元文化与多种族的融合。在阅读后，教师可以组织学生思考讨论如何面对差异与分歧，如："California is a land with so many different races and cultures. The people accept each other and learn from each other. But I wonder what you will do when your friends have different opinions."。真正有效的阅读不是为学生提供文本或解读文本，而是让学生在阅读中获取信息，建构知识，联系自己的生活，解决生活中的问题（刘春燕，2020）。通过小组讨论，学生输出表达了自己的观点，面对不同的事物，不同的观点和自己身处的多元文化共存的世界时，应该互相尊重、理解分歧，并以开放包容的心态接纳不同，相互学习。这有助于学生形成正确的价值观，而且提升了学生的思辨能力和语言表达能力。

3. 结语

为了更好地培养学生的英语学科核心素养，教师应该不断优化阅读教学设计，借助图像式思维工具，将碎片化知识结构化，提升学习能力；在阅读的各个环节，以问题为依托，培养学生预测、推断、评判等重要的思维品质；将阅读课堂所学拓展延伸到课外，增加相关的阅读内容丰富学生的知识，增强文化意识。此外，引导启发学生在塑造正确价值观的同时训练语言能力。

参考文献

［1］程晓堂.在英语教学中发展学生的思维品质［J］.中小学外语教学（中学篇），2018，（3）：1-7.

［2］高洪君.初中英语阅读教学中培养学生文化意识的策略［J］.中小学外语教学（中学篇），2020，

（10）：48－53.

［3］刘春燕.初中英语深度阅读教学中发展学生思维品质的实践探索［J］.中小学外语教学（中学篇），2020，（11）：43－48.

［4］王蔷.从综合语言运用能力到英语学科核心素养——高中英语课程改革的新挑战［J］.英语教师，2015，（16）：6－7.

［5］王颖婷.在阅读教学中培养学生文化意识的实践［J］.中小学外语教学（中学篇），2019，（7）：45－49.

［6］赵连杰.英语学习理解活动中结构化知识的建构方法及启示［J］.中小学外语教学（中学篇），2020，（9）：28－32.

［7］周智忠.指向学生思维品质发展的初中英语阅读教学［J］.中小学外语教学（中学篇），2017，（9）：28－33.

作者单位：浙江省湖州市第二中学 湖州　313000

基于语篇研读的高中英语阅读教学实践
——以上外版必修第二册 Unit 1 The Natural Garden 为例

陆　璟

提　要： 为探究如何基于语篇研读展开高中英语阅读教学实践，本文以高中《英语》（上外版）必修第二册 Unit 1 The Natural Garden 为例，从主题情境、单元位置、教材位置、文体特征等多方面分析、挖掘语篇，确定多维度的教学目标，设计适宜的两课时教学活动，帮助学生深刻理解语篇，实现深度学习。

关键词： 语篇研读；高中阅读教学；寓言

1. 引言

语篇作为英语教学的介质和教学内容的依托，是培养学生英语核心素养的重要载体。教育部 2018 年颁布的《普通高中英语课程标准（2017 年版）》指出："深入研读语篇，把握主题意义，挖掘文化价值，分析文体特征和语言特点及其主题意义的关联，对教师做好教学设计具有重要意义。"语篇研读既是高中英语阅读教学改革的前提，也是教师落实英语学科核心素养的必要途径。

1.1　单元主题分析，梳理意义内涵

主题语境作为英语课程内容的主要载体，不仅是学习语言知识与技能的场域依托，更是英语学科经由主题意义探究形成文化意识、造就文化品格的重要路径。主题语境通常分为人与自我、人与自然、人与社会三大类。研读语篇时，需要教师围绕单元语篇的主题语境，探究语篇的主题意义并以此展开教学，使课时主题意义与单元主题意义一脉传承，互为补充。

1.2　多维度语篇研读，确定育人目标

明确语篇语境后，教师在研读语篇的过程中，关注语篇主题与内容、作者意图及文本特征与语言特色的同时，深入挖掘主题所承载的文化信息和发展学生思维品质的信息点，根据语篇的内核深意来综合确定课堂教学的育人目标。

1.3　基于语篇体裁，设计多形式活动

在新课程标准改革推动下，高中英语阅读教学不仅需要使学生掌握微观的语言和语法知识点，还需要从宏观层面引导学生树立语篇体裁意识。在此背景下的英语课堂教学中，教师应设计多样化的阅读活动，引领学生掌握语篇的题材特点，形成阅读的体裁意识，进而有效地获取文章主旨、分析语篇结构、推测写作意图并赏析语言特点，从而提升英语阅读理解能力。

2. 基于语篇研读的教学实践

本文以高中《英语》(上外版)必修第二册 Unit 1 Reading A 板块的"The Natural Garden"为例,展示如何基于语篇研读展开高中英语阅读教学实践。

2.1 语篇研读

2.1.1 单元位置

高中《英语》(上外版)必修第二册第一单元主题语境为"人与自然",主题群为"自然生态"和"环境保护"。本单元由四篇语篇构成,阅读语篇 A 旨在读懂寓言故事所传递的寓意,并掌握记叙文的语篇结构特征;阅读语篇 B 侧重欣赏说明文的优美呈现,体会自然之美及语篇中蕴含的劝诫意义;听力语篇旨在能理解和感受歌曲所展示的自然之美,提高审美情趣;视听语篇则注重听取研究报告中有关自然的信息。

"The Natural Garden"是该单元的第一篇语篇。根据教参中的语篇教学目标以及学生自评表,通过学习此篇文章,学生能掌握寓言记叙文的语篇结构特征;通过比较主要人物的态度转变,加深对寓意的理解,即自然界的平衡关系以及生态平衡的重要性。

2.1.2 教材位置

"The Natural Garden"是一篇记叙文,在第一册教材中已多次出现同体裁语篇。

根据记叙文的体裁特征,记叙文是以记人、叙事为主,叙述人物的经历和事情的发展变化过程的一种文体形式。有效的记叙通常有一个鲜明的主题,通过叙事传达作者的观点。记叙文写人通常以人物的活动为中心,通过对若干件事的记叙或描写,把人物的形象,性格刻画出来(秦秀白,1997)。在第一册中,通过 Unit 1 Reading A 板块"A Writing Assignment",学生学习了人物经历、事物发展变化和情感为主要内容的记叙文文体体征;通过 Unit 2 Reading A 板块"The Confusing Way Mexicans Tell Time",学生掌握了记叙文的五要素;通过 Unit 3 Reading A 板块"A Roman Holiday",学生学习了游记类文体特征和语篇要素。因此,记叙文五要素等体裁特征将不再作为本课教学重点。

但在体裁细分之下,"The Natural Garden"和前三篇有所不同。记叙文通常按其用途可分为:以事实为依据的说明记叙文和以虚构为主的文学记叙文两种。说明记叙文包括历史、传记、日记、信件、新闻报道等;文学记叙文包括传说、寓言、趣闻轶事、传奇故事、短篇小说、科幻小说等(秦秀白,1997)。

显然,第一册的三篇记叙文属于说明记叙文,而本篇是一篇典型的寓言,属于文学记叙文。故本课教学重点在于引导学生了解寓言故事类记叙文的文体特征。

2.1.3 寓言特点

在研读语篇以及查阅相关文献后,笔者认为本篇寓言具有以下几个特点:

2.1.3.1 内容虚构,脱离现实生活

寓言主要用比喻性的故事来寄托意味深长的道理,给人以启示。正因为寓言故事虚构,脱离现实生活,无法让学生感同身受,因此在教学中需要多方位引领学生发挥想象、联系实际,建立寓言故事与学生现实生活之间的联系。

2.1.3.2 结构清晰,语言精炼平实

"The Natural Garden"以时间为轴线,学生通读全文时,易于把握文章时间标志词 once、some time later、years later,分别对应了故事的起因、经过、结果,文章情节较为平实,缺少明显的高潮,所以篇章结构认知在本课教学中无需作为重点,一笔带过即可。

同时,文本用词简单,生词不多,语言上以行为动词阐述皇家花园的修复过程。除了首段的两句倒装句体现了典型的故事开头,全文以简单句和并列句为主,用表示存在和相互关系的句式和词语分别描述花园生机勃勃和荒芜凋敝的自然状态,用直接引语记录寓言故事人物之间的交际过程。因此本文的词汇教学集中于自然语境词汇如 paradise、withered 和情节词汇如 cut down、replace。

2.1.3.3 情节简单,蕴涵深刻寓意

"The Natural Garden"故事情节简单,讲述了一位国王因为忍受不了美丽花园中丑陋的枯木,命人将其移走。结果,花园的生态失去平衡,也失去了生机。究其原因,居然是那棵大树残骸被移走所造成,以此揭示自然生态平衡的重要性——生态平衡一旦遭到破坏,修复将付出更巨大的代价。因而对寓意的理解与思考是本课教学的重点和难点。

2.1.3.4 人物扁平,但有态度转变

寓言主人公往往是虚构人物,人物性格扁平,因为人物的塑造只是为了揭示最后的寓意。本篇主人公——国王、年轻人、年轻人的父亲在文章中几乎没有人物特征,所以哪怕把国王换成富商、年轻人换成小孩、年轻人的父亲换成花匠,都不影响情节推进。但把握国王对于自然的态度转变可有助于理解寓意。且根据自评表,比较不同人物对自然的态度也是本单元需要达成的目标。

2.2 教学目标设定

基于以上对语篇的研读,笔者确定了两课时的教学目标,如表1所示:

表 1

该寓言特点	第 一 课 时	第 二 课 时
内容虚构,脱离现实生活	1. Understand the setting and the plot of the fable using imagination.	
结构清晰,语言精炼平实	2. Summarize the story using the words learned, including organism, paradise, withered, restore, flourish, feed on, etc.	1. Explain the changing situations in the garden by using topic-related words.
情节简单,蕴涵深刻寓意	3. Understand and explain the moral: connections between things in nature and the importance of the balance of nature.	2. Enhance the awareness of the importance of keeping the balance of nature.

续　表

该寓言特点	第　一　课　时	第　二　课　时
人物扁平,但有态度转变		3. Have a better understanding of the fable by comparing different attitudes towards nature.

2.3　教学活动设计

2.3.1　第一课时教学活动设计:发挥想象力,厘清故事情节

图式理论认为,人们在理解新事物时,总是会将其与已有的知识联系起来(梁美珍等,2014)。学生关于话题的背景知识越丰富,阅读理解的难度越小。本篇为寓言故事,内容虚构,脱离学生现实生活,为实现运用想象力理解寓言的背景和情节这一目标,笔者以问题链接和图片展示为主要手段,激发学生的背景知识联想,引导学生预测话题并强化自然这一主题语境。

Q1: What do you expect to read in the story after reading the title?

Q2: What kind of gardens is a natural garden?

两个设问句旨在让学生通过对"The Natural Garden"文题的解读,猜测与想象下文内容。对文章内容进行预测和验证是图式知识应用于阅读的核心(李力,2011),通过预测,学生的先行认知得以激活,在后续的阅读中会自发对最初的预测做出确认或排除。

随后,要求学生使用略读策略找到人物、时间、地点,以此了解本则寓言的背景。再让学生通读全文后,通过排序练习,让学生了解寓言故事的情节。

Q1: What did the King's gardens used to be like?

Q2: Imagine what kind of garden can be a paradise.

Q3: Why did the king have the tree cut down?

Q4: How do you feel about the withered tree in the gardens?

Q5: If you were the king, what would you do?

Q6: What did that place become?

通过以上问题链接,并配以相关图片,笔者引导学生想像国王砍树的意义,掌握故事的起因,并学习单词 paradise、withered、elaborate。

2.3.2　把握行文主线,寻找情节词汇

"The Natural Garden"包含两条线索,一条是皇家花园随着时间变化从生机勃勃到百废待兴,这是文章的明线;而另外一条暗线是国王对枯木的态度转变,呼应了文题中对自然的理解升华。在明线处理的过程中,笔者融入了词汇教学,以寻找情节词汇为主要教学活动,学习理解本篇重点词汇的同时加深理解寓言故事的经过。

学生阅读 2—3 段,找到描述国王行为的动词 dislike、cut down、replace 等,随后阅读 4—6 段,找出描述年轻人行为的动词 show up、explain,再次阅读第 6 段后,要求学生根据图片描述花园中各生物间的联系,此学习单词 feed on、organism、flourish。在厘清这些情节词汇后,

请学生根据给出词汇,依照时间线概述寓言故事,以此巩固词汇的运用,并加深对文章情节的理解。

2.3.3　基于情节发展,探讨故事寓意

思维的批判性在于质疑、求证的态度和行为,不茫然接受一种观点,也不武断地拒绝一种思想(梅德明,2019)。通常寓言故事的寓意都会在尾端直接呈现,但正如"一千个读者眼里有一千个哈姆雷特"一样,寓意的理解可以交由学生自己归纳总结或者发散思考。笔者有别于传统阅读教学,课前没有布置预习要求,课中没有打开课本,而是使用另行打印的文本,删去最后一段,不直接呈现寓意;在梳理完文章、理解情节之后,请学生小组讨论并写下故事的寓意。在分享过程中,笔者对所有回答都持肯定开放的态度,但要求学生要用文章的细节描写来支持自己的观点。在此过程中,学生的想象力和逻辑思维能力得到进一步锻炼。

以下为部分学生对寓意的理解:

Student 1:

Although the king did the wrong thing that he had the tree cut down at first, he sent for his advisers and rewarded anyone with a solution so that he finally knew the reason why his gardens were empty. From this, I have learned that when I have some problems that I cannot solve, ask others for help.

Student 2:

After learning "The Natural Garden", I realized the importance of keeping the balance of nature. Similarly, I appreciate that trivial things also have their meaning. Sometimes they may be the essential ones.

Student 3:

Cutting down the big tree is just like exploiting natural resources improperly. Breaking the natural net will also upset the balance of nature. So in order to avoid casting shadow over nature, we should increase sustainable nature management.

在课堂中,学生对寓言的理解给了笔者很多惊喜。有学生从国王广寻谋士身上得出了要善于求助,有学生从生物互相依存出发,认为哪怕再小的生命都有意义与价值,也有同学将砍树行为上升到了对自然界的无度索取,提出了要有适宜的自然管理机制。分享过后,全班一起朗读被删减的原文,在检视自己的理解同时,学习语篇传递出的保护自然平衡的重要性这一寓意。

2.3.4　第二课时教学活动设计

2.3.4.1　基于自然语境,巩固词汇使用

基于主题的语言教学往往要提供一批与主题内容相关的核心词汇和相关语法结构,并且在主题语境下训练学生使用这些词汇和语法(Bateman & Lago,2012)。第二课时的词汇教学和第一课时以情节词汇为主不同,以自然语境为切入点,使学生掌握并使用 paradise、withered、elaborate、flourish、organism 等自然语境词汇。笔者设计如下表格(见表 2),让学生根据时间标志词填写皇家花园的变化,并根据语篇细节描写猜测不同时间段国王对于花园的态度。

表 2

Time	The Garden	The king's feelings
Once		
One day		
Several years later		
Years later		
Now	The huge tree: The garden:	

完成表格填写后,再根据第一课时出现的图片,让学生用自己的语言描述皇家花园万物凋敝的原因。随后,结合表格内容,学生以"I am the garden that used to be as beautiful as a paradise. One day ..."开头,复述寓言故事。

笔者通过以上两个活动,创立自然话题语境,来加强学生相关词汇的运用,正是因为主题语境能提供有意义的使用语言的情境,使学习者更容易学会相关词汇和语言结构(转引自 Cheung & Yang,2009)。

2.3.4.2　比较人物态度,加深寓言理解

教师在教学中设计和运用包括对照、比较在内的对比活动,有助于连贯低阶思维和高阶思维的心智活动,达到培养和提升学生思维品质的目的(李威峰,2020)。因此为加深对寓言的理解,笔者让学生讨论并比较国王和青年人的父亲对于大树的不同行为,推测两人对自然的态度。通过比较,学生会发现年轻人的父亲珍视、尊重自然规律,而国王从开始凭自己喜恶大肆砍伐到最后悔不当初,欲重载枯木,从而进一步得出对于自然需要心存敬畏。

2.3.4.3　聚焦主题语境,加强环保意识

课堂最后的讨论环节,笔者回归对标题的探讨,提出"How do you understand the word 'natural' in the title 'The Natural Garden'?"。该问题一方面是呼应第一课时导入问题"What kind of gardens is a natural garden?",帮助学生对比和检测自己的判断,促进学生积极思考;另一方面是为了加深学生对自然平衡、万物依存这一寓意的理解,让学生解读标题 natural 背后的多重含义,并对其进行评价,这对于发挥学生主体性、培养学生批判性思维具有积极意义。

3. 基于语篇研读的教学反思

通过本次实践,笔者深刻感受到了研读语篇有助于多层次、多角度分析语篇所传递的意义,依据语篇的主题意义、文体风格、语言特点和价值取向,设计合理的教学活动,帮助学生深刻理解语篇,实现深度学习。

两课时的课堂互动效果较好,意义探究活动多元。本课对语篇挖掘的深度已颇有成效,但语篇研读的广度还有待提高,没有进行充分的延伸与拓展。在进行教学设计时,要加强对单元整体设计的思考,让本篇的语篇输入服务于整个单元的输出,引导学生在自然主题语境下自主进行课外阅读。这就要求教师不断加强学习,拓宽自身知识面,提升研读语篇能力,实现高中英语阅读课堂的有效教学。

参考文献

［1］ Bateman, B. & Lago, B. Content-Based Instruction/Content and Language Integrated Learning[EB/OL]. (2012－01－01)［2021－02－06］. https://www. cambridge. org/core/books/approaches-and-methods-in-language-teaching/contentbased-instruction-and-content-and-language-integrated-learning-clil/3D6ED9D9CB80BF6339DABE3FEC6DA5BB

［2］ Cheung, C. & Yang, R. 2009. Theme-Based Teaching in an English Course for Primary ESL Students in Hong Kong［J］. *Electronic Journal of Foreign Language Teaching*, 6（2）: 161－167.

［3］ 李力.基于图式理论的初中用英语读前活动设计[J].中小学外语教学(中学篇),2011,(10):42－48.

［4］ 李威峰.培养学生思维品质的初中英语阅读教学对比活动[J].中国教育学刊,2020,(8):43－45.

［5］ 梁美珍,黄海丽,於晨,陈一君.英语阅读教学中的问题设计：批判性阅读视角(第二版)[M].杭州：浙江大学出版社,2014.

［6］ 梅德明.普通高中课程标准(2017年版)教师指导(英语)[M].上海：上海教育出版社,2019.

［7］ 秦秀白."体裁分析"概说[J].外国语(上海外国语大学学报),1997,(06)：9－16.

作者单位：上海市嘉定区第一中学 上海　201808

认知隐喻视角下译林版高中英语新教材中文学语篇的衔接和连贯性分析

颜 奇

提 要：译林版高中英语新教材必修一至三册中使用了大量文学语篇,有效分析和理解这些语篇是十分重要且必要的。认知隐喻在语篇组织中起到重要作用,通过单隐喻、双/多隐喻构建起语篇的衔接和连贯。从认知隐喻角度分析新教材中的文学语篇,不仅可以揭示认知隐喻的语篇功能,也能进一步阐释教材中文学语篇信息的发展和语篇的连接性和连贯性,帮助理解教材中文学语篇,增强教材中文学语篇教学的可操作性,有利于教师的教和学生的学。

关键词：认知隐喻；文学语篇；衔接；连贯；新教材

1. 引言

2019 版新编高中英语(译林版)教材精选了英美经典文学作品作为主要阅读语篇,其中不乏经典的英语诗歌、小说乃至文学理论作品。教材中精选的优质语篇旨在让学生"提升审美情趣和鉴赏能力"、"学会欣赏英语的语言美和意蕴美"(王守仁,何锋,2019：46 - 47),从而进一步提升学生的语言素养。此外,课标中也早已提出要求学生能够理解和欣赏部分英语优秀文学作品,从作品的意蕴美中获得人生态度和价值观念的启示。然而,由于中学生以及英语教师自身文学阅读经验缺失或不足,他们在教学实践中不能很好地把握文学阅读语篇的特点。随着新教材的推广和使用,这更加成为了一个亟需解决的问题。

近年来,随着认知语言学的发展,隐喻早已应用于外语教学的实践和研究中,特别是在词汇和语法教学的方面成果斐然。然而,隐喻应用在中学文学语篇教学分析方面却极少涉及。束定芳早在 2001 年就已经注意到隐喻在语篇中起到的重要作用。魏在江(2006)认为"隐喻不仅仅体现在词汇层、语法层,它同样也体现在语篇层。以往的隐喻研究局限在词汇和句子层面。作为一种语用现象,隐喻是一种语篇组织的重要手段,它起着语篇构建、衔接和连贯的功能"。卢卫中、路云(2006)也从认知角度分析了单隐喻,双/多隐喻以及交织隐喻在语篇衔接和连贯中起到的重要作用。董素蓉、苗兴伟(2017)从隐喻的映射角度提出了重述和搭配两种语篇衔接模式。诸如此类的研究为隐喻应用于语篇分析打下了坚实的基础。在将隐喻应用于文学语篇分析方面,魏在江(2008)认为"文学语言的一个重要特点是大量运用隐喻性的语言",并且从文学语篇主题发展、语篇信息的连贯性和语篇的文体效应三个层面论述了隐喻在文学语篇建构中起到的重要作用。钱海容(2008)以《围城》为例从词汇衔接和隐喻映射等角度论述了隐喻在语篇中的衔接和连贯作用。闫振华(2011)以莎士比亚、毛泽东、舒婷等人的诗词以及其他文学语篇为例,分析了隐喻的语篇连贯作用。从这些研究来看,衔接手段的分析主要以 Halliday 和 Hasan 所提的 5 类为主,而关于语篇连贯普遍认为语篇以一个隐喻贯穿语篇,同时还可以该隐喻衍生出多个隐喻。通过隐喻的映射和隐喻之间的联系构成连贯的语篇。

隐喻在语篇发展中起到重要的作用。魏在江(2006)认为,从语篇的层面去研究隐喻不但可以揭示隐喻的功能,而且可以阐释语篇信息的发展、语篇组织机制和语篇的衔接、连贯性。基于此,本文从认知隐喻角度对译林新教材中部分文学文本教学策略进行初步探索,着重从认知隐喻角度揭示新教材中文学阅读语篇中的语言美和意蕴美,以期对中学英语文学语篇分析的教学和研究有所裨益。

2. 隐喻及其特点

隐喻无处不在。亚里士多德最早开始对隐喻进行系统的研究。传统的隐喻研究都是基于修辞的视角。随着认知语言学的发展,隐喻才由修辞领域进入认知的范畴。Lakoff 和 Johnson 合著的《我们赖以生存的隐喻》一书首次提出了认知隐喻观,标志着隐喻从修辞学领域转向了认知科学领域。他们认为隐喻不仅仅是一种语言现象,更是人的一种认知方式,是人类将某一领域的经验来理解和说明另一领域经验的一种认知活动。隐喻的实质就在于借助另一类事物来体验和理解某一类事物。也就是说,"在日常生活中人们往往参照熟知的、有形的、具体的概念来认识、思维、经历、对待无形的、难以定义的概念,形成了一个不同概念之间互相联系的认知方式"(赵艳芳,2001:119)。总的来看,隐喻具有系统性、连贯性和亲身性的特点。隐喻的系统性是指构成概念域系统内部的各个要素互相关联,互相作用。系统性是隐喻的基本特征。隐喻的连贯性体现在隐喻与文化、经验以及概念自身内部的连贯。隐喻的亲身性强调人的经验和人与自然的交互作用,以此形成隐喻思维并不断产生新的隐喻(李庆丽,2020)。

3. 新教材中文学语篇的隐喻类型

2019 版新编高中英语(译林版)教材必修二第一单元 Behind the Scenes 中首次从修辞角度介绍了隐喻的形式和意义,以此来解释文中所用 the tip of the iceberg 的意义。文章体裁是电影评论家的讲座稿,主要从音效、视觉特效以及道具三个方面向听众讲述了电影幕后的趣闻轶事。因此,the tip of the iceberg 意味着评论家所讲的三个方面只是冰山一角,而电影制造就是一座巨大的冰山。这篇文章给学生们打开了隐喻理解的大门,十分形象生动。然而这篇文章不属于本文所研究的文学语篇类型,在此不做过多论述。高一年级使用的三册新编译林版教材(必修一、二、三册)中主要使用了以下文学语篇:

魏在江(2008)认为文学语言使用隐喻形成意象,这种情况尤其是在诗歌、散文中更为常见。"所谓意象,就是运用具体的形象或画面来表现人们在理智和情感方面的体会和经验","意象的功能就在于能刺激人的感官,从而唤起某种感觉并暗示某种感情色彩"。由此可见,文学语篇中的隐喻主要通过意象得以实现。然而,笔者认为,文学语篇中的非意象因素,如句子长短,标点符号的使用,特殊句式等有时也承载着隐喻意义。因此,笔者将新教材中文学语篇的隐喻分为三种:扩展延伸式隐喻、类比转移式隐喻和空间变化式隐喻。

表 1　新编译林版教材(必修一、二、三册)中主要文学语篇

册　别	板　块	单元	标　　题
必修第一册	Extended reading	Unit 2	Mama and Her Bank Account
		Unit 3	Of Friendship
	Project	Unit 2	King Lear
		Unit 3	Missing Li Bai on a Spring Day
	Appreciating language	Unit 1	If I Were a Boy Again
		Unit 2	The Railway Children
		Unit 3	Parting
			The Arrow and the Song
		Unit 4	I Am Me
必修第二册	Welcome to the unit	Unit 4	David Copperfield
			The House on Mango Street
	Reading	Unit 4	The Wonder of Literature
	Grammar and usage	Unit 3	The Gift of the Magi
	Extended reading	Unit 1	Forrest Gump
		Unit 4	The Old Man and the Sea
	Project	Unit 3	At the Lantern Festival
	Appreciating language	Unit 3	The Mid-Autumn Festival Tune: Prelude to Water Melody
		Unit 4	The Pleasures of Reading
必修第三册	Welcome to the unit	Unit 1	无名诗歌一首
	Extended reading	Unit 2	The Last Days of Pompeii
	Appreciating language	Unit 1	A Fable for Tomorrow
		Unit 2	The Story of an Eyewitness

3.1 扩展延伸式隐喻

卢卫中、路云(2006)认为隐喻在语篇中主要通过三种形式：单个隐喻在语篇构建中起衔接作用，两个或者多个隐喻在语篇构建中起衔接作用，交织隐喻或隐喻网络在语篇构建中起衔接作用。在文学语篇中，这些分类是依据其中意象的数量和特点。总的来看，这些隐喻都互相扩展延伸，深化着意象所承载的主题意义。

具体来看，例如，在译林版新教材必修第一册第三单元的 Extended reading 板块选用的培根的名篇之一 *Of Friendship* 中，作者用"Generally speaking, close friendships have three 'fruits'."构建起隐喻关系，将友谊的重要性(the importance of friendship)比喻为三种果实(fruits)。fruits 是概念域，the importance of friendship 是目标域，让人联想到硕果累累、果实甘甜等意蕴，进一步体现了友谊的可贵。同时，对三种果实的阐述也深化了隐喻意义。在第一单元 Appreciating language 板块节选并改编了 James Thomas Fields 的散文 *If I were a Boy Again: A Plain Talk with My Nephews*。全文使用虚拟语气，看似是"男孩"在回忆青春，实则借"男孩"口吻向自己的侄子们阐释人生哲理。由主要意象"男孩"又衍生出了多种形式，有 practise perseverance 的"男孩"，有 build a habit of attention 的"男孩"，有 become a fearless person 的"男孩"等等。通过对"男孩"这一意象的不断扩展，隐喻意义不断深化，语篇以及语篇主题也得以进一步发展。在第三单元 Appreciating language 板块中选用了 Longfellow 的诗歌"The Arrow and the Song"中，通过 arrow 和 song 两个意象隐喻 friendship，阐释了友谊的力量。Arrow 和 song 两个意象都是概念域，friendship 是目标域。箭完好无损地射于大树之上，歌声自始至终回荡于友人的心中。生活中不经意的小细节看似如离弓之矢一般转瞬即逝，但友人会一一保存，可见友谊之深厚。这两个隐喻式并列，共同构建起语篇，深化语篇主题。

3.2 类比转移式隐喻

苗兴伟、廖美珍(2007)认为在语篇层面上，隐喻概念可以诱发类比转移。也就是说，人们在语篇的生成和理解过程中往往会把隐喻的某些方面以类比的方式映射到所描述的事物或情景上。类比借助 A 和 B 两个命题论证同一事理，通过较为简单的 A 事理来理解和晓谕更为深刻的 B 事理(宋佳睿，2020：21 - 22)。隐喻需要借助一件事物去理解另一件事物。

例如，在必修第二册第四单元 Reading 部分"The Wonder of Literature"中，作者通过小孩与男人的故事引出文学的学习这一话题，当中就涉及类比，如果不借助类比转移式隐喻来加以理解就无法懂得作者传递的深层信息：

A child and a man were walking on the beach when the child found a shell and held it to his ear. Suddenly he heard strange, low, musical sounds. These sounds seemed to be far from another world and the child listened to them with wonder. Then the man explained that the child heard nothing strange, and that the shell caught a range of sounds too faint for human ears. What amazed the child was not a new world, but the unnoticed music of the old.

Such experience as this lies in store for us when we begin the study of literature. Let a little song appeal to the ear, or a great book to the heart, and we discover a new world, a world of dreams and magic. To enter and enjoy this new world, we need to love literature, and make an effort to explain it. Behind every book is a man, behind the man is the race, and behind the race the natural and social environment. We must know all these, if the book is to speak its whole message. In a word, we have now reached a point where we wish to enjoy and understand literature. The first step is to determine some of its significant qualities.

作者在第一段讲述了小孩与男人的故事：小孩在海边拾到贝壳并且听到了贝壳里面的声音(strange, low, musical sounds)，小孩十分感兴趣。这时男人向他解释听到的声音(nothing strange, and that the shell caught a range of sounds too faint for human ears)。第二段作者提到了文学学习的方法：首先要喜爱文学(we need to love literature)，其次尽量去解释文学(make an effort to explain it)，这样我们就能进入并且享受文学的世界(enter and enjoy this new world)。通过类比式隐喻，这两个故事产生了隐喻意义。其中小孩隐喻文学初学者。文学初学者对文学感兴趣，只能进行初步的探索，正如小孩听见了贝壳当中的声音，觉得非常好听，但是无法很好地解释听到的声音。而男人隐喻文学高级学习者、能够解释文学的人，正如男人向小孩解释贝壳中的声音一样，引领和帮助文学初学者深入学习文学。可见，这两个故事的关系十分紧密，读者需要理解小孩与男人的故事之后，才能更好地理解文学的学习。反之，在理解了文学学习的两个阶段之后，也能更好地理解小孩和男人的故事内涵。如果把故事和文学学习方法分别看作是两个概念，通过类比转移，这两个概念彼此联系，互相加深两个概念的内涵意义。

3.3 空间变化式隐喻

从空间视角来观察语言形式会发现很多被人们概念化的语言形式基本是以空间术语来描述的，语句形式中充满了空间隐喻。因此人们很容易判断出语句中词句的位置、长短、间隔，文字系统被概念化为具有线性特征的表达形式。意义上的变化可能来自词汇、语序、语调或是语法结构的改变(李庆丽，2020)。由此可见，语言的空间变化，比如语句长短，也承载着隐喻意义。

例如，在必修第一册第二单元的 Extended reading 中选用了 Kathryn Forbes 的短篇小说 *Mama and Her Bank Account*。在文章最后一段中"And when I didn't — couldn't — answer, Mama said seriously ..."当中的破折号具有线性特征。相较于逗号，概念域中破折号使得该句的空间结构更加松散，在语气变化和情感表达方面也更加复杂，目标域中突出了作者在得知妈妈的银行账户的秘密时的复杂心理变化。因此，破折号的使用产生了特定的语言意义，形成隐喻。在第四单元的 Appreciating language 板块，Virginia Satir 的诗歌"I Am Me"的最后一句"I am me and I AM OKAY"，通过大写的形式在视觉上起到了强调作用，同时也加强了自信的语气。通过概念域中大写强调，目标域中自信的隐喻意义得以凸显。又如在必修第二册第四单元的 Extended reading 部分"The Old Man and the Sea"中有这样一个句子:"Pull, hands, he thought. Hold up, legs. Last for me, head."。概念域中逗号的使用打破了常规的紧凑的语言形式,产生了特有的语言意义,形成隐喻。目标域中老人在全力与大鱼激烈搏斗,几近精疲力竭,仍在坚持一下接一下地使力,生动再现搏斗的过程,也再现了老人的"硬汉"形象。在必修第三册第二单元 Extended reading 的阅读"The last Days of Pompeii"中,概念域下使用了圆周句以及破折号打破句子的空间结构:"Over the empty streets — over the forum — far and wide — with many a noisy crash in the stormy sea — fell that awful shower!",目标域中紧张的气氛得以凸显,设置悬念,有力再现了熔岩雨下落的场景。这些空间式隐喻的使用,通过句式空间视觉效果的变化,激起读者构建语言形式和语言意义的关系,加深了读者对概念的认知理解。

4. 隐喻与新教材文学语篇的衔接

Halliday 和 Hasan(2001)把衔接分为语法衔接手段和词汇衔接手段。其中语法衔接手段包括指称、替代、省略和连接;词汇衔接包括词汇的重复和搭配等,是语篇有形的网络。就隐喻而言,它不但可以使语篇获得连贯性,而且可以衔接语篇内部各成分;不仅某些种类的衔接现象只有通过隐喻才可得到妥善的解释,而且在逻辑的领域内,隐喻也可以充任语法、词汇等衔接手段(张沛,2004:185)。

4.1 语法衔接

指称、替代、省略和连接属于语法衔接手段。指称是指语篇中的词语不是靠自身词义表意,而需要其他词语作为参照。指称分为内指和外指。内指指的是语言参照位于语篇内部,反之则是外指。替代则指用替代形式来取代上文中的某一部分。省略又称为零替代,需要从语篇中寻找被省略的语言部分。而连接指的是句子之间的关系(聂岩松,2010)。

在前文分析过的"The Wonder of Literature"中,作者在第一段讲述了小孩与男人的故事,第二段介绍学习文学的方法。两个段落之间通过"Some such experience as this lies in store for us when we begin the study of literature."进行过渡。就衔接的角度而言,当中 Some such experience as this 用到了指称和替代两种衔接手段。束定芳(2000)认为,as 等这些明喻的标志词也是隐喻关系。因此,当中的 as 点明了隐喻的映射,即学习文学的过程就如同男人给小男孩解释海螺中听见的声音一样,是一个由浅入深的过程。通过隐喻视角进行语篇的衔接分析,学生很容易理解和懂得这两段之间的联系。并且,第一段讲述的故事并非脱离于主题之外,而是通过隐喻紧紧地与主题衔接在一起。在后文中作者继续写道:"Some truth and beauty remain unnoticed until a sensitive human soul brings them to our attention, just as the shell reflects the unnoticed sounds",作者再次用 as 点明两个概念之间的联系,当中 unnoticed sounds 替代了 some truth and beauty。通过隐喻充任替代作用,将语篇紧紧衔接在一起。

4.2 词汇衔接

词汇衔接包括复现和搭配。复现的词可能是重复出现的词,也有可能是近义词、上义词等。搭配则是指衔接搭配成对的词。例如，在新教材必修第一册第三单元"Of Friendship"中，作者开篇写道："As we walk the 'path of life', … Social life is also important to us. More often than not, close friendships will help smooth out the sometimes rocky road that we are all meant to travel"。作者通过 path of life 构建起隐喻意义，path 和 road 是词汇复现，并搭配 walk、travel、smooth out、rocky 衔接起语篇。人生道路有时坎坷不平（rocky），在踏上（walk/travel）人生道路的过程中有好友相伴定能踏平（smooth out）坎坷。"As we walk the 'path of life'""close friendships will help smooth out the sometimes rocky road that we are all meant to travel"两个句子和"人生道路"联系起来时，又构成了绝妙的隐喻。

5. 隐喻与新教材文学语篇的连贯

著名荷兰语言学家 van Dijk（1977）认为，语篇的连贯表现为两个层次：微观结构连贯和宏观结构连贯，包括句子与句子表达意义之间的连贯以及总话题和次级话题之间的连贯。隐喻在语篇连贯中起到纽带作用，一个隐喻就是一个语义场，制约着整个语篇的信息发展（魏在江，2006）。作者以语篇为支架，构建起整个语篇的线索和脉络。以一个隐喻贯穿语篇始终，形成一个核心隐喻，支配若干个由隐喻或由一个中心意象引申出若干相关次要意象（廖美珍，1992）。

例如，在"The Old Man and the Sea"中，核心主题是"A man can be destroyed but not defeated"。就意象式隐喻而言，man 即指文中的 old man 也可以指现实生活中的人，多重语义使得 man 具有隐喻意义。因此，核心主题也是核心隐喻。从核心主题表达的意义来看，destroyed 是对人精神层面的摧毁，而 defeat 则是体力上的击败。而从语篇构建的角度而言，节选的片段中描绘了老人与大鱼五次激烈搏斗。在五次激烈搏斗中，老人的反应是不同的：

表 2 "The Old Man and the Sea"五次搏斗中老人的细节描写

第一次搏斗	The old man pulled on him all that he could to bring him closer. Then he straightened himself and began another circle
第二次搏斗	He felt fainted again now but he held on the great fish all the strain that he could. But when he put all of his effort on, … and pulling with all his strength, …
第三次搏斗	That way nothing is accomplished, he thought. Yes, you are, he told himself. You're good for ever.
第四次搏斗	He tried it once more and he felt himself going when he turned the fish.
第五次搏斗	I'll try it again, the old man promised, although his hands were mushy now and he could only see well in flashes.

从五次搏斗的情况来看，前两次搏斗的描写主要体现在动作方面，这是受隐喻语义场的支配与 defeat 所表示的体力上的击败相一致。因此，在前两次的搏斗中使用了 pulled、bring、 straightened、held on、strain、put all of his effort on、pulling with all his strength 等表达来描写。而后三次搏斗的描写主要集中在心理方面，这是与 destroy 所在的隐喻场一致。因此，在后三次搏斗中使用了 thought、felt himself going、he told himself、promised 等表达来描写。当然，这也是语篇连贯的体现。由此我们可以看出，隐喻所表达的语义场制约了语篇中信息的发展，使得各个信息之间形成紧密的连贯关系，即语篇后续的信息发展不能与前面的信息相违背，更不能与主题相矛盾，所有的信息都是适宜的，并且出现的顺序也是十分恰当的，而不是无序的、随机的。通过隐喻的制约，语篇的主题信息连贯发展。

6. 结语

诚如魏在江（2008）所言，从隐喻视角研究文学语篇能使我们更好地理解文学作品的内涵、文学语篇的组织机制以及文学作品的文体效果、美学效应等。从隐喻的类型来看，译林版高中英语新教材中文学语篇主要有扩展延伸式隐喻、类比转移式隐喻和空间变化式隐喻三种类型。通过这些隐喻，我们能更好理解语篇主题的发展以及衔接和连贯机制，理解这些文学作品的内涵，从而体悟这些优质语篇的语言美和意蕴美。于教师和学生而言，隐喻不乏为一种有效理解这些语篇的手段之一。但囿于篇幅限制，本文未对其具体的教学方法进行探讨和分析，但是在语言和文本欣赏层面给广大师生提供了一个新的视角。

参考文献

［1］Halliday, M. A. K. & Hasan, R. Cohesion in English ［M］. Beijing：Foreign Language Teaching and Research Press，2001.

［2］Lakoff, G. & M. Jonson. Metaphors We Live By [M]. Chicago: The University of Chicago Press，1980.

［3］Van Dijk, T. A. Text and Context: Explorations in the Semantics and Pragmatics of Discourse [M]. London: Longman，1977.

［4］董素蓉，苗兴伟.隐喻的语篇衔接模式[J].外语学刊,2017,(3)：33-37.

［5］李庆丽.乔治·莱考夫概念隐喻思想研究[D].吉林：吉林大学,2020.

［6］廖美珍.英语比喻的语篇粘合作用[J].现代外语,1992,(2)：32-35.

［7］卢卫中，路云.语篇衔接与连贯的隐喻机制[J].外语教学,2006,(1)：13-18.

［8］苗兴伟，廖美珍.隐喻的语篇功能研究[J].外语学刊,2007,(6)：51-56.

［9］聂岩松.隐喻的功能语篇分析[D].哈尔滨：黑龙江大学,2010.

［10］钱海容.《围城》中隐喻的语篇衔接与连贯作用[D].武汉：华中师范大学,2008.

［11］束定芳.论隐喻的理解过程及其特点[J].外语教学与研究,2000,(4)：253-260.

［12］宋佳睿.类比隐喻的机制研究——以红楼梦诗词为例[D].哈尔滨：哈尔滨理工大学,2020.

［13］王守仁，何锋.2019版普通高中英语（译林版）教材体例与编写特色[J].基础教育课程,2019,（11）：42-47.

[14] 魏在江.隐喻与文学语篇的建构[J].外语与外语教学,2008,(3):13 - 16.

[15] 吴婷婷.概念隐喻理论在英语阅读教学中的应用[J].湖北开放职业学院学报,2021,(5):177 - 178.

[16] 闫振华.基于概念隐喻的文学语篇连贯研究[D].重庆:重庆大学,2011.

[17] 张沛.隐喻的生命[M].北京:北京大学出版社,2004.

[18] 赵艳芳.认知语言学概论[M].上海:上海外语教育出版社,2003.

作者单位:湖南省长沙市第一中学 长沙　410081

译林版高中英语教材使用中的困惑及应对策略

袁　菁[1]　庄晓波[2]　孟庆忠[3]

提　要： 新课标版普通高中教科书《英语》(译林出版社出版)已全面投入使用。在历时半年的教学实践中,教师们在充分肯定教材亮点的同时,也遇到了一些困惑和问题。本文梳理了教师在教学中遇到的问题和困惑,并结合部分实践案例阐述了相关应对策略和建议。

关键词： 高中英语；课标版教科书；问题与困惑；应对策略

1. 引言

　　新课标版普通高中教科书《英语》(译林出版社 2019 年版,以下简称《译林英语》)自投入使用以来,备受广大英语教师的青睐和关注。在充分肯定其诸多亮点的同时,不少教师也反映在实际教学中感到操作难度超过预期。那么是什么导致教学难度增加? 该套新教材的显著特点是什么? 教学操控难在何处? 我们该如何化解此难题? 针对这些问题,笔者利用主持江苏省中小学教学研究第十三期立项课题"名师工作室引领下的高中英语教师跨区域协同发展实践研究"的契机,组织苏州、无锡、连云港高中英语"三位一体名师工作室"成员将其作为重点子课题之一,进行了深入细致的实践研究,现将相关体会和研究成果分享如下。

2.《译林英语》教材的基本特点

2.1　体现《课标》的理念与精神，落实立德树人的根本任务

　　众所周知,《译林英语》是在原《牛津高中英语》(以下简称《牛津英语》)的基础上修订而成的,它基于《普通高中英语课程标准》(2017 年版,以下简称《课标》)的总目标,围绕落实立德树人根本任务、促进学生英语学科核心素养的形成及发展等一系列核心问题而展开。选材和编写总体体现了思想性、科学性、系统性、适切性、开放性等原则,继承和保留了《牛津英语》与国际接轨的特点与风格。教材以学生为中心,忠实践行英语学习活动观,科学整合课程内容六要素,整体设计学习理解、应用实践、迁移创新等多层次的英语学习活动,有机融入英语学科核心素养培养要求,充分凸显英语学科的育人价值。

2.2　借鉴国内外教材的特色与经验，树立人类命运共同体意识

　　《译林英语》教材的修订工作由译林出版社与牛津大学出版社联手打造,既博采众长,又独

具风格。在修订筹备阶段，编写组认真系统对比研究了经全国中小学教材审定委员会审查通过的其他六套高中教材及近二十套国外优秀英语教材，从编写理念、整体框架、单元架构、编写特色、内容选材等多个维度进行细致且专业化的分析，广泛吸取经验，确保在修订教材时进一步扬长避短。在介绍世界文化时，既关注英美等主要英语国家的文化，也关注非英语国家的文化，以帮助学生拓宽国际视野，尊重和包容文化的多样性。教材涉及的多元文化包括英国高中学校生活、亚马逊热带雨林风情、加拿大历史文化、摩洛哥和肯尼亚风土人情、法国奥赛博物馆及印象主义绘画艺术等。此外，本教材还为学生呈现了当今全球化时代需要全人类共同面对的问题，如环境问题、气候变化、资源短缺等。教材关注这些人类共同的挑战及应对措施，注重培养学生的跨文化交际能力，帮助学生树立世界眼光和全球意识。

2.3 吸纳一线教师的呼声和反馈，符合现阶段英语教学的实际需求

《译林英语》教材由中外出版社和江苏省中小学教学研究室联合开发，其独特的三方合作模式将优秀的作者、专业的编辑、资深的一线教师汇集到一起。从前期框架结构、编写理念、编写原则、编写特色设定，到中期稿件研讨，再到后期稿件审读、试教试用，三方共同参与教材修订的每一个环节。强强联合的三方合作模式，加上科学的编写流程，确保了教材编写的专业性、系统性和可操作性，有效保证了《译林英语》教材能够更符合我国高中阶段英语教学实际的需求。

3.《译林英语》教学中的困惑或问题

3.1 教材中的"五多"现象难以应对

《译林英语》虽源自《牛津英语》，但其在模块数量、单元分布、板块设置、生词量和教学要求等方面在《牛津英语》的基础上都有比较大的调整，呈现相对繁杂的"五多"现象。

1）项目板块多。

《译林英语》对《牛津英语》的七个板块进行了优化整合，去掉 Word Power 和 Task，增加 Integrated Skills、Extended Reading 和 Further Study，总板块达到八个（具体比较见表1）。原 Word Power 和 Task 形式上虽然被取消，但在实际教学中并不可少。比如，Task 被 Integrated Skills 取代，Word Power 必须在 Reading 板块的语言点教学中进行处理，实际相当于净增了两个板块。

2）单元数、生词量、课标外词汇多

《牛津英语》全套 11 个模块，必修阶段每个模块只有三个单元，而《译林英语》全套 10 个模块，必修阶段每个模块都是四个单元；生词量猛增了约三分之一；从模块二开始，带星号的课标外词汇翻了一番还多（具体情况见表2）。

3）开放性或半开放性任务多

《译林英语》教材的八大板块及 workbook 中都有许多开放性或半开放性任务。比如：Integrated skills 中的写作练习、Extended reading、Project、Assessment、Further Study 及 Workbook 中的 Appreciating。

表1　原《牛津英语》教材板块与新《译林英语》教材板块比较

	1	2	3	4	5	6	7	8
原	Welcome to the unit	Reading	Word power	Grammar and usage	Task	Project	Assessment	/
新	Welcome to the unit	Reading	Grammar and usage	Integrated skills	Extended reading	Project	Assessment	Further study

表2　《译林英语》单元数、生词量和课标外词汇与《牛津英语》比较

模块一	Unit 1	Unit 2	Unit 3	Unit 4	Total
原	65＋1	68＋5	62＋5	0	195＋11＝197
新	66＋0	66＋2	72＋2	67＋1	261＋5＝266
模块二	Unit 1	Unit 2	Unit 3	Unit 4	Total
原	55＋7	69＋6	71＋5	0	195＋18＝209
新	62＋10	67＋8	70＋10	51＋9	250＋37＝287

注：1.“＋”号后的数字为课标外词汇。2.无以往“4会”“3会”“2会”之类的标注。

上述"五多"现象无疑给处于"摸着石头过河"的一线教师的教学带来不少困惑和巨大挑战。单元数多和板块栏目多导致本就捉襟见肘的高一起始学期的时间异常紧张，无暇顾及本该有的、适量的初高中衔接教学的教计和实施；生词多和课标外词汇多导致教学"拦路虎"多，重难点分散，对语言点的取舍和知识面的拓展度不好把控；开放性或半开放性任务多导致教师在教学要求、教学评价、督促检查以及"教学与考试""知识与能力"方面的链接程度难以拿捏。

3.2　教学中词汇处理的"三度"难以把控

《译林英语》取消了 Word power 板块，在《教参》每个单元长达 20 余页的教学建议中对词汇教学也没有做任何要求，这在某种程度上使老师们产生了词汇教学可以弱化的错觉。不少老师提出"词汇教学该何时进行？在进行词汇教学设计时应注意什么？原 Word power 板块的词汇教学策略还适用吗？"等一系列问题。

3.3　语法项目的前移和"二分"现象难以拿捏

研究发现，《译林英语》将原本在《牛津英语》10－11 模块的部分语法项目前移至模块一（具体比较情况见表1），如，句子成份与句型结构等；将某些高中阶段必须掌握的基础语法项

目进行了"二分"式切割处理,如定语从句乃高中重要的基础语法项目,但在模块一却只讲非限制性定语从句,将非限制性定语从句生硬剥离;在《教参》模块二第一单元的教学建议中要求学生了解隐喻的概念,在文中找到隐喻的例子并解释之(Have the students learn about metaphor. 见《教参》P.8),但却只字不提明喻,这种把原本对立关联的知识统一体生硬地拆开,不仅人为加大了实际教学的操控难度,也不利于学生对知识的融会贯通。

4. 对《译林英语》教材的实施策略与教学建议

4.1 教材使用要在学情的基础上注意详略得当

针对《译林英语》项目板块多、单元数多和弹性任务多等现象,在教学中要视其轻重缓急区别对待,对《教参》的建议学时也可根据学情做适当调整,做到详略得当。具体建议如下:

1)重点抓好 Reading、Grammar 和 Integrated skills 三大板块。这是双基中的根基,需花大力气打造。

2)灵活处理 Extended reading、Project 与 workbook 中 Appreciating 等板块的任务。本部分属开放性任务,旨在引导学生理解与欣赏,体现新课标提出的"实现能力向素养转化"的要求,只要巧设任务,并灵活机动地督促、检查即可。

3)典型示范 Project 和 Integrated skills(D)板块的任务。本部分属于迁移运用类活动,旨在检测和培养学生语境化恰当运用的能力,可每模块精做 1—2 个作为典型示范,其余任务让学生量力自主完成。

4)自主处理 Further study 板块的任务。本部分是一个自主学习导引,旨在引导学生运用自我调控策略和资源策略,在学有余力的情况下对自己感兴趣的领域进行自主探究,不可"一刀切"式统一硬性要求。

5)链接整合 Welcome to the unit 和 Reading 的教学板块。Welcome to the unit 的主要功能是为阅读做铺垫,因此,完全可以与 Reading(1)的教学融为一体,无需占用半个课时。另外,在实际教学中还可对《教参》中的课时分配做微调,具体建议见表3。

表3 《译林英语》各板块教学课时分配、教学内容或方法建议

板　　块	教参建议	笔者建议	各课时主要内容或教学方法
Welcome to the unit	0.5	3	P.1:整体阅读(导入＋2W1H＋主题＋结构)
Reading	2—2.5		P.2:语言点教学(重点词汇、短语的归纳拓展) P.3:综合运用(词汇＋语法＋句型＋主题表达)
Grammar	1—1.5	1	P.4:6C(体验、探究、归纳、拓展运用)
Integrated skills	1.5—2	2	P.5:听、说、读、看(限时训练) P.6:写(围绕主题,仿真、综合书面表达)

板　　块	教参建议	笔者建议	各课时主要内容或教学方法
Extended reading	1.5—2	1	P.7：2W1H＋主题理解＋品鉴赏析
Project	1	1	P.8：合作探究(主旨＋策略＋路径＋输出)
Assessment	0.5	2(Test)	P.9－10：Unit test
Total	8—10	10	注意：原则上每两周学习一个单元，留足机动和期中、期末复习时间。

4.2　词汇教学要在归纳拓展的基础上注重语境化活用

针对《译林英语》生词数多、课标外词汇多的现象，要着眼新高考要求和为学生的终生发展奠基的目标，夯实双基，在归纳拓展的基础上注重语境化活用。首先要明白《译林英语》取消Word power板块是结构调整的需要，但它并不意味着词汇教学可以有任何形式的弱化。恰恰相反，新课标、新课程和新高考模式对词汇教学提出了更高的要求和挑战，它是培养学生语言能力、文化意识、思维品质和学习能力四大核心素养的最基础工程，原Word power教学策略不但适用，而且仍需发扬光大。

词汇是语言体系中结构和意义的统一体，是语言的建构材料，是形成语言能力的基础，也是构成英语学科核心素养的基础要素，更是学生发展文化品格、思维品质和学习能力的依托。只有具备足够的词汇知识，才能有效地拓宽文化视野，丰富思维方式，在全球化背景下开展跨文化交流。

高中英语词汇教学不只是记忆词的音、形、义，更重要的是根据新能力考查的特点和日常交际的需要，对名词、动词、形容词、副词、介词、连词等高频词汇及相关短语进行必要的梳理、归纳与语境化活用。除了引导学生更深入地理解和更广泛地运用已学词汇外，更要在主题语境中培养学生的词块意识和词汇链意识，提高运用词汇准确理解和确切表达与各种主题相关信息或观点的能力。

教学片段1　基于主题语境的词汇教学设计(执教者为连云港市海州高级中学秦荔荔老师)

教学内容：《译林英语》模块一第一单元 Back to school 中的单词和短语，并进行语境化活用。

主要单词：amazing, acquire, confidence, challenge, efforts, facility, goal, independent, improve, individual, potential, positive, responsible, senior, thinking, well-rounded

主要短语：lie in, rise to, make a difference, make the most of, stick to, take advantage of . . . .

教学步骤：

Step 1　Leading in

T: Senior high school is the start of a journey, the start of the rest of your lives. To you, what will life be like in senior high school? Use an adjective to describe it.

S: Talk about it actively.

Step 2. Questions to guide the teaching

T: Yes, as you just talked about, you will experience amazing things in senior high school and become amazing people in the future. But right now, I'd like to know what you think about the following questions:

Q1: T: What do you expect to learn in senior high school?

S1: I want to learn more knowledge.

S2: I want to learn study and social skills.

S3: I want to learn how to get along with my new classmates and teachers.

...

T: Who can find another word to replace "learn"?

S4: Acquire.

(老师基于学生的回答启发他们通过对 learn 的同义联想,引出目标词汇 acquire,对其主要用法并做如下归纳拓展,然后,联系社会及生活实际进行语境化活用。)

T: Now complete the following sentences with the help of Chinese in the blankets:

1. President Xi calls on us to _____(学好一门外语),so that we can tell China's stories well.

2. China _____(已经在国际上获得了很好的名声).

3. We should also _____(获得各种技能)to serve our country.

接着,教师引导学生由动词 acquire 联想到名词 acquisition 及其短语 the acquisition of,并进行语境化活用:

4. Life is a process about the _____(获得知识,财富和幸福的过程),which needs _____(目标引领).

T: Now tell me what your goals are at present.

Ss: ...

(接着学生的回答,老师做如下归纳,并呈现如下语义链:)

T: How should you stick to your goals?

Ss: As students, We should _____.

learn to be confident

learn to be independent (独立的,有主见的)

learn to be healthy physically and psychologically

learn to be responsible (负责的)

T: Yes, everyone should have a sense of responsibility. Now look at the pictures and talk about their work and duties.(要求学生以图片上的人物为索引,表达不同职业人的责任和义务。)

Students should <u>be responsible for schoolwork</u>(为学业负责),and it's their <u>responsibility to study hard</u>(努力学习是他们的职责).

Teachers should be _____(为学生负责),

and it's their _____(教育培养好学生是他们的职责).

Doctors should take _____(为病人负责),

and it's _____(照顾好病人是他们的职责).

Diplomats should have _____(为国家的利益负责),

and it's _____(保卫国家的利益是他们的职责).

Q2: To you, what will be a difficult thing in senior high school?

(引出 challenge，并做归纳梳理 meet/rise to challenges; accept/take up challenges; challenge a belief/fact; challenge sb (to sth); challenging ...)

Q3: What will you do to deal with difficulties and achieve your goals?

(引出 efforts, take advantage of，并进行相关归纳梳理 ...)

Q4: Do you think high school is important in your life? Why or why not?

(引出 makes a difference to, realize one's full potential, well-rounded individuals，并进行微语境活用 ...)

Step 3. Passage for context and situational usage.

Senior high school is a very important period for one's life, ___1___ is a time of growth and ___2___ (improve). We should make ___3___ (effort) to ___4___ (acquire) more knowledge. But what is more important is that we will rise to ___5___ (challenge) to realize our full potential and grow into well-rounded ___6___ (individual). Once we have set our goals, we should stick to them and learn to be ___7___ (confidence), be ___8___ (dependent), be healthy, be positive and be responsible.

So, take advantage of everything and make ___9___ most of time in senior high school to make a difference to yourself, to your family and to your motherland. The future of our country lies ___10___ your hands.

(Keys: 1. which   2. improvement   3. efforts   4. acquire   5. challenges   6. individuals   7. confident   8. independent   9. the   10. in.)

【案例剖析】课标要求所有的语言学习活动都应该在一定的主题语境下进行。本节课的所有活动都是基于"人与自我"这个大主题下的"生活与学习"子主题进行的。执教老师在课前根据这个子主题设计的四个问题让学生作答，很有讲究。从课堂教学的流程中可以清晰地看出，这四个问题不是孤立的，而是层层递进、环环紧扣的。在主题语境的大背景下，在师生互动过程中，非常自然地引出目标词汇，然后运用同义替换、相关联想、构词法、搭配、固定短语梳理等方式构建词汇链、词族与词块，体现词汇学习的广度与深度，并以思维导图或表格的形式呈现。在大主题语境引领下，问题链的巧妙设计为词汇的呈现提供了真实的场景，易于促进学生词汇知识的学习和词汇系统的构建，而微语境的适度营造为一个个零散的词汇创建了活灵活现的语用场，进而连成完整的大主题语境，如同一串珍珠项链。

上述基于主题语境的问题导学和对目标词汇的拓展呈现与微语境活用，不仅使学生学习、掌握了目标词汇，还对重点词汇的用法进行了适度拓展与复习巩固。在此基础上再创设新的语篇，让学生根据主题语境，灵活运用已有语法知识和所学词汇完成对短文的"缺词填空"。该短文基于主题语境，以本单元刚学过的主要词汇、短语为语料，以学生的实际生活为主线，以句子为载体，用短文"缺词填空"的形式编制词汇拓展巩固练习题，其中 10 个空白处，给出提示词

7个(名词2,动词3个,形容词1个),无提示词3个(代词1个,冠词1个,介词1个),命题风格与高考新题型要求完全吻合。

这样的语境化活用联想,既融入了思维品质的训练,让学生体会到词汇应用的具体情境,又巩固了学生对于目标词汇的深度记忆,更加强了对高考新题型的适应训练,可谓一举多得。

4.3 语法教学要在尊重认知规律的基础上进行适度整合

众所周知,生活中南与北、上与下、多与少、大与小、是与非、明与暗是对立统一的概念,它们相互映衬,互相依存,人们对它的认知需求往往不满足于"只知其一,不知其二"。另外,从认知学的观点看,对于这类知识,在知其一的基础上,顺便知其二,可谓水到渠成,事半功倍。鉴于此,研究团队在进行模块一教学时,尝试着将限制性定语从句与非限制性定语从句、明喻与暗喻一并介绍,很受学生的欢迎,取得了比较理想的教学效果。

教学片段2 在讲授限制性定语从句后顺势介绍非限制性定语从句教学设计(执教者为苏州外国语学校马明明老师)。

Step 1. Leading in

T: What we have learned so far is called restrictive attributive clauses, would you like to know what non-restrictive attributive clauses look like?

Ss: Yes.

T: Well, Compare the following pair of sentences and summarize their rules.

I have a brother who is an actor.

I have a brother, who is an actor.

Ss: ...

T: I have a brother who is an actor. (限制性定语从句,既然需要限定,说明我的兄弟很多。句子意为:我有许多兄弟,其中一个是演员。)

I have a brother, who is an actor. (非限制性定语从句,既然不需要限定,那说明我只有一个兄弟。句子意为:我有一个兄弟,他是演员。注意这里同时告诉你一个信息:我只有一个兄弟。)

Step 2. Summarizing the basic rules

定语从句有限制性定语从句和非限制性定语从句两种,限制性定语从句为先行词不可少的定语,如果将这种定语从句省去,主句的意义就会不完整,这种定语从句和主句关系非常密切,不可用逗号分开。非限制性定语从句是先行词的附加说明,如果省去,也不至于影响主句的意思,它和主句之间往往用逗号分开。

Step 3. Trying to put theory into practice

Emphasize the key cases using who, whom, when, where or which.

1. This e-mail is from my mother, ＿＿ is a volunteer in the fight against COVID‑19.

2. The beautiful girl, ＿＿ you talked to at the party, is a pianist.

3. I'm seeing the manager tomorrow, ＿＿ he will be back from Shanghai.

4. He rushed to the square happily, ＿＿＿ there was a celebration for the new year.

5. Her mother loves other children more, ＿＿ annoys the girl.

6. ＿＿ is known to all, Qiu qiu develops our talents in an all-round manner.

7. ＿＿ is expected, the results are in agreement with the traditional ones.

Notes:

AS is often used in some special sentence patterns or structures, eg: As is expected/hoped/supposed …; As is often the case …/… as has been said before. etc.

(keys: 1. who 2. whom 3. when 4. where 5. which 6. As 7. As)

Step 4. Analyzing the long and difficult sentence(group discussion)

Behaviorists suggest that the child **who** is raised in an environment, **where** there are many stimuli **which** develop his or her capacity for appropriate responses will experience greater intellectual development.

Step 5. Appreciating the vivid use in an old Chinese poem

不畏浮云遮望眼，自缘身在最高层。——王安石

I have no fear of the clouds, which may block my sight, as I am already at the top of the height.

Step 6. Experiencing the proper use in the context

Fill in the blanks using proper prepositions and relative words in the learning sheet.

The beauty, Or The Tiger?

The princess turned and looked at the officer. He wore an officer's uniform, ＿(1)＿ the jacket was colorful. But the princess only thought of the humble clothing of her own beloved as the king talked and talked. But she got no other answers. Thus the angry king imprisoned the man, ＿(2)＿ the princess loved.

The princess trembled at her father's words. The king saw this and asked again, "Now, my child, tell me the place ＿(3)＿ you meet. Tell me the day ＿(4)＿ you meet. And above all, tell me the reason ＿(5)＿ you love the young man." The princess trembled at her father's words. The king then pointed to an officer, ＿(6)＿ was standing nearby. "He is a fine man ＿(7)＿ you can rely on. In fact, he is the very person ＿(8)＿ I am satisfied with."

(Keys: 1. of which 2. whom 3. where/in which 4. when/on which 5. why/for which 6. who 7. whom 8. that)

【案例剖析】新课标引领下的新型课堂，教师不应该做传授器，而应该做引航灯。在本节课的新授非限制性定语从句环节，教师利用微语境因素共设计了6个教学环节，分别是：1. 比较鉴别。让学生带着激情导入的热度和好奇，比较限制性和非限制性定语从句在结构和内容表达方面的异同，初步了解非限制性定语从句的语法特征；2. 归纳规则。通过比较，归纳总结出非限制性定语从句的语用规则；3. 实战操练。从课本及练习册中精选部分语境化因素比较强，且有代表性的主题语境鲜活的单句，让学生做适应性练习，以全面接触非限制性定语从句的各种类型，同时，顺势引导学生区别 as 和 which 引导的非限制性定语从句，以强化重点；4. 难点突破。以小组讨论的形式，对长难句进行分析。此长难句摘选自课外阅读材料，旨在培养学生面对阅读理解中长难句，各个击破句子结构，准确理解句意的能力；5. 名句欣赏。通

过完成对王安石《登飞来峰》诗句的英文翻译和诵读,启迪学生的东西方文化融通和跨文化交际意识;6.语境化体验。通过对童话故事《美女与老虎》的短文阅读和缺词填空练习,帮助学生激活限制性和非限制定语从句的相关知识并进行得体运用。上述6个步骤,层层递进,环环紧扣,达到了使知识和技能螺旋上升的目的。

从惯性思维的角度看,有限制性肯定还有非限制性。学生学习了限制性定语从句后,会情不自禁地问非限制性定语从句是什么样子。学生在"想知道"的好奇心驱使下学习,效果不言而喻。但若将它们生硬地割裂开来,等到选择性必修模块学习非限制性定语从句的时候,则势必要再回头反观限制性定语从句,然后通过对比,加深了解与记忆,这样不仅学习效率大打折扣,还影响甚至阻碍了学生知识网络的建构,制约了学生认知能力的自然发展。

5. 结语

随着新课程的深入实施,高中英语使用不同版本的课标版教材,但高考使用全国卷已是大势所趋,这是大家共同面对、共同探索的新问题。课标版教材虽然有数套,板块设置和栏目风格也不尽相同,但都是课标的产物。在日常教学中教师要充分发挥自己和团队的主观能动性,基于学情,科学使用教材而又不完全依赖教材,教材栏目可适当取舍,时间安排可灵活机动,活动形式可丰富多彩,数量服从质量,急不得,慌不得。只有在夯实双基的基础上,以培养文化意识和思维品质为抓手,以提高语言知识和学习能力为途径,践行六要素整合的英语学习活动观,启发和引导学生将语言学习和实践运用完美结合,才能实现立德树人的根本任务,为学生继续学习英语和终生发展打下良好基础。

参考文献

[1] 教育部.普通高中英语课程标准(2017年版)[M].北京:人民教育出版社,2018.
[2] 译林出版社.普通高中课程标准实验教科书.牛津高中英语(必修)模块一、模块二[M].南京:译林出版社,2010.
[3] 译林出版社.普通高中课程标准实验教科书.牛津高中英语(必修)模块九、模块十[M].南京:译林出版社,2010.
[4] 译林出版社.普通高中教科书.英语(必修)第一册[M].南京:译林出版社,2019.
[5] 译林出版社.普通高中教科书.英语(必修)第二册[M].南京:译林出版社,2019.

课题信息:【本文为江苏省中小学教学研究第十三期立项课题"名师工作室引领下的高中英语教师跨区域协同发展实践研究"(课题编号:2019JK13-L199)的阶段性研究成果。】

作者单位:1.江苏省苏州实验中学 苏州 215011
　　　　　2.无锡市第三高级中学 无锡 214000
　　　　　3.连云港市教研室 连云港 222000

主题意义引领下，依据活动观设计提问，提升学生的思维品质

奚 敏

提　要： 根据核心素养培养要求和学段目标，挖掘单元中语篇蕴含的主题意义及其育人价值，明确预期的核心素养表现。以素养发展为目标，秉持知行合一、学以致用的学习活动观，通过"梳理语篇的WWH，围绕探究主题，明确'目标导向'的提问；分析语篇内容，关注深入理解，设计'学思结合'的提问；联系学生实际，重视素养本位，设计'用创结合'的提问"的方法，落实语言学习中学生思维品质的提升。

关键词： 主题引领；学习活动观；提问设计；思维品质

1. 引言

　　新版《义务教育英语课程标准》（以下统称新课标）秉持德育为先、素养为纲的新发展理念，开启义务教育学段英语课程建设的新征程。新课标继承了英语课程工具性和人文性的统一特点，并强调在语言学习中重视培养学生的综合人文素养和情感、态度、价值观。其中，核心素养是课程育人价值的集中体现。

　　在聚焦培养学生核心素养的教学中，新课标中提出以主题为引领、以语篇为依托，融入语言知识、文化知识、语言技能、学习策略的学习要求。

　　从教学设计角度而言，教师应根据核心素养和学段目标，挖掘单元中语篇蕴含的育人价值，明确预期的核心素养综合表现（例如在某一单元，学生应该学到什么，能够达到什么核心素

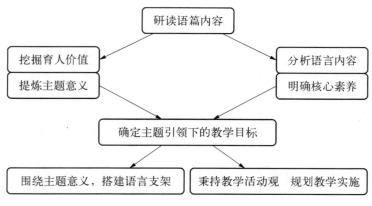

图1

养水平要求),充分发挥单元内容的育人功能,使学生在解决问题的过程中有逻辑地表达个人对单元主题的理解,形成结构化认知,做出正确的价值判断,并能够用所学知识和技能、方法策略和思想观念,尝试解决真实情境中的问题。

从教学实施角度而言,新课标在第四章"课程内容"的"教学提示"、第六章"课程实施"的"教学建议"部分同时建议、倡导以学生为主体,以素养发展为目标,知行合一、学以致用的学习活动观,将语言学习和运用活动视为培养核心素养的路径。

2. 英语学习活动观

英语学习活动观是一种组织和实施英语教学的理念和方式。它强调促进学生在语言、文化、思维和学习能力等诸方面的融合发展。活动观采用一系列相互关联、循环递进的活动来组织英语课堂教学。这一系列的活动都是以学生为主体参与其中,由学习理解、应用实践和迁移创新三大类型构成。

以主题为引领、以语篇为依托,学生通过学习理解类活动,获取和梳理语言和文化知识,形成基于主题的知识间的关联,建立结构化知识;通过应用实践类活动,如描述阐释、分析判断和内化运用等活动,内化所学语言和文化知识,加深对主题的理解,并能初步应用所学语言和知识;通过迁移创新类活动,围绕主题和内容开展推理论证和批判评价等活动,形成个人的认知和观点,继而联系实际,尝试在新的情境中运用所学语言、知识、思想和方法,解决真实生活中的问题,用英语表达对所学主题的新的认知态度和价值判断。

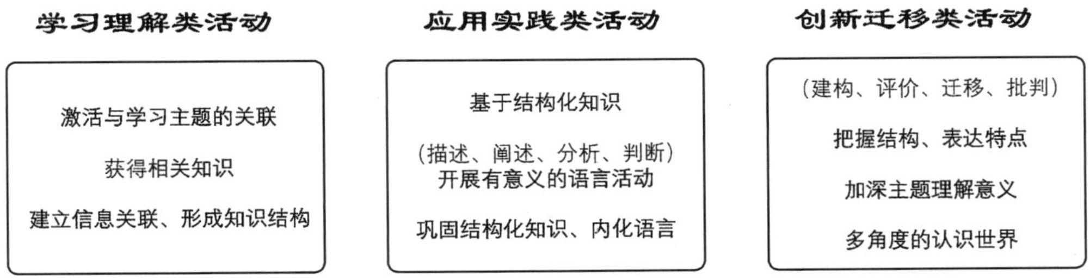

学习理解类活动	应用实践类活动	创新迁移类活动
激活与学习主题的关联 获得相关知识 建立信息关联、形成知识结构	基于结构化知识 (描述、阐述、分析、判断) 开展有意义的语言活动 巩固结构化知识、内化语言	(建构、评价、迁移、批判) 把握结构、表达特点 加深主题理解意义 多角度的认识世界

图 2

通过对教学活动观中不同层级的教学活动的认识,我们发现秉持活动观的教学设计除了强调运用语言知识和技能来获得新知,将语言、文化和思维有机融合,更是强调内化与运用、重视高阶思维的培养。

而教学活动中的课堂提问,作为每日每节课中都存在的一种行为,在中小学课堂教学中已经引起了人们越来越多的重视。教学中的有效问题,作为"脚手架",是唤起学生思维、发展现有智慧的工具。有效提问贯穿于整个教学过程,对学生思维能力的培养起着至关重要的作用。

根据不同的标准,问题可以有不同的分类,总体而言可以分为:直接从学习内容中找到答案的问题,不需要太多思考的问题以及需要对信息进行理解、分析、加工、重组等以培养学生高阶思维能力的问题。教师需要依据不同层次的思维活动,设计相应的问题,以培养学生不同层次的思维能力。为了培养学生多方面、多层次的思维能力,英语教学活动和问题设计需要遵循学生的认知规律,兼顾学生的主体性,需循序渐进,由浅入深。

结合新课标提出的"教学问题设计的逻辑点应该是对语篇的解读,以及在课程理念中倡导的践行学思结合,用创文本的学习活动观"的建议,在主题为引领、语篇为依托的教学设计与实施中,提问的设计应该与学习活动观的要求保持一致,在学习理解——应用实践——迁移创新的活动中,帮助学生建立信息链接、形成知识结构、理解语言意义——加深意涵理解、巩固结构化知识、促进知识向能力的转换——加深对主题意义的理解、多角度的认识和理解世界、创造性的解决问题、表达情感或观点。学生在这一能力向素养转化的过程中则能逐步发展感知、获取、概括、分析、判断、内化、推理、批判、评价、想象、创造等的思维品质。

以我校校本素材五年级 Right or Wrong 单元学习内容为例:

① Last week John had a fight with good friend Andrew. A teacher sent the boys to the headmaster.

② John said he just wanted to stop Andrew because he thought copying from the other's was a cheat. It was not right.

③ Andrew told the headmaster he just wanted to finish his homework. He read Peter's workbook indeed but he didn't copy only. He tried to get the right way to learn. It was not wrong.

④ To their surprise, the headmaster praised both of them firstly and invited them to play a game.

⑤ He asked the two boys to put themselves in the other's shoes. John was the so-called 'copy cat' and Andrew was from *Justice League* now. In the next few minutes, as the headmaster said, the boys thought over carefully about the whole matter. After that, new John and new Andrew began to retell the story.

⑥ Not very long, something unbelievable happened. Both of the boys apologized to each other, 'I am sorry for my wrong.'

⑦ This time, the headmaster gave the thumbs up and some candies as the praise.

通过对语篇内容的解读,我们将主题定义位为'人与自我'中'做人与做事',在学习过程中通过不断判断主人公行为的对与错以及理解校长耐人寻味的教育方法背后的意图的过程中,探讨正确的解决问题的方法,联系自身形成正确的做人做事的价值观。具体表述如下:

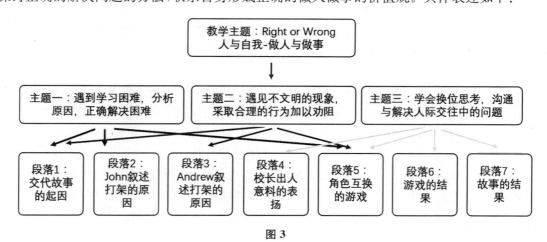

图3

　　围绕对主题意义的探究,借助活动观进行提问设计,提出指向不同思维层次的问题,引导学生独立思考,促进他们的思维从低阶走向高阶,逐步形成对主题的认识和态度。具体分析如下:

提 问 设 计	思维层级	活动类型	主题意义探索
What happened? Is it right or wrong to do it?	理解、分析	学习理解-梳理	引导学生了解主人公的行为,注意语篇的主题——遇见不文明的行为,面对自己学习上的困难。
What do you think of the fight between a justice guard and a copy cat?	判断、质疑	应用实践-判断	引导学生发现这起由所谓'对与错'引发的打架,其中的不合理性,从而对主人公的行为产生质疑。触发对主题意义的思考。
What was the truth?	分析、推理	应用实践-描述	借助'监控视频',引导学生还原事件的全部,从而更全面客观地去关注主人公的行为,反思打架事件中的'对与错'。引导学生深入思考不正确的解决问题的方式与结果的关系。
What do you think of the justice guard and the copy cat now? Is it right or wrong? Especially to friends.	评价、质疑	迁移创新-评价	基于对打架事件的深入思考,引导学生各抒己见,多角度观察主人公的行为,尝试探究主题意义。
Did the headmaster think like you? What did the headmaster do? What did the boys do?	分析、推理	应用实践-分析	基于语篇理解,引导学生建立与校长对待打架事件态度间的连接,再次以不同的角度观察事件,启动对主题的深入探究。
Was the game useful?	理解	学习理解-整合	基于语篇内容,再次探究游戏背后真正的意图。
In the game, what did the boys say? How did they say so?	分析、推理	迁移创新-推理	还原语篇中缺失的对话,引导学生思考游戏中校长要求主人公换位的意图。
What do you think of the boys' fight now? What is right? What is wrong?	评价	迁移创新-评价	引导学生客观评价打架事件,借助换位思考的方式,理解行为的对错与看待问题、解决问题的方式间的关系。
What do you learn from the story?	迁移	迁移创新-迁移	基于学生主体对主题的理解,引导学生反思自己。

3. 提升学生思维品质

通过以上课例分析,教师可按照如下路径在主题意义引领下,依据活动观设计提问,提升学生思维品质:

3.1 梳理语篇的 WWH,围绕探究主题,明确'目标导向'的提问

新课标提出,教师要以研读语篇为逻辑起点开展有效的教学设计。

而在研读篇时,最重要的就是厘清三个基本问题:What—语篇的主题是什么? Why—语篇为什么要传递这样的意义? 作者的意图、态度、价值观到底是什么? How—语篇是如何通过构成其主题意义的必要成分进行呈现的? 功能是什么?

教师只有厘清了这些问题,才能就语篇内容、文体结构、语言特点、作者观点等设计教学过程、教学提问。

如在本节课中,通过对语篇的 WWH 的梳理,笔者梳理出 What—生活与学习中的困难、问题和解决方式以及情绪与行为的调节与管理;Why—同样的故事其实经常发生在小朋友们的学习生活中,学习上遇到了困难该如何正确地面对与解决? 看到身边小朋友们不文明的现象,该怎么合理地去阻止或解决? How—整个故事由"打架"和"游戏"两个部分组成,两个故事分别阐述了起因、经过、结果,"游戏"部分则一并升华了主题意识。通过换位游戏主人公不仅认识到自己行为对的部分,也理解了对方处事行为背后的原因,从而反思自己行为的不当之处,代入自己的学习生活,学会如何寻找最恰当的办法来解决困难。

3.2 分析语篇内容,关注深入理解,设计"学思结合"的提问

新课标倡导在教学模式和学习方式上进行变革,坚持学思结合的原则,引导学生获取、梳理语言和文化知识的同时建立知识间的关联。注重启发式、探究式的教学,引导学生主动思考、自主探究。从感知、解读,到比较、判断,课堂学习活动要留下足够的时间让学生去体验、思考、表达、交流和反思。

要鼓励学生通过自主探究形成正确的价值观,就要允许学生在学习过程中学会处理和加工语言、提出自己的质疑、表达自己的想法。就提问而言,则多从高阶问题的设计入手,坚持"学思结合"的原则,引导学生基于语篇深入分析和理解,慢慢体会语言内容背后的意涵。

如在本节课中,我希望学生借助对故事主人公行为 right or wrong 的判断,最终回归到自己的学习生活,思考自己在解决困难、面对不文明现象时的处理和做法的 right or wrong。在提问设计时较多使用包含分析、判断、推理等倾向于高阶思维的方式。在"打架"部分,反复引导学生去分析、判断他们行为的对错;而在"游戏"部分则引导学生去推理评价游戏的目的? 游戏起到作用了吗? 通过这些问题,引导学生对故事进行深入理解。

3.3 联系学生实际,重视素养本位,设计"用创结合"的提问

"学思结合"的提问,引导学生通过分析、判断等行为,加深对语篇意涵的深入理解,通过描述、阐释等行为不断修正自己的理解,从而开启学生自主探究的过程。

学生能自主探究主题,首先就是要能在具体情境中运用所学的知识与技能去分析问题、解决问题,"用创结合"使知识与技能转化为智慧和能力,联系个人实际,进而帮助学生解决现实生活中的问题,形成正确的态度和价值观。这也是新课标提倡的以素养为本位的教学模式。

如在本节课中,为了能让学生主动去思考并明白正确地面对困难、判断处理不文明行为的做法,而非是由老师一味地灌输,笔者设计了关联质疑、评价的若干问题,这场所谓"正义"与"剽窃"之间的打架有意义吗? 到底孰是孰非? "游戏"的真相到底是什么? 并引导学生联系自己的学习生活,形成最终的解决问题、控制情绪的正确做法。

4. 结语

渗透思维的英语教学强调在语言教学的同时培养学生的思维能力。完整的思维过程就是依托在语篇学习的过程中关注主题层面的意义提出问题并解决问题的过程。提问的有效性应该围绕启发学生对文本进行深入分析挖掘、思考语句间的逻辑关系、帮助学生建构知识系统,最终体现学生自我对语篇学习的创造性和超越性。

参考文献

[1]陈则航.英语阅读与思维培养[M].北京:外语教学与研究出版社,2021.
[2]葛炳芳.英语阅读教学中的问题设计[M].杭州:浙江大学出版社,2014.

作者单位:上海市虹口区尚外外国语小学 上海　200434

创设立体体验 多维发展思维
——浅谈小学英语绘本阅读教学中发展学生思维能力的途径

秦　贤[1]　邵洋杨[2]

提　要： 在小学阶段，绘本阅读有利于学生思维从直观向抽象发展。在小学英语绘本阅读教学中，把握体验和思维的内在关系，为学生创设时间充分、方式多样、感受立体的体验机会，采用多维手段，设置多种类型的思维活动，进行适切的思维方向和方式引导，在发展多种语用能力的同时多维度多途径发展学生的思维能力，是本文探讨的重点。

关键词： 小学英语绘本阅读教学；立体体验；思维能力；多维发展途径

1. 引言

英语绘本（English picture book）是由逻辑连贯的图画和英语文字形式共同表达故事或主题的英语儿童故事书。其文字与图画两者相互交融，彼此协调，共同承担叙述责任，以编织出完整的故事内涵。《义务教育英语课程标准（2011 版）》对小学 3—4 和 5—6 年级的英语教学分别提出了能在图片的帮助下听懂和读懂或讲述简单的故事的能力要求。可见，对于图片和文字的理解是小学阶段英语教学应当完成的能力目标之一，而绘本恰好是可以用于承载这两种能力结合发展的载体。

发展学生的思维品质是小学英语教学的重要目标之一。研究表明，大脑的结构和功能都具有可塑性的。语言和思维之间存在着相辅相成的关系。优秀的英语绘本内涵丰富、图文生动有趣，能补充和丰富当前小学英语教学内容和形式，属于具有相当高的教育价值的课程资源，教师们应当深入研读绘本，从体会叙述风格或探究内涵意蕴等视角探索多种样态的绘本阅读方式，探寻引发学生具身体验与深入感受的时机与方法，确立阅读过程与思维发展的契合点，在引导学生理解和运用语言知识、体会绘本意蕴的同时，切实推动学生多元文化意识和抽象思维能力的发展，引导他们积极主动地交流、讲述、评价、创新想象，逐步从依赖直观走向抽象表达。

当前全国范围内有大量教师在尝试进行绘本阅读教学，质量各异。有的仅把绘本当作承载语言知识的载体，有的仅仅出于上一堂公开课之需，也有的绘本教材不成系列。笔者分析了无锡某校 2017 至 2019 年的 13 份典范英语绘本阅读教学课例报告，发现在课程化、有固定课时、有完整教学评价的基础上,教师们逐渐从关注教授语言知识转向钻研绘本自身特点和学生思维发展、多元文化意识形成、价值体会等之间的关系,学生在阅读过程中阅读技能和素养都有提高。

2. 小学英语学习阶段学生思维发展的重要特点

2.1 从直观向抽象发展

著名发展心理学家皮亚杰提出认知发展是指个体自出生后在适应环境的活动中,对事物的认知及面对问题情境时的思维方式与能力表现随年龄增长而改变的历程。我国大部分地区的小学英语教学在三年级至六年级实施,这个阶段的孩子好奇心强,精力旺盛。在皮亚杰的理论中,他们的思维特点处于具体运算阶段(Concrete Operations Stage)进入形式运算阶段(Formal Operations Stage)(11、12 岁及以后)的过程。他们的思维特点从具有守恒性、脱自我中心性和可逆性,即着眼于抽象概念、属于运算性,但思维活动需要具体内容的支持,向抽象逻辑推理水平发展,意味着思维形式能摆脱思维内容。形式运算阶段的儿童能够摆脱现实的影响,能关注假设的命题,可以对假言命题作出逻辑的和富有创造性的反映。他们也能进行假设—演绎推理,即提出各种解决问题的可能性,再系统地评价和判断正确答案的推理方式。

2.2 小学英语学习阶段学生思维发展标志

在日常学习生活中,思维能力对学生的学习行为产生重要的影响。思维能力包含逻辑思维、批判思维、发散思维和创新思维等多种能力。从思维的指向性来看,刘永和(2003)认为可以分为集中思维和分散思维。从思维进阶的角度来分析,布卢姆在他的分类法(Bloom's Taxonomy)中分为记忆、理解、应用、分析、评价和创新六个自低到高的思维层次。在小学学习过程中学生的思维能力有着很多发展契机,他们的思维发展状况在思维形式、思维的维度数量、思维的层进状态和有序状态等方面存在着发展差异。

因此,从动态的图式变化来判断学生的认知结构是否有发展,可以将以下几个要素作为标志。首先,他们是否能够逐渐摆脱对直观和具体的对象的依赖,对假设的命题进行有逻辑的思考。其次,在观察与思考目标物的维度时数量是否在增加。再次,在思考过程中是否能有序地深入思考,层进的层次是否在深度上有变化。

3. 创设立体体验

3.1 绘本阅读体验有利于思维发展

思维是人类对事物信息的一种处理过程的认知活动。它是人类所特有的。思维更多的是依靠人自身在经验中的摸索、体悟和积累,有意识或无意识地将摸索和体悟所得进行内化,从而形成相应的思维方式和能力。日本绘本之父松居直指出绘本阅读对于学龄前或者小学阶段儿童相当重要,他专门针对"想象力和图画书"之间的关系展开研究论述,认为"儿童并不是生来就具有丰富的想象力的。"想象力是通过直接、间接的体验获得的。体验越丰富,想象力也越丰富。

"体验"涉及诸多因素,其内涵与认知和情绪两个层面的关系尤其密切。从心理学的角度来分析,张鹏程和卢家楣将其阐述为个体以身体为中介,以"行或思"为手段,以知情相互作用为典型特征,作用于人的对象对人产生意义时而引发的不断生成的具身状态。体验的种类可以从物理、心理、情感、精神、宗教、社会、虚拟和模拟、主观等方面去归类。根据参与水平,体验包括主动参与和被动参与;根据参与者的背景环境,体验分为吸引式与浸入式。戴维·库伯将体验的方式分为"具体体验"和"抽象体验"。具体体验是指个体的亲身经历,是人们亲自尝试后,把自己的情感和感受融入真实的情境中所获得信息的过程。抽象体验不需要亲自参与到活动中去,是通过他人的描述或者总结,运用思维对信息进行思考、分析、归纳、总结等的过程。具体体验是抽象概括的基础。

绘本自身的画面和文字能吸引学生产生初步的视觉体验,画面本身的特点以及故事意蕴所产生的情感效应又能进一步唤醒学生自身原有的物理、心理及情感和精神等体验感受。伴随着多种情绪和认知被唤醒的状态,文字这一抽象符号的理解活动被有意义地关联。因此可以说,绘本为学生提供了从吸引式体验走向浸入式体验的可能性。同时,不同的阅读绘本的方式决定了学生可以是被动告知,也可以是主动的聆听者和阅读者。因此,他们可能被动感知故事,也可能主动参与到故事的理解和领会中去,并且能够在绘本故事文字以及画面未详细叙述的空间中主动自由想象驰骋。阅读者与文本、阅读者与作者、阅读者与共读者之间能够在想象世界和现实世界、儿童世界和成人世界之间进行感受、价值观、期待和梦想等的传递、创造和共融。

3.2 尊重故事逻辑,创设顺畅深入的情绪体验

已有的脑科学成果显示人的情绪影响着思维的过程和质量。顺畅深入的情绪体验有利于学生准确获得新知、感知故事脉络、唤醒相关联想、激发想象等高阶思维。

10 岁左右的小学生正处于依赖直观形象又存在向间接和抽象发展需求的阶段。执教者可以从他们的认知特点出发,从直观形象的体验入手,吸引他们参与到阅读中来。尽管文字阅读具有抽象和间接特点,绘本图片叙事这一特点又在一定程度上增加了体验的直观性。在学生理解绘本时,一方面他们获得文本给与的信息、理解故事进程;另一方面,绘本图片之间存在的内在意义和逻辑关联也在协助推动他们思维逻辑性的发展。同时,文字和图片的留白特点又赋予了学生大量的想象空间。教师在共读与交流过程中,通过绘声绘色的朗读传递音韵之美的同时表达教师自身的情感感受。教师既能停留沉浸于故事本身,又能跳出故事本身的框架从读者角度进行解读和评价。这样的示范和有方向的引导能引发学生灵活多维、多向、多层次地思考、评述。因此,直接体验和间接体验相结合,形象与抽象相辅相成,在合理、准确、流畅地理解故事逻辑的过程中,学生能顺畅地产生相应的情绪体验。

在合理的故事发展逻辑中,师生之间、生生之间的交流和动作演绎等可引导学生代入故事情境,拉近故事与学生的距离,有利于学生获得更为深入的理解和感受,为高阶的评价叙述、更丰富的想象打下基础。

【案例一】典范英语 2b Lesson 17 Poor Floppy Background Understanding 环节

本课执教教师根据学生已有阅读经验,完整整理了典范英语 1a 至 2b 中 Floppy 这条顽皮

的小狗曾经在 Kipper 家出现过的各个生活场景,结合 Lesson 17 故事的背景"Floppy 生病了",设计了以下任务:

1. 观看 Floppy 日常视频,完成思维导图。

2. 观察绘本图片对比 Floppy 生病前后的状态。

3. 为 Kipper 一家人的心情选配音乐。

4. 教师使用抛骰子的方式,学生根据自己接到的骰子上提示的角色设定猜想 Kipper 一家人的反应并采用语言和动作演绎。

对于故事背景的理解是把握故事脉络起点的重要一环。本故事先抑后扬,因此要引导学生充分感受 Kipper 一家人的心情起伏。视频随着 summer 轻快活泼的音乐展示了 Floppy 在 Kipper 一家的各个生活场景中出现的调皮画面:在公园里的草地上奔跑,和大狗打架,和猫咪打架,挤在床上看书的孩子们中间,沾了颜料的脚掌跑出了漂亮的图画,爸爸演奏乐器时狂吠一通,等等。所有这些画面构成了一个活泼好动的非人类的家庭成员的模样。这个环节呈现出 Floppy 是 Kipper 一家人欢乐的源泉、重要的陪伴,基调是明快活泼的。学生们对这一家人之间融洽的关系、对小动物的喜爱之情等已有的印象和情绪被唤醒。

观察两张图片并进行对比这一任务起始于直观又隐含了对比评价这一抽象的高阶思维要求。对比要求中明确的时间线索提高了学生观察的目的性,引导他们开始整体建构故事发展的脉络。一方面学生对于故事背景有了更为深入的体会,感受到 Floppy 在 Kipper 家就如同其他家庭成员一样重要,另一方面他们必须将视觉获取的关于 Floppy 在平时生龙活虎的形象和生病后病恹恹的形象这些直观的信息材料进行抽象、归类,然后以一定的标准进行判断、完成维度对应的对比。

在第三个任务中,选择合适的配乐,要求学生对画面所呈现的人、狗、物的状态进行细致的观察,做出判断。Kipper 和他的哥哥姐姐都很伤心,他们抱着无力的 Floppy 跪在地上,对小狗的珍惜呵护、对它尽快恢复的祈求心理一览无余。这个画面的基调是低沉而担忧的。因此,学生在倾听三段传递完全不同情绪的音乐后做出了他们的选择——一段低沉缓慢的音乐。

基于前面环节对故事背景的理解,加上毛茸茸的小狗玩偶在手中,孩子们在接到角色任务时很容易地就代入状态。在角色演绎中,代入感唤醒了他们自身类似于故事中 Floppy 的主人们对家中的小动物的爱惜之情。经历了平时的其乐融融,现在 Floppy 生病了,作为主人和家人,照料、陪伴者的身份角色就凸显起来。

由此再进入全家焦急参与疗愈的故事进程,包括 Floppy 在兽医诊所里遇到猫一反常态地无感,直到最后 Floppy 恢复健康,又叼走了 Kipper 爸爸的拖鞋。大家逐步经历着担忧、努力付出又回到快乐安康的情绪基调中来,这样顺畅的共情体验有利于他们后续对故事走向进行合理想象。

3.3 渲染情境,创设立体的角色体验

不同的活动方式指向不同的参与感官,教师应当为学生设计多种多样的参与方式,促使立体体验生成。如案例一所示,教师引发了学生视觉、听觉、口头表达和身体动作等多种感官参与的体验。参与感官越多元,生成的体验越立体。

在体验生成过程中,环境中的音乐有着强化情境渲染的效能,有助于引发情绪。因此,挖

掘绘本内容情境间的内在联系，在引导学生视觉参与的同时，设计符合情境氛围的听觉和动作体验。在制作课件时教师可以选用与情境匹配的音乐，使学生身临其境，增强代入感与同理心，提高学习效能。

【案例二】We're going on a bear hunt

本课故事内容是一群小朋友在丛林中探险。执教教师选取了与绘本故事丛林这一幽深莫测的环境和探险时好奇又带有一点点害怕的心理非常贴合的音乐进行氛围渲染。整个故事分为三个环节。每当新的探险入口出现，音乐声响起，教师对学生们进行设问，是否要向前，会看见什么呢？唤起了学生非常强烈的代入感。学生们仔细观察画面中的森林环境，然后鼓起勇气进行回应。在一步步进入丛林的音乐的带动下，学生们不断地经历好奇、害怕、鼓起勇气尝试、收获宝藏这一系列的心情变化，体会探险过程中保持好奇、克服胆怯、获得成长的内心逐步强大的意义感和成就感。在各个场景变化中文本核心框架语句自然地被迁移使用，语用能力水到渠成，学生们坚强勇敢的情志获得鼓励，同时也养成了每一次在做出前进判断前仔细观察、谨慎辨析、在探寻过程中时时印证的好习惯。

【案例三】典范英语 Bull's Eye

本课内容场景是学校的 school fair，讲述 Kipper 一家在参加各种校园日活动时的经历。在书摊、踢球、跳马、射击等活动中涉及相关的动作词汇。教师准备了蓝框、跳马、射击靶等各种器械教具，上台尝试的同学做动作，其他同学说相关动词词汇，将英文词汇与动作直接进行关联的同时引导学生在模拟场景中完成实际动作，感受到成功完成各项活动的自豪感。例如让一名男生和一名女生各自尝试跳马，其他同学齐声喊：Come on! Jump! 成功跳马的同学利索的动作和自豪的表情让在座其他同学也间接体会到 Kipper 姐姐在完成动作后的成功的喜悦，为之后的故事冲突埋下了伏笔。在爸爸射击环节，故事中的爸爸不擅长射击，因为射击有一定的难度，上台尝试射击的同学每一次在其他同学的"Shoot!"声中一次次的失败，能更深地体会到爸爸失败时内心的沮丧和不甘。动作思维是学生在直观思维向抽象思维发展过程中常见的一种思维方式，对于小学高年级的学生而言有助于加深语言和体验之间的关联。

3.4 整体构架，引发完整的阅读体验

阅读过程的完整性有益于阅读体验的内在一致和完整，保障信息获得、感受生发的自然延展和思维的连贯性。把握故事主题设计阅读过程、进行整体性设问与问题链的层层引导，都有利于学生思维的整体建构。

【案例四】The giving tree

The giving tree 是美国谢尔·希尔弗斯编写的绘本故事，讲述的是一棵大树给与了一个男孩成长中所需的一切，隐含的是父辈们无私、博大的爱，不求回报的完整付出的状态。在本课中，教师聚焦 tree 的变化进程，从关注外形的逐渐消减到分析内在的不断给予，层层递进。与学生共同完成观察、阅读、交流、分析、内省、分享感受，缓缓推进，深入剖析绘本所隐含的父辈对于孩子的付出。整堂课摒弃语言知识的零碎教授，重点关注学生的整体阅读、观察后的推测、阅读后的反思、心得的分享，言与思并行，情绪连贯，一气呵成。课堂从会心活泼的阅读交流渐渐走向深思与感动，父辈的付出与老去，静默而情深，学生们从理所当然到幡然领悟，精彩而感人。

4. 设计多维站点，丰富表述渠道

在充分体验的基础上，阅读教学进一步激发学生思考和想象，多维层进地设置学生思维站点，细分从低到高的思维方式，创设外显的思维表述途径，推动学生思维品质的提升。

4.1 多维层进，创建立体的观察和想象空间

4.1.1 思考维度的增加

首先，教师在设计学生的学习方式时，可细分学生的学习实践行为，引导他们对目标物体或主题进行观察和思考的维度要有增加。发散思维是指从已知信息中产生大量变化的、独特的新信息的一种沿不同方向、在不同范围内、不因循传统的思维方式。对开放性问题的多种解决方案是发散思维的重要特征。可视的思维导图可以作为一种引导发散方向的工具。

【案例五】典范英语 2b Lesson 17 Poor Floppy

在帮助学生回想 Floppy 个性特点的时候，教师通过播放视频唤醒学生回忆，设计思维导图搭建发散思维的支架。其中维度的体现使用任意曲线，既与大脑神经网络接近，又在视觉上具有一定的趣味性。

4.1.2 有序层进的体现

其次，在教学过程中，问题与任务的设置都可以设置层次的渐进。层次越多则表示学生思考的深度和有序性在提高。

【案例六】典范英语 1a Rain again

关于 Kipper 一家人以及每个人在下雨天不同的活动，可以通过导图来引导不断的分层。导图以 Rain again 为中心词，第一层发散为 Kipper 家人，第二层为不同人不同的活动内容关键词。用不同颜色的线条示意不同的分层层次类别。

4.1.3 想象空间的创设

在绘本故事阅读的过程中，教师可充分利用故事材料已有特点或整合相关资源，设置合理的改编等创新任务，在师生互动和想象表述中给予学生充分的想象空间和自由发挥、应用文字的机会。

【案例七】典范英语 2b　Pip and the animals(Lesson 27＆30)

基于五年级学生已有的学习能力，以及 Lesson 27 和 Lesson 30 主角都是小姑娘 Pipper、主题都是人与动物的相处所具有的内在一致性，本课教师将 Lesson 27 和 Lesson 30 的内容进行整合，使得整课内容在语言丰富性上更符合五年级学生的知识水平，主题设定为如何恰当地与小动物相处并感受人与动物之间的美好情意，使得整节课有趣而有意义。在 Lesson 27 中 Pipper 跟随做动物园管理员的父亲去动物园帮忙，但是在与动物们交往的过程中，她表示的善意不断地收到负面的回馈。小鹿争抢食物时把她撞倒了，她去给猴子们送香蕉时帽子被猴子摘走，她给大象的水槽倒水的时候大象叼走了她口袋里的糖果。老师带着学生们读读演演，体会 Pipper 不断鼓起勇气付出热情和善意，但是也不断感受到失望与沮丧。在这样的矛盾冲突不断进行的时候，讨论到 Lesson 27 最后一张图片，场景是鳄鱼池，老师设问：Did Pipper want to feed the crocodiles? Why?学生们各抒己见进行假设，有的说 Pipper 很善良，

估计还会愿意喂鳄鱼;有的说小动物们不友善,不要对不友善的它们友好;有的说鳄鱼比较可怕,还是不要去喂食了。学生们的自主性被尊重的同时,积极性得到激发,发散性思维发展的同时做到有理有据,科学的推断习惯初步得到推动,在发展社会性的同时如何与人相处的价值观在此激发疑问,为后续 Lesson 30 课中 Pipper 医治和照料小猴子并建立深厚情谊打下了基础。

【案例八】典范英语 3a Lesson 22 A big bunch of flowers

本故事发生的背景是结婚纪念日当天父亲想送母亲一束鲜花作为礼物。故事结尾时父亲送的玫瑰花由红色和黄色两种颜色构成,原因是父亲粗心地丢失了第一次购买时买到的红色玫瑰。在返回花店的路上父亲的焦虑心情是本故事的焦点。相对于第一页在花店中仔细购花时的平和柔缓,本页图片上的人与物都勾勒得非常生动。为了让学生更好地体会与代入,教师设置了观察图片并用 chant 的形式唱演这一任务。

五年级的学生已经初步学习了现在进行时,已掌握现在分词的 ing 结构。在 chant 中既能用节奏来展示整个画面的气氛,又能进一步体会音韵特点。教师先示范了 chant 框架:Father,Father,Father is riding。学生则根据观察到的人与物的特点迁移框架构成新的句子。作为支撑,教师为学生提供了他们可能需要的新词及其正确的变式,为学生独立尝试、成功表达提供了机会。在唱演中学生们小组合作,配上动作将画面中的人物和动物以及环境中的风、云、树叶的样态想象后自主演绎。

【案例九】典范英语 2b Lesson 17 Poor Floppy

在阅读后的输出环节,教师在设计改写或续写任务时,可以为学生设计基于理解、符合逻辑、具有连贯性的开放性任务,引导学生在合理想象基础上进行创造。

本改写任务设为两个类型,学生可以自主选择其一完成。一类是回到故事中,从故事的任何一页开始改写故事,另一类为从故事结尾处续写一个新故事。任务的灵活性为学生提供了更多维度的视角提示,同时也引导他们尝试不同的思考方向。

教师在任务提示中细化了学生的准备细节:在确定的页面上关注人物和关键词,以此引导学生进行人物和场景特点的观察和分析,在此基础上再进行联想、完成重构或者新的表述。对于不同学生而言,引发好奇、激发想象的要素可能存在差异。本改写任务尊重学生个性化差异,给与全体学生充分的自由去选择熟悉或者具有挑战性的方式去完成构想。

5. 结语

综上所述,从系统科学的角度出发,教师应当尊重思维的结构特点和动态发展特点,尊重小学生身心发展的阶段性、规律性和个体差异等特点,结合绘本特点,在小学英语绘本教学中处理好思维的整体结构、内部联系,创设立体体验和多维思维活动,促使思维活动有效有序发生,推动学生在英语绘本学习的过程中有效地完成从形象思维到抽象思维的发展。

参考文献

[1] 陈昕乐,张娟娟.关于皮亚杰发生认识论动态视角的综述[J].教育现代化,2016 年 12 月第 38

期：226－227.

［2］黄悦.库伯体验学习理论在高中阅读教学中的应用研究［D］.成都：四川师范大学,2019.3：6.

［3］嵇雅迪.从儿童心理学角度看语言与思维的关系［D］.哈尔滨：黑龙江大学应用外语学院,
2016年3月25日：41－42.

［4］刘永和.试论思维的方向性［J］.上海教育科研,2003(9)：62－64.

［5］马晓丹,张春莉.两种教育目标分类系统的比较研究及其启示［J］.教育研究与实验,2018年第
2期：2.

［6］松居直.我的图画书论［M］.长沙：湖南少年儿童出版社,1997.

［7］孙江洲,发散思维发展及其可塑性的大脑功能网络基础［D］.重庆：西南大学,2019年3月15
日：1.

［8］孙江洲.发散思维发展及其可塑性的大脑功能网络基础［D］.重庆：西南大学,2019年3月15
日：88.

［9］杨通宇,陈庆亮,何克.体验教学的理论研究［J］.长沙：当代教育论坛,2006,(8)：60.

［10］张鹏程,卢家楣.体验概念的界定与辨析［J］.心理学探新,2012,32(6)：492.

［11］中华人民共和国教育部.《义务教育英语课程标准(2011版)》［S］.北京：北京师范大学出版
社,2011.

［12］周姣术,朱华.浅谈皮亚杰认知发展理论对当代教育教学的意义［J］.教育理论研究,2017,
8：173.

作者单位：1.华东师范大学教师教育学院 上海　200062
　　　　　2.无锡市新吴区春阳实验学校 无锡　214000

外语报刊阅读教学提升学生阅读
理解能力的教学探索

——以 2020 年"赋教杯"教学设计大赛为例

傅羽平

提　要： 外语报刊阅读作为现行牛津教材的补充部分，能充分提升学生的语篇理解能力以及思维品质。初中教师在平日的教学过程中应当将外语报刊阅读加入课堂中，并且在授课过程中适当利用思维工具，达到培养学生的高阶思维能力和辅助课内基本教学的作用。本文中的教学文本选自"赋教杯"教学设计大赛，本文结合课堂教学实践对外语报刊阅读教学进行了初步的探索。

关键词： 外语报刊阅读；思维品质；语篇理解

1. 引言

　　21 世纪新时代教育要求学校培养实用性、复合型、国际型人才，随着"二期课改"的深入推广和展开，中小学英语教学取得了令人欣喜的进步。《中学英语教学大纲》明确规定：中学英语教学要"侧重培养阅读能力"，因此阅读的重要性在整个教学中的重要性不言而喻。英语阅读是学生掌握当下热点话题、获取信息、提高语言能力的重要抓手和基础。阅读是提高英语四大能力（听、说、读、写）的起点，是带动其他技能的源头（李红，2001）。

　　新《英语课程标准》也明确要求"开发课程资源，拓展学用渠道，英语课程要力求合理运用和积极开发课程资源，给学生提供贴近实际、贴近生活、贴近时代、内容健康和丰富的课程资源；要积极利用音像、电视、报刊杂志、网络信息等丰富的教学资源，拓展学习和运用英语的渠道；积极鼓励和支持学生主动参与课程资源的开发和利用"。由此可见，将具有实效性的报刊内容引入课堂是十分有必要的。现行的上海版英语牛津教材语料是不够充分以及过时的。以六年级第二学期为例，一册书中只包含了 4 个 module，11 个 Unit，且其中有很多话题如"Traveling in Garden City""What will you be like in 15 years' time? "等课文内容已经跟不上时代的步伐。语言教学的最终目的是通过教学让学生能够灵活地运用语言，提升语言的运用能力。因此，教师应当充分利用阅读的方式，多给学生可理解的语言输入，只有这样，才能够提高接受、理解和处理信息的能力，增强语言的分析加工能力，进而促进语言的表达和创作能力（朱浦，2008）。

　　因此，如何运用好新的、具有时效的英语报刊来补充传统的中学英语阅读教学，优化教学资源，提高教学效果是英语教学新形势下的重点。《上海学生英文报》每周更新，能够较好地给学生提供话题补充，比如有关于纪录片之父 David Attenborough、奥斯卡最佳纪录长片、东京奥运会等热点,也有关于流行歌手、体育明星等学生比较喜闻乐见的话题,更有用英语讲一个中国成语故事等版面。学生们在认真读完报纸之后,能够逐渐积累丰富的背景知识,慢慢形成对于各类话题的图式记忆,从而对今后的课文学习以及完成阅读理解,都是有所帮助的。

"赋教杯"是《上海学生英文报》所举办的一场教学设计大赛,文本选择的是报纸语料库中的文章。教师通过设计一堂公开课,展示自己的教学风采。教师采用的上课模式是借班上课,因此更需要调动学生的图式思维,激活学生的背景知识,才能有效开展教学流程,体现课堂效果。

2. 教学内容解读

2.1 教学内容分析

本节课是 2020 年度"赋教杯"教学设计决赛的教学语篇,选自《上海学生英文报》的语料库,文本是原来刊登于洛杉矶时报上的一篇文章。文章讲述一名在校大四学生 Conner Wright 主动报名生活技能课的经历,描述了生活技能课在大、中、小学生中的不断普及。作者通过对学生们的采访揭示了他们主动选择报名该类课程的理由:父母过分关注学生们的成绩,忽视了对他们生活技能的培养。文章还描述了伯克利大学学生自主设计生活技能课的起因、经过和现状。最后,作者点出主旨:在成长的道路上,我们需要认识到:1. 生命的历程中我们不可能得到所有的答案;2. 在遇到困难时,我们可以想方设法自主解决问题;3. 我们也可以利用现有的课程资源来解决困难。

2.2 学情分析

本节课的教学对象是市西初级中学的八年级平行班学生。他们经历了初中学习生活,具备了一定的英语学习能力,对于本文的话题他们之前有所了解,但是对于语篇本身他们是陌生的。教师本堂课需要做的就是化解教学中的重难点问题,主要在分析语篇结构、分析语篇目的以及情感价值观的认知方面让学生对文本进行深入了解,真正培养学生获取信息的能力,帮助学生通过思维导图理清文章思路,通过精读获取文章重点信息,并且最终让他们取得情感共鸣。

2.3 教学目标

根据教学内容和以上的学情分析,本节阅读课的设计目标如下:

By the end of the lesson, students are expected to:

● learn new word (adulting) and phrases (sign up for, lay great stress on) by guessing the meaning in the context;

● grasp the content of the passage through filling in the mind map;

● better understand the attitude of the author by analyzing the key word "basics" in the title;

● perceive the importance of learning basic life skills and basic lessons of adult life.

2.4 教学过程

Step 1：Ask and answer

因为是借班上课,教师在课堂的开始阶段设计了问答形式,询问学生的日常活动、课余生活,再问及学生父母的日常活动、工作之余的生活,并通过问学生一个问题:"你们现在是否能脱离父母独自生活?"导入语篇的主题:成人课程。

T: What do you usually do from Monday to Friday? What about your life after school?

Ss: I usually study in school and do homework after school.

T: What about your parents? What do they usually do from Monday to Friday? What about their life after work?

Ss: They usually go to work and do housework at home.

T: Can you live without your parents now? Why?

Ss: No, because we can't . . .

T: There are so many young people like you. They are learning to be an adult. Becoming an adult is called adulting. Today we are going to read an article about adulting classes.

教师通过这个活动导入本节课的主题:adulting classes,并帮助消除学生的紧张感。

Step 2：Finish the mind map.

通过阅读文章第一段到第四段,教师引导学生完成第一个思维导图,通过完成思维导图,引导学生产生图式思维,克服阅读障碍,提取文中的重点信息。

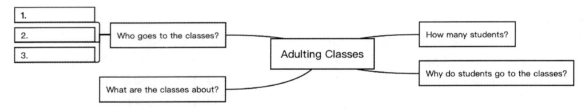

在回答完上述问题之后,学生将继续完成有关第五到第七自然段的思维导图:

Step 3：Finish the second mind map.

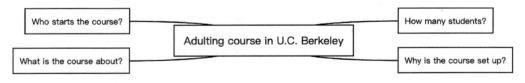

在完成思维导图的同时,教师可以向同学提问:

How many students are there in the class in 2019? What about this year?

该组问题设置是为了提醒学生注意到数字背后所代表的含义:生活技能课程正在逐渐流行起来,越来越多的学生体会到课程的重要性。

【设计思路】

两张思维导图的设计主要是为了消除学生在阅读中的障碍,确保阅读的有效性。学生可以通过思维导图理清文章的主体思路,不会陷入到只注重单词词组的理解而忽略文章整体结构的怪圈。思维导图在教学过程中的运用,能够充分发挥学生的主观能动性,能够让学生们在有限的课堂阅读时间里提取关键信息,了解文章的主体结构和写作思路(董启明,2006)。

这两张思维导图的问题设计回归了阅读的本质,即抓取了阅读文本中最为关键的几个问题:who、how、what、why 等,这些是所有文本阅读的基础。这样的设计有效避免了阅读就是为了解题的思路,又能通过获取这些关键问题的答案达到阅读效果。

Step 5: Read for gist — understand the word "basics"

这一阶段主要是教师引导学生重新阅读文章中的最后一段,并发掘文中重点单词"basics"的含义,因为文章的题目是 back to basics,其中 basic 这个单词通常是形容词。这里作者把这个单词活用,提示读者生活最基本的道理不止一条,因此教师需要引导学生重新阅读总结段,探寻其背后的各层含义。

Step 6: Read for gist — understand the word "back"

接着教师引导学生重新阅读文章,并且回答问题:标题中的 back 一词的含义。为何是回到生活的原理?

【设计思路】

Step 5 和 Step 6 的设计旨在让学生回到标题的认知,通过审视标题,提醒学生标题对于理解语篇的重要性。通过理解标题中的核心词,学生可以充分提升情感认同,充分体会文中所描述的生活技能课程的重要性。

Step 7: Design an adulting class on your own!

Group work: discuss with your partners

Since you all agree that adulting classes are important, could you design some lessons on your own? Tell us the reasons why you set up the classes. You should think about the following questions: What is the course about? How many students do you want in your class? Why do you want to set up this course?

【设计思路】

读后的生成环节,教师让学生的输出更加开放,目的是充分调动学生积极性,开发学生的自主思维能力。设计一门课程这一活动能够锻炼学生的逻辑思维,帮助学生提升核心素养中的思维品质。

Step 8: Homework

Try to think more reasons for setting up the class and write a passage. Report it to the class tomorrow.

【设计思路】

作业的设计思路是以读促写,通过写一篇关于课程设计的文章,学生能够增加对语篇的理解,并且将上课讨论的内容转换成写作内容,可以提升学生的写作能力。

3. 结语

本节课教师的设计重点是通过思维导图的形式化解教学的重难点。思维导图在读中的应用能够快速地进入具体语境当中，深入分析与探讨课文（郁健美，2021）。外语报刊阅读材料作为教材阅读之外非常好的补充材料，能够有效提升学生的综合阅读能力，有效摆脱阅读只为解决生词、完成题目的传统阅读模式。

参考文献

［1］李红.自我调节理论研究,辅助高中英语阅读教学［D］.上海：华东师范大学硕士论文,2001.

［2］上海中小学课程教材改革委员会办公室.上海市中小学英语课程标准［M］.上海：上海教育出版社,2004.

［3］郁健美.思维导图下的初中英语阅读教学研究［J］.启迪与智慧（中）,2021(06)：35.

［4］朱浦.教学问题思考［M］.上海：上海教育出版社,2008.

作者单位：上海市七宝中学附属鑫都实验中学 上海　200233

基于深度学习的高三英语备考合作探究活动

周惠丹

提　要：随着新课改的推进,构建基于深度学习的高中英语课堂已是大势所趋。深度学习的核心特征为活动与体验,与《新课标》所倡导的英语学习活动观不谋而合,共同指向英语学科核心素养发展。本文结合高三英语备考合作探究活动教学实践,从深度学习理论探究、合作学习活动探究、高三英语阅读理解合作探究活动、高三英语写作合作探究活动四个方面探讨合作探究活动在高三英语备考活动中的意义和作用。

关键词：高三英语备考;深度学习;合作探究;阅读理解;写作

1. 引言

　　高三英语备考成效至关重要,它关系到学生高考能否成功、高校能否选拔到优质人才、国家能否培养出社会主义现代化建设者和接班人。因此,想方设法提高高三英语备考水平是再努力都不为过的大事。但不少老师目前还停留在比较传统的备考观念里,认为高三备考就是背单词、讲语法、做试卷的机械训练,课堂教学就是老师一味地"满堂灌",学生则是安静坐着"死记硬背"。殊不知随着新课改的推进,随着深度学习理念和英语学习活动观地不断渗透,当下高中英语课堂已发生了翻天覆地的变化。

　　笔者通过总结多年的高三英语备考经验、教学实践以及教学成果,将理论与实践相结合,从四个方面入手,深入而全面地阐释基于深度学习的高三英语备考合作探究活动如何有效地促进学生能力的提升以及英语学科核心素养的发展。

2. 深度学习理论探究

2.1　深度学习的定义

　　"所谓深度学习,就是指在教师引领下,学生围绕具有挑战性的学习主题,全身心积极参与、体验成功、获得发展的有意义的学习过程"(郭华,2016：27)。它不是形式化、浅表化、碎片化、机械化的浅层学习。通过剖析深度学习的定义,我们要强化几个概念：教师、主题、参与、体验、发展,这体现出其内在的逻辑性和联系性,几个要素缺一不可。

2.2　深度学习与《新课标》的内在联系

　　有学者认为深度学习是基于核心素养教学改进的重要手段。那么,深度学习与新课标又有什么内在联系？首先，我们要了解深度学习的特征，它包括活动与体验、联想与结构、本质与变式、内化与交流、迁移与创新和价值与评判。"'活动与体验'是深度学习的核心特征，回答的是学生的学习机制问题。'活动'是指以学生为主体的主动活动，而非简单的肢体活动。'体验'是指学生作为个体全部身心投入活动时的内在体验"（郭华，2016：27）。这与《新课标》所倡导的英语学习活动观不谋而合。"英语学习活动观是指学生在主题意义引领下，通过学习理解、应用实践、迁移创新等一系列综合性、关联性和实践性等特点的英语学习活动，使学生基于已有的知识，依托不同类型的语篇，在分析问题和解决问题的过程中，促进自身语言知识学习、语言技能发展、文化内涵理解、多元思维发展、价值取向判断和学习策略运用"（中华人民共和国教育部，2018：13）。因此，英语学习活动观指向学科核心素养发展，即语言能力、文化意识、思维品质和学习能力。

2.3 基于深度学习的高中英语课堂的构建策略

要构建基于深度学习的高中英语课堂，服务于高三英语备考，我们需要明确四点，包括"注重师生真实交流、营造课堂的'温度'；落实课堂育人目标，提升课堂的'高度'；贯通语言感知和认知，奠定课堂的'厚度'；联系语言学习与生活，开拓课堂的'宽度'"（罗永华，2021：100）。内涵丰富的构建策略，需要我们先消化、吸收，再结合教学实践进行灵活应用，才能达到融会贯通的效果。

2.4 基于深度学习的高中英语课堂的构建条件

基于以上策略，要构建深度学习的高中英语课堂，"先决条件是教师的自觉引导"（郭华，2016：98），教师是第一位的。此外，至少还需要达到以下条件："第一，学生思考和操作的学习对象，必是经过教师精心设计、具有教学意图的结构化的教学材料；第二，教学过程必须有预先设计的方案，要在有限的时空下，有计划、有序地实现丰富而复杂的教学目的；第三，要有平等、宽松、合作、安全的互动氛围；第四，依据反馈信息对教学活动进行及时调整和改进"（郭华，2016：99）。根据以上构建条件，我们也必须强化几个概念：教师、教学材料、方案、互动氛围、调整与改进。它们之间也形成了一条逻辑链，彼此之间是相互贯通并相互影响的。我们要促进每一个条件的实现，才能真正构建基于深度学习的高中英语课堂，并使其不断提升和完善。

3. 合作学习活动探究

基于深度学习的合作探究活动在笔者看来，需要做好三点：一是整体规划，二是优化小组，三是强化落实。

3.1 整体规划

首先，整体规划要求教师根据学年或学期教学内容和教学目标进行全方位地统筹安排，确定好每个学期计划后精心设计各个活动方案、制作日常评价表，尽可能将各个活动纳入到整体评价体系里面，对学生学期甚至学年表现做到全面、及时、高效的评价，也方便老师通过数据检测学生的学习状态和教学效果，及时获取反馈并做出调整。

3.2　优化小组

教师在制定活动方案的同时，要建设学习小组并加以优化，保证每个学习小组都至少能满足以下三个标准：人数适中；实力均等；以强带弱，如果还能满足男女搭配、性格互补等，效果更好。

如果在实施过程中发现部分小组实力过强或偏弱、或存在一些内部矛盾已经不利于小组学习活动的开展等，教师都要及时做出调整，使全班协调发展，营造一种你追我赶、良性竞争的学习氛围。调整之后，学生的合作学习积极性被重新激活，相互之间的合作意识也得到强化，整个班级的合作小组活动重新焕发生机，互动效果和学习效果得到进一步提升。

3.3　强化落实

制定方案和优化小组都是为了高效落实。因此，教师要适时监督各小组学习活动执行情况，尤其是课前课后的学习探究活动，可以指导各小组制定小组活动规则、填写小组活动开展情况反馈表，也可以亲自参与各小组的研讨等等，实现有效监控，避免流于形式。同时，教师要及时对学习活动进行评价，除了数据登记，还要尽可能包括口头评价、书面评价、案例示范等加以引导，帮助学习小组及时查找问题、发扬优点、改正不足。

此外，及时对小组学习探究活动成果进行总结、表扬尤为重要。通过总结表扬，学生更为深刻地体验到成功的快乐，从而激发其内在渴望，更为积极主动地参与到下一阶段的学习活动中，甚至是爱上小组学习探究活动、爱上英语，这都对培养"全面发展的学生"起到极大的促进作用。因此，教师在整个活动阶段要全面扮演好自己的"多角色"，发挥出高效组织者、指导者、促进者、参与者和合作者的作用。

4. 阅读理解合作探究活动

在基础夯实阶段，笔者针对阅读微技能的讲解采用了小组研讨和班级互助探究活动，而在阅读专题以及试卷讲评过程中，笔者尝试了新的小组合作形式，效果明显。

4.1　小组研讨

基础夯实阶段主要是训练学生阅读微技能，在30周内利用短小精悍的阅读篇章帮助学生理解和掌握18种篇章理解策略和技能，提高其阅读能力和解题能力。训练方式按照自主完成、小组研讨和课堂讲解有序进行。

学生先自主完成5篇，然后按照各小组约定时间参与小组研讨，主要讨论有疑问或者有难度的问题。研讨过程中要求每位成员都要踊跃发言、分享自己的解题思路以及如何有效运用恰当的解题策略解决难题的感悟，鼓励学生全身心地参与到活动中，这样在实现小组互助的同时，也让部分表现优异的学生脱颖而出，他们在帮助其他组员解决难题的过程中能体验到成功的自豪，获得更快的发展。

在课堂讲解环节,针对错误率比较高的题目,笔者会邀请能解决该难题的小组推选代表上台给大家讲解思路。当出现个别题目8个小组全错而只有个别同学正确的情况时,笔者会热烈邀请该同学给全班分享解题思路,并旁敲侧击学生所在小组没有采纳他的答案的原因。如果是他在小组中没有结合文章讲清楚思路,笔者就会鼓励他要理清解题思路,回归文本,争取把题目讲清楚、讲透,这样全组都会获得进步。如果是因为他盲目信任其他同学的答案导致小组没有将题目分析透,笔者就会借机鼓励学生们要相信自己,不要盲目相信所谓的权威,要基于题目和文章做题,强化学生的定位和解题意识。

通过引导、鼓励和激励,学生们慢慢建立了自信,越来越愿意思考、交流和分享。而讲题过程中学生们的欢声笑语、讨论中的相互启发和思维碰撞、小组作业中的相互依赖和信任,也让我们真切地感受到这是"理智与情感共在的、鲜活的、有温度的活动"(郭华,2016:101)。

4.2　班级互助

同一周的阅读篇章,不同班级由于学情不一样,完成的情况有时也会差异很大。笔者经过无数思考和探索后决定采用班级互助讲题的方式提高讲题的效率和质量。这样不仅可以检验做得好的班级小组的完成效果,还可以让另一个班的学生学习其他班的同学如何解题,以此来增加课堂的趣味性,营造课堂的"温度",并实现不同班级学生之间的思维碰撞、情感交流,激发他们相互学习、追求卓越的内在渴望。而这个活动确实受到了同学们的追捧,每次他们都非常期待,并以能成为为别的班说题的选手而骄傲自豪。同时,以拍摄视频的方式搭建不同班级之间的互动和交流也是充分利用现代信息技术的一种方式,是深度学习高中英语课堂多元的教学信息这一内涵的真实体现。

4.3　小组合作

在阅读专题和试卷讲评阶段,笔者尝试了另一种形式的合作学习探究活动,具体流程如下:学生先自主完成4篇阅读,然后在课堂上,分配其中4个学习小组限时解决重难点词汇并做好汇总记录。过程中学生可以利用手头所有能利用的资源,包括词典、练习册和素材积累等等;另外4个小组限时研讨阅读题目并讨论解题思路、分配好各个成员负责分析讲解的题目。研讨后,马上按照顺序派选小组代表上台展示成果,最后笔者带着全班同学一起总结评价各小组的表现。

对于阅读篇章里面的重难点词汇,不同老师有不同的处理方法。笔者的设计初衷就是让学生自己动起来,反思自己在解题过程中受到哪些词汇的影响,或者哪些词汇对于解题起到至关重要的作用。通过小组讨论、筛选、确定,并一起查找、记录、汇总,然后向全班同学展示成果并说明选词理由、词汇内涵、语境语义等。通过活动,他们对篇章词汇的理解和掌握、甚至是对篇章的整体把握都获得了提升,而全班同学也借助于每一组的展示和分析解决了文章中的词汇问题,或者加深了对某些词汇的理解和把握。而讲题环节也让各小组再次强化了解题思路、认识到自身在解题过程中的不足,其作用不言而喻。当然,教师的总结评价环节也是必不可少的,既帮助各学习小组有效解决问题、表扬优秀、指明努力方向,又实现了教、学、评一体化的教学理念,是深度学习落实到课堂的要求和体现。

5. 写作合作探究活动

高考英语的小作文和读后续写是相通的,它们相互影响、相互制约。所以备考中,既要根据题型具体要求有所区别,又要将它们作为一个整体,在卷面、书写、审题意识和语言表达能力方面下苦功夫。因此,笔者所设计的写作合作探究活动一般在高三第一学期后期才正式开展,前期主要是在审题意识、谋篇布局、词汇积累、句型复习等方面强化训练,否则没有足够的输入,就没有高质量的输出,活动开展也缺乏根基,达不到效果。

5.1 小作文的合作探究活动

笔者认为,小作文从审题、谋篇布局、遣词造句、三阶互评到评价总结构成了一个闭环结构,这是契合深度学习和英语学习活动观要求的。

5.1.1 三阶互评法的合作探究形式

三阶互评法是分层教学的理念在合作学习活动中的应用,即根据学生水平分成 A、B、C 三个 Level,逐层互改,再由笔者把控全局,最后复查,并组织评价和总结。

互改的形式可以多样化,有时笔者会制作专门的作文纸,有时会直接利用作文答卷,有时会要求学生附上自备的评价纸张。学生们参与活动的热情十分高,完成任务的积极性也很高。比如他们会思考文章审题是否正确、篇幅是否合适、卷面是否整洁,也会查阅某个单词拼写是否准确、讨论某个词组用得是否合适、争论某个句子是否存在语病,等等。这些思考和互动都是教师个人批阅作文无法实现的。"深度学习高中英语课堂主张教师重视语言学习的社会情境、互动实践与真实交流,为学生营造真实、接近真实的英语学习与使用环境,组织学生与同伴、小组、外界建立英语学习联系,使高中英语教与学成为一个动态、生成与发展的过程"(罗永华,2021:97)。笔者认为三阶互评的探究活动正在努力实现这一点。

5.1.2 小作文的迁移运用

小作文的备考相对于读后续写的备考来说,这两年的备考压力确实是不小。一则担心书信类的小作文回归考场,二则担心非书信类的小作文再次出现,所以最佳的备考方式是提高学生迁移运用的能力,由此及彼,由一篇拓展到一类,由一类拓展到几类,融会贯通才是王道。因此在小作文的专项复习中,笔者一般是借助考试中的某一篇小作文进行全面讲解后,利用专题训练进行同一类的拓展和不同类型的迁移运用,学生的接受程度非常之高,效果也非常明显。因为当我们引导学生一步步形成迁移运用的意识之后,他们会在新的语境中,基于新的知识结构,通过合作探究的方式,综合运用语言技能,进行多元思维,创造性解决陌生情境中的问题,理性表达观点、情感和态度。这也就实现了深度学习,促进学生由能力向素养的转化(中华人民共和国教育部,2018:63)。

此外,利用小组合作探究活动探索和交流迁移运用的方式方法十分有效。通过具体任务和小组合作探究,学生们在课堂上完整而直观地给同学们展示了如何进行话题作文的迁移运用,增强了同学们迁移创新的意识和信心。而这样的学习活动和英语课堂无疑是具备深度学习特征的,实现了有意义的学习。

5.2　读后续写的合作探究活动

笔者经过两年的摸索和实践,对读后续写题型的教、学、评一体化进行细化和创新,形成了独有的读后续写教学闭环结构。对于本题型,学生们除了卷面、书写等常规的问题外,首要的问题是"读"的困难。考场中学生一是时间不够读,二是"读"的意识不强,所以缺乏对所给语篇情节的推敲、人物的把握、可续写点的捕捉、首句的利用、主题的概括等能力。为有效提升学生"读"的能力,为后面的"写"服务,笔者运用了三步解读法,一步步增强学生读的意识,帮助学生养成"读"的习惯、提高"读"的效率。在整个过程中,设计有效的合作探究活动服务于教学目的,促进教学目标的达成。

读后续写闭环结构

5.2.1　读后续写三步解读法

下面笔者以 2022 年广州市第二次模拟考的读后续写为例,分享一下三步解读法的教学实践。在第一步"定主题、定结局"中,首先引导学生再次通读全文,找出 5W1H 六要素,然后请学生代表上台在语篇中标记出获取六要素的位置,使信息更直观、可视化;接着分析人物特点与品质,为准确把握人物,也是让学生们在文本中标记相应的细节,通过细节引导学生们一步步推敲出人物特点,总结人物品质;然后再确定文章整体基调和叙述节奏,以服务于续写;准确概括文本主题后,借助改卷中出现的各类结局,让学生们分组讨论哪一种结局与原文的融合度最高、结尾最具正能量,最后确定文本的最佳结局。

第二步"定内容,定细节"则是借助所给两句段首句,推敲出第一段的结尾以及第一、二段的大致内容,引导学生思考应该构思什么情节什么细节去服务于每一段的结尾以及最后的主题,如何在细节中回扣原文的可续写点,实现高融合度;然后带着学生们阅读 3 篇考场作文,通过对比阅读指导学生以小组的形式讨论哪一篇的情节构思更为合理,说明原因,并以小组的形式构思出情节走向,包括细节内容;然后根据小组的分享,确定续写段落的内容和细节。

第三步"定要点,定语言"则是根据第二步确定的段落细节,引导学生确定段落要点,并以小组形式探讨如何表达要点;然后回归文本,指导学生归纳总结所给文本的语言特点和表达类型,并加以概括总结,提高语言输入与输出的互动协同。

通过三步解读法,学生慢慢养成了"读"的习惯,也强化了"读"的意识和"读"的策略,提升了"读"的效率,为后面的"写"节约了时间,可以更高效地完成"写"的任务。

5.2.2　读后续写三阶促写法

如何实现与原文的高融合度,既体现在写的内容上,也体现在语言的协同上,而这两个要求,已经在三步解读法里做了很好的铺垫了。因此,在分析写的这个环节,笔者采用了三阶促写法,即通过三步解读法对文本进行全面解读后,让学生针对自己的考场作文进行二次改写,主要是纠正偏题的问题,即内容和细节的问题,保证情节符合要求,行文自然流畅,逻辑性强,结局和主题明确;然后再根据课堂中对语言表达的进一步强化进行第三次改写,主要提升语言的表达水平,尽可能在保持语言协同的基础上灵活运用多种句式和过渡词,再搭配恰当的细节描写,包括情感、心理、环境、动作、语言等等,提升语言的表达,争取赢得阅卷老师的青睐。通过学生的习作可以发现,从一阶考场作文到二阶提升情节再到三阶提升表达,学生的写作能力在不断增强,效果显著。

5.3 读后续写班级互评活动

为了强化学生"读"的意识和提高学生"写"的能力,从而确保读后续写在情节构思和语言表达方面都有相应的突破,笔者在实践三步解读法和三阶促写法的同时,采用班级互评活动进一步强化学生们的合作探究意识,从而促进学生读后续写能力的全面提升。首先,在互评内容上,笔者规定了四个要点,即书写、审题、语言以及适当的建议,书写包括卷面和篇幅。学生们在活动中的优异表现,让笔者倍感鼓舞,学生们的进步,也让笔者感受到了这个活动的魅力。

通过这个活动,学生们不仅帮助了不同班级的同学获得成长,更重要的是在互改的过程中,自己通过不断反思、查找、总结和归纳获得了更进一步的提升,实现了从低阶思维到高阶思维的转变。

5.4 写作合作探究活动成果显著

经过笔者对写作合作探究活动的不断尝试,学生们对小作文的卷面、书写、谋篇布局、遣词造句以及对读后续写的文本解读、情节梳理、主题概括、人物把握、首句研磨等等都有了质的提升,写作成绩也取得了很大的进步。在本校高三第三次模拟考中,通过数据对比,笔者所带的班级英语不仅在总平均分上有了质的飞跃,在读后续写这道题的平均分上,更是有了极大的突破。其中一个班级从高三第一学期第一次月考年级平行班倒数第一攀升到了年级平行班第一,这是学生们认真努力的结果,更是高效的合作学习探究活动结出的累累硕果。

6. 小结

正如本杰明·富兰克林所讲:"Tell me and I forget. Teach me and I remember. Involve me and I learn."。参与,是最好的学习。当然,"深度学习高中英语课堂的构建并不要求以固定模式和套路承担所有类型的英语课堂,而主张教师在理解学科、学生与教学的基础上,创造性进行课堂教学的设计、组织与实施"(马云鹏,2018:62)。

作为新时代人民教师的我们,所承担的使命和挑战无疑是巨大的。而作为高中英语教师的我们,一直在学习,一直在成长,一直在发挥我们的教学智慧,力求通过我们的努力,促使学生在充满"温度"、富有"高度"、具备"厚度"与拥有"宽度"的英语课堂活动中,实现学科核心素养与人的全面发展(罗永华,2021)。

参考文献

[1] 郭华.深度学习及其意义[J].课程·教材·教法,2016(11):25-32.
[2] 罗永华.深度学习高中英语课堂的内涵与构建[J].课程·教材·教法,2021(6):96-102.

［3］马云鹏.深度学习视域下的课堂变革[J].全球教育展望,2018,(10)：52－63.

［4］王蔷,孙薇薇,蔡铭珂,汪菁.指向深度学习的高中英语单元整体教学设计[J].外语教育研究前沿,2021,(1)：17－25.

［5］中华人民共和国教育部.普通高中英语课程标准(2017年版2020年修订)[M].北京：人民教育出版社,2020：13,63.

作者单位：广东省汕尾市城区湘江大道西华师附中汕尾学校 汕尾　516500

跨语言视角下解构与重构
在上海高考汉译英中的应用

左 涛

提 要：英语语言学习不能完全抛开汉语，汉语对英语的迁移影响学生对高考汉译英的认知及应对。通过分析讲解汉英表达差异，解构汉语句法构造并在英语中进行语句重构，能够帮助学生规避母语带来的负迁移，减少语言错误。有针对性地设计汉英翻译练习可帮助学生在活学活用词汇和句式的同时增强英语学习积极性，提高高考汉译英实战能力。

关键词：跨语言视角；英汉表达差异；汉译英；解构与重构；模仿应用

1. 引言

英语学习不能只关注英语个体，而要把视角扩大一些，看看其他语言特别是学生的母语——汉语。把英语与汉语进行对比分析，能够发掘出单个语言学习所看不到的特点和规律（戴庆厦，2006）。汉语属于汉藏语系，英语属于印欧语系。英语和汉语两种语言在书写、发音、构词及句式上有很大区别。汉语是由象形文字发展而来，以表意为主，结构松散。而英语是由字母构成，表形为主，结构严谨。这些语言上的差异反映了不同文化习俗、思想观念、思维方式及社会历史背景，它们给学生习得英语造成了不少障碍。正确认知理解汉英两种语言之间的个性差异，解构汉语句式表达的内在构造，并调整词语顺序，选择合适词汇及搭配方式，或添加冠词、介词、连词重构生成地道的英语句法结构，并鼓励学生举一反三积极模仿应用，是跨语言视角下提高高考汉译英实战能力的重要途径。

《普通高中英语课程标准（2017 年版 2020 年修订）》指出高中学生要能在英语表达过程中有目的地选择词汇和语法结构，确切表达意思，体现意义的逻辑关联性。能使用特殊词汇、语法创造性地表达意义。上海市高考英语翻译试题采取汉译英的模式，主要考察语言的运用能力和交际能力。具体包括运用英语词汇、语法和句型结构的能力；要求考生使用符合英语习惯的句子将所给汉语的意思表达出来，避免逐字逐句对译，从而考察考生对汉英两种语言表达差异的敏感性。

句法解构是把表层呈现的线性句法结构进行分拆解析。句法重构是把这些分解产生的基本元素重新排列组合进行二次建构。句法解构的最大特点在于打破整体的、完整的表象搭配，为重新构造新的句法搭配提供基础和条件。句法解构为理解分析汉语语句提供了新思路，以句法解构为前提，句法重构能够把对汉语句法解构而来的全部或者若干单元组建成全新的英语句法构造。善于运用句法解构与重构，清晰展示汉英同义语句的内在结构和语义逻辑差异，能够促进语义信息传达,帮助学生更好理解它们。把枯燥无味的死记硬背语法规则及被动刷题转变为相对轻松的汉英语句同义对译转换,同时教师对高考汉译英真题所涉及到的汉英表达差异进行分析和重点讲解,趁热打铁,设计一些汉英对照翻译练习给学生在课堂上或课后完成,可以快速地激起学生英语学习的积极性,促使他们将记忆下来的词汇及句式进行现学现用。

2. 重点分析汉英表达差异,巩固强化解构与重构

学生在英语学习过程中不可避免受到母语汉语的影响,特别是负迁移的影响。所谓负迁移影响主要指中国学生容易泛滥式地模仿照搬汉语句式,导致使用错误英语例句(郭纯洁、刘芳,1997)。这就要求英语教师在教学实践活动中帮助学生利用好汉语对英语的正迁移影响,同时采取措施引导学生有意识地规避负迁移的影响(邵浩,2013)。任何一门语言的句子都是由一个个单词组合而成,只不过在组合过程中出现了词序差异及特殊词汇或句式,这是语句解构与重构的认知基础。正视这些差异对英语表达的影响可以有效减少交流障碍,提高学习效率,对英语学习者有着重要的帮助(马兰芳,2004)。

为了帮助学生积极应对,教师可以重点分析讲解这些差异出现的根源,引导学生关注英语遣词造句的特点。把汉英语句对译做成课件,直观清晰地进行对比分析,提醒学生重视汉英表达不一样的地方并要求学生对应朗读记忆。同时,将对译资料复印出来发给每位学生,要求他们在课后复习强化。此外,要求学生进行句式模仿,对已经背诵的例句进行模仿造句,可以有效提高学生句式输出的多样性及准确性,减少语言应用错误。设计一些与高考汉译英真题相关的模仿翻译练习,要求学生课后完成,之后利用上课时间进行讲评。这样做能够促使学生活学活用,鼓励他们再接再厉,多背多记,做到熟能生巧,提高应对汉英翻译题的信心。下面罗列出几点汉英表达差异,并且设计对应的汉英翻译习题,以期在教学过程中帮助学生有针对性地应对这些差异。

2.1 连接方式的不同——形合与意合

英语造句主要采用形合法,句中的词语或成分之间用语言形式手段(包括词汇手段和形态手段)连接起来,表达语法意义和逻辑关系。形合法有清晰可辨的语法标记,一般情况下无须借助上下文,仅依靠显性的连词、介词等词汇,或者单复数、时态等屈折变化,就可排除歧义,完成对句意的理解。而汉语造句主要采用意合法,依靠事物间的自然逻辑来实现句子成分之间的连接。意合法依靠语境来排除歧义,理解句意。汉语语句解构之后使用英语重构需要借助词汇变形、虚词词类增补、词语顺序颠倒等句法操作。

英语是一种屈折性强的语言,其语法关系可以通过词序及屈折变化等方式来表示,而汉语是一种分析性强的语言,其主要特点是没有太多形态变化(连淑能,2010)。在英语学习过程中,由于目的语结构与母语结构之间存在差异,学生容易产生母语负迁移,导致认知困难,出现错误表达,如表1中例(1-4)所呈现三单形式、复数形式、过去分词、不定式及动名词出现词形变化的情形。但是,也要提醒学生避免滥用乱用形态变化,如把不可数名词用作复数的luggages、baggages、equipments 和 furnitures,把 police/people 与单数动词 is/was 连用,等。

汉语动宾结构类别多、结构复杂,宾语可以是动作的操作对象,也可以是工具、处所、时间、

原因等。而英语则需要借助介词来明确阐述这些词语之间的语义关联,如表1中例(1)所呈现汉语无介词而英语要添加介词的情形。

英语借助连词来合并句子,扩展句法结构,而汉语直接采用粘连附加的方式把词语及句子糅合起来,因而需要学生汉英转换时进行断句分析,添加英语连词重新建构句式,使用地道准确的英语表达,如表1中例(2-4)所呈现英语定语从句与并列句使用连词而汉语不用连词的情形。

表 1 汉英连接方式的不同

举 例		句法构造上出现汉英差异	模 仿 造 句
(1)【2020 上海秋考】你是否介意 *替* 我去参加会议?(substitute)	解构	汉语动宾搭配之间无需介词,名词前不使用冠词,动词没有形态变化,没有使用助动词	我已*安排*好一辆车去车站接他们。(arrange)
Do/Would you mind *substituting for* me *to* attend *the* meeting?	重构	英语需添加介词 for 及冠词 the,使用非谓语动词,使用助动词构成疑问句	现今人们越来越依赖计算机协助工作。(rely)
(2)【2021 上海春考】这条小溪蜿蜒流淌,陪伴着世代居住的村民,见证了这个村庄的日新月异。(company)	解构	三个句子之间没有出现连词,共享同一个主语	随着时代的进步,许多往日被视为奢侈品的电子产品,已成为大众消费得起的日用品。(advancement)
The river *that* winds its way, in *the* company *of the* villagers *who* have live*d* there for generations, *has* witness*ed* the ongoing change*s* in the village.	重构	使用关系代词 that 及 who 引导两个定语从句,使用介词短语 in the company of the villagers 替代动宾搭配 accompanying the villagers	
(3)【2021 上海秋考】你坐会儿,我来看管这六件行李。(look)	解构	两个句子之间没连词	不要放弃,你会成功的。(successful)
You can sit for a while, *and* I will look after the/these six pieces of luggage/baggage.	重构	引入并列连词 and,luggage/baggage 为不可数名词,量词 pieces 使用复数形式	
(4)【2022 上海秋考】切莫苛求运动的强度与频率,细水长流方能见效。(a difference)	解构	两个句子之间没连词	网购有风险,下单需谨慎。(exist)
Don't exercise excessively in terms of intensity and frequency, *because* only by doing it persistently and gradually can it make a difference.	重构	引入从属连词 because	我总是开着窗户睡觉,天气非常冷才关上窗户。(open)

2.2 主语类别的不同——物称与人称

英语常用物称表达法,让事件以客观的陈述呈现出来,而汉语则较注重主体思维,往往从自我出发来叙述客观事件,或倾向于描述人及其行为或状态,因而常用人称。当人称可以不言自喻时,又常常会隐含人称或省略人称。汉语重人称而英语重物称主要表现在如何使用主语和动词两方面。解构汉语语句中词语排序与其词汇本身语义之间的关联,使用英语时避免逐词直译、适当调整词汇选择和句式表达进行语句重构,能够帮助学生拓展多样化的同义表达,并不断增加词汇量,加深对英语词汇句法搭配与语义组合影响的认知。

第一,英语常用非人称主语,而汉语常用人称主语。用物质名词或代词 it 作主语而不用人称作主语的句子,读起来更加符合英语语感,如表 2 中例(5—7)所呈现汉英主语不同的情形。

第二,英语常用被动式,采用物称表达法,而汉语则常用主动式,采用人称、泛称或隐称表达法,如表 2 中例(8)所呈现英语使用被动句而汉语使用主动句的情形。

表 2　汉英主语类别的不同

举　例		词语用法差异	模仿造句
(5)【2019 上海春考】让我的父母非常满意的是,**从这个公寓的餐厅**可以俯视街对面的世纪公园,从起居室也可以。(so)	解构	汉语隐含主语"我的父母/他们"	他忘了带阅读证,**进不了图书馆**。(accessible)
Much to my parents' satisfaction, **the dining room of the apartment** overlooks the Century Park across the street,and so does its sitting room.	重构	英语地点名词用作主语	**他发生**什么事儿了?(happen to/become of)
(6)【2018 上海春考】**当谈到**办公室冲突的时候,专家建议更多反思自己,更多换位思考,并及时与同事沟通。(when it comes to)	解构	汉语是无主语句	知晓我并没有接受那份工作,**你可能**会感兴趣的。(It may interest you to)
When it comes to avoiding office conflicts, experts suggest reflecting on ourselves more, thinking more from others' perspectives and communicating with colleagues in time.	重构	英语使用形式主语 it,指代后面的动名词	**他丧失了**勇气。(desert)
(7)【2017 上海春考】**你**没有必要在乎他人对你的评论。(care)	解构	汉语主语为人	**我从未想到**这种事竟然会**发生**在他的身上。(occur)
You don't need to/**There** is no need for you to care about others' comments on you.	重构	英语可以使用人作主语,或者使用 there be 句型	

续　表

举　例		词语用法差异	模仿造句
(8)【2017 上海秋考】*有人声称*这种减肥药丸效果显著,立竿见影,且对身体无害,但事实远非如此。(It)	解构	汉语为主动句	*据报道*,这种野生植物含有丰富的维生素。(It)
It is claimed that weight-loss pills have an effective and immediate effect and are harmless/do no harm to our body, but it is far from the truth.	重构	英语使用被动句,形式主语 it 指代后面的 that 从句	好久没*听到*她的任何音讯了。(is heard of)

2.3　表达语境的不同——静态与动态

英语倾向于多用名词,因而叙述呈静态,而汉语习惯于多用动词,因而叙述呈动态。名词化是英语静态倾向的主要表现形式,指的是用名词来表达原来属于动词或形容词所表达内容,如用抽象名词来表达动作、行为、变化、状态、品质、情感等。这种名词优势往往可以使得表达比较简洁,造句比较灵活,行文比较自然,也便于表达较为复杂的思想内容。解构汉语语句中的主谓、动宾、主系表、被动的句法及语义组合方式,通过实词词类间变换、词序调整、语态转化、实词与虚词跨类替代、句法功能变化等句法操作,可以重构生成地道自然的英语句式表达。

英语的静态倾向主要表现在以下几方面:第一,用名词替代动词,如表 3 中例(9—10)所呈现的情形。第二,用形容词或介词表达动词的意义,如表 3 中例(11—12)所呈现词类变换使用的情形。

表 3　汉英表达语境的不同

举　例		汉英词类变换	模仿造句
(9)【2020 上海秋考】为了让妈妈*好好休息*,小王把水槽和碗橱擦得干干净净。(In order ...)	解构	"急需"是动词表达	由于*缺少*陪伴时间,很多父母常常买礼物来*弥补*心中的遗憾。(Due)
In order for mum to *rest comfortably*/have *a good rest*, Xiao Wang cleaned the sink and cupboard thoroughly.	重构	rest comfortably ←→a good rest 动词←→名词	
(10)【2022 上海春考】正是因为*贯彻*"顾客为本"的理念,那个落寞已久的社区商场才得以重回大众视线。(It)	解构	"贯彻"是动词	在成长的道路上*面对*各种挫折和诱惑,我们必须不忘初心,方能继续前进以实现最初愿望。(face)
It is because of the *implementation* of/*implementing* the "customer first" concept that the long-deserted community shopping mall could return to the public eye.	重构	implementing←→implementation 动词←→名词	

续　表

举　　例		汉英词类变换	模仿造句
(11)【2017 上海秋考】在过去的三年中他一直**致力于**研究信息的传播速度和人们生活节奏之间的关系。(commit)	解构	"致力于"是动词	尽管有分歧,我们仍**期望**找到解决方案。(hopeful)
During the past three years, he **has committed himself/has been committed** to researching the relationship between the transmission speed of information and the rhythm of human life.	重构	has committed himself ⟷ has been committed 动词⟷形容词	他**担心**枪支可能会被用来袭警。(against)
(12)【2015 上海秋考】街头艺术家**运用**创意将鲜艳明亮的色彩带进了老社区。(bring)	解构	"运用"为动词	既然你期望精彩的人生,那么就应该从今天起,**秉持**毫不动摇的决心和坚定不移的信念,去创造你的未来。(Since)
Street artists have brought brilliant colors to old neighborhoods **with/using** their creativity.	重构	with their creativity ⟷ using their creativity 动词⟷介词	

2.4　汉英句式的不对称表达

语言表达是人类观察客观世界、描述周围事物及现象的文字符号。汉英两种语言使用句法结构各异的表达方式来阐述同样的语义内容,把汉语语句解构拆分为最基础的语言单位,继而使用英语重构这些语言单位生成形异而质同的句法表达是完全可行且必要的。语言及文化上的差异要求学生只有在充分掌握汉英句式不同特点的基础上,才能准确无误传达信息。

英语和汉语属于不同的语言类型,英语属于主语突出的语言,而汉语属于话题突出的语言,位于句首的成分不一定是主语。如"我们国家发生了很多事"中句首"我们国家"不是主语,而是地点状语充当话题,如表4中例(13)所呈现汉英词序颠倒的情形。此外,汉语使用主动表达而英语使用被动语态时往往与英语词汇本身的句法搭配相关,如表4中例(14)所呈现汉英动词用法不同导致使用主动与被动两种不同语态的情形。又如表4中例(15—18)所呈现英语词类及句式独特表达造成汉英语句出现词序差异及词语使用不同的情形。

表 4　汉英句式的不对称表达

举　　例		汉英词汇用法差异	模仿造句
(13)【2017 上海秋考】在投资项目的过程中**出现了一些问题**。(arise)	解构	汉语动词"出现"后跟名词	因为他有犯罪记录,警察都**熟悉他**。(known)
Some problems arose/have arisen in the process/course of investment project/ investing project.	重构	英语使用主谓结构	

续　表

举　　例	汉英词汇用法差异		模 仿 造 句
(14)【2017 上海春考】**大量阅读书籍**有助于我们的成长。（expose）	解构	汉语动词"阅读"是主动表达	他**参与**了一场激烈的讨论。（involve）
Being much exposed to books is helpful to our growth.	重构	英语 being exposed to 是被动式	....
(15)【2022 上海春考】他已经有**几十年**没见过如此壮丽的日出了。（since）	解构	汉语为简单句，"几十年"为时间状语	**不久**她就说服他来参加派对了。（before）
It has been decades since he saw such a magnificent sunrise.	重构	英语使用主从复合句	....
(16)【2020 上海春考】这首歌在今年艺术节上首发时，因其**旋律欢快,风格诙谐**引起轰动,但只是昙花一现。（when）	解构	汉语为主谓搭配，名词在前，形容词在后	他回来时**心情低落**。（mood）
When（it was）first released at this year's art festival, the song became a hit because of *its cheerful tune and humorous style*, but it soon lost its appeal.	重构	英语使用名词短语,形容词在前,名词在后	她英语、法语和德语都很**流利**。（fluent） ....
(17)【2018 上海春考】不要喝太多含糖饮料,否则**你会容易**发胖。（or）	解构	汉语中"容易"只能在主语之后	**他容易**发火。（easily）
Don't drink too many sugary drinks, or *you will easily* gain weight/it is *easy for you* to gain weight.	重构	英语中可以使用副词 easily 或形容词 easy①	....
(18)【2021 上海春考】**我花了三天时间**画这幅风景画,来庆祝我曾祖父的百岁寿辰。（take）	解构	汉语中人称代词"我"作主语	**欢迎你**来参观学校。（welcome）
It took me three days to paint a landscape to celebrate my great-grandfather's 100th birthday.	重构	英语 it 用作形式主语	**他似乎**不受人待见。（It） ....

---

① 英语中使用形容词 easy 出现在 you are easy to gain weight 是错误表达,因为 you 与 gain weight 之间是主谓关系。而英语中"人/物＋easy＋不定式"这一句法结构要求句首的"人/物"与后面不定式中的动词之间为动宾关系,如"She's very easy to talk to/This cake is very easy to make"中 she 与 talk to、this cake 与 make 之间构成逻辑上的动宾关系。

2.5 长短句与表达顺序的不同

英语造句犹如树形结构,先有主干(主谓句),然后利用各种时态关系及介词、从属连词、关系代词、关系副词等把短语、从句嫁接到这个主干上。句子表面看起来是一维线性的,而实际上是多层次、多维度立体发展的。汉语句子只能呈竹竿型,按时间顺序一句一句直线扩展。汉语是自然语序,思维和语序自然合拍。汉译英要"先主干,再细节"。理清句子的成分,先确定框架,再添砖加瓦。

汉语句子语序基本反映了思想的过程,先想到什么就先说什么,叙事是按照时间顺序发生的。先介绍背景,如条件、事实、原因,最后点出话语的信息中心,下结论,表态度。而英语恰好相反。说话人先把要表达的信息组织一下,一般强调什么就先说出,开门见山交代最重要的态度、观点或结论。然后再把理由、条件、原因、例证逐条补述。汉语里两个并列句可能存在潜在的修饰、目的、因果、结构等逻辑关系,翻译时要使用这种逻辑关系,使句子更连贯。

汉语以表"意"为主,结构松散,多为短句。而英语以表"形"为主,结构严谨,系统性强,多用长句、复杂句(赵晓江,2008)。并列与从属是现代英语最重要的句法结构特点之一,由此生成的英语句子总体而言比汉语句子要长得多。英语并列句和各种从句可以层层环扣,特别是书面语句子常常显得又繁又长,如表5中例(19—22)所呈现的情形。

表5 汉英长短句与表达顺序的不同

举 例		汉英句式结构差异	模 仿 造 句
(19)【2019 上海春考】博物馆疏于管理,展品积灰,门厅冷清,急需改善。(whose)	解构	汉语为四个句子,简洁短小,句式既有主谓搭配又有动宾搭配	越来越多的美国人,无论年老还是年轻,尝试骑车上班,以节约能源。(whether)
The poorly managed museum, whose exhibits are covered with dust, attracts few visitors and needs improving badly.	重构	英语使用前置修饰语、后置定语从句及并列句	....
(20)【2019 上海秋考】和学生时代的他相比,那名士兵简直判若两人。(How)	解构	汉语为两个句子,使用逗号,句子主干在后	获悉中国男足失利的消息,球迷们大失所望。(at)
How different the soldier is from what he was like while he was a student!	重构	英语使用主从复合句,形容词移位前置	....

举　　例		汉英句式结构差异	模　仿　造　句
(21)【2022 上海秋考】这条运河是经历几百年建成的，虽无昔日的繁忙景象，但仍然是贯穿东西的重要水道。(as ... as)	解构	汉语第一个句子带主语，后两个句子省略相同主语	这座城堡建成于 1856 年，因其大理石阶梯闻名于世，现在正在修缮。(famous for)
The canal, which took several hundred years to build, isn't as busy as it used to be, but remains a vital waterway running through east and west.	重构	英语通过使用定语从句及并列句避免同一名词主语重复出现	
(22)【2021 上海春考】遨游太空一周，载人飞船安全落地后，这一刻，原本寂静的发射中心一片欢腾。(The instant ...)	解构	汉语为三个句子	在经济危机之中政府应该采取特殊对策，否则失业人数将持续增长。(unless)
The instant the manned spaceship landed safely after flying in space for a week, the quiet launch centre exploded with joyful cheers.	重构	英语状语从句在前，主句在后	

3. 实践反思

　　汉译英是英语高考题型中相对困难的一项任务，运用汉英差异分析解构汉语并使用英语重构，以及引入语句仿写，使得学生对高考汉英翻译有新的认识。学生们因此积极关注英语、热衷思考英语，增强了学习英语的兴趣。

　　第一，化繁为简，便于操作。英语大量虚词的使用及严格的语法规则是学生英语学习的一大困难，汉英语句对译分析清楚明了地揭示了这些差异，帮助学生发现并关注这些差异，继而在背默及今后的句子模仿中准确使用英语句子，促使学生更好地认知理解林林总总的语言现象，融会贯通、学以致用，可使得英语学习转化为有意义的活动，而不是单调的死记硬背。

　　第二，减轻学生负担，提升学习效果。传统的以讲授为主、学生被动接受的学习模式不能给予学生太多参与互动机会，迫使学生不断追赶学习进度，给学生造成极大的心理压力，而汉英对照分析能很好地吸引学生加入课堂讨论，直击他们语言学习的痛点，让他们不再为自己的语言错误而内疚，以轻松的心态创造性地完成英语学习任务。

　　第三，有效发挥教师的引领作用。传统的课堂上，教师更多是大包大揽、灌输式讲解不停，并没有能够有效地指导学生。教师利用汉英语句对译并分析差异形成的深层原因，激励学生提出认知困惑、发现英语语言问题并积极探究。教师一边讲解分析，一边引导学生进入英语语言思维方式和表达方式，真正成为促进学生学习的指引者。

第四,激励学生大胆模仿,避免学生消极敷衍。核心素养要求学生具有好奇心和想象力,能不畏困难,有坚持不懈的探索精神,能大胆尝试,积极寻求有效的问题解决方法(核心素养研究课题组,2016)。运用模仿翻译能够帮助学生探索使用英语词汇和语法规则,鼓励他们使用英语词典及语法工具书,搜索网络学习资源,请教老师或同学。与此同时,教师能够有效跟踪监控学生对新知识的掌握程度,继而及时发现学生面临的问题,在教学活动中给予积极的干预。

第五,汉英结合,同步提高。汉译英翻译练习有助于学生关注汉语和英语学习之间的对比分析,在比较中提高汉英两门语言的综合运用能力,从而促进语文和英语的共同学习,也利于英语教学和语文教学之间的交流和互补。汉英翻译能够帮助学生提高书面表达能力,因为段落和篇章都是有句子构成的,而把句子翻译掌握好,学生使用英语表达丰富思想内容就轻松容易了。与此同时,熟练应对句子翻译能够确保学生英语语言表达地道自然。

4. 小结

从跨语言视角看待汉英表达差异并加以模仿应用能够帮助学生积极解构分析汉语语言现象、发现汉语组词造句规律,促使学生快速有效使用英语重构生成地道自然且多样化的句式表达。在调动学生参与积极性、最大限度发挥教师引领作用以及在课后巩固强化方面都展现出良好效果。运用汉英语句对译分析,挖掘汉英表达常见差异,并辅以课后模仿翻译练习,可以帮助学生把解析、记忆、模仿几方面联动起来,发散思维、活学活用。学生乐意跟随教师指引,循序渐进认知英语词汇搭配和句式构造,潜移默化淡忘母语汉语的负迁移影响。此外,学生能够在课后继续探索把汉语转变为英语的实用操作方法,实现对学习效果的跟踪和反馈。

参考文献

[1] 戴庆厦.跨语言视角与汉语研究[J].汉语学习,2006,(01):3-6.

[2] 郭纯洁,刘芳.外语写作中母语影响的动态研究[J].现代外语,1997,(04):31-38.

[3] 核心素养研究课题组.中国学生发展核心素养[J].中国教育学刊,2016,(10):1-3.

[4] 连淑能.英汉对比研究[M].北京:高等教育出版社,2010.

[5] 马兰芳.从翻译中看英汉思维方式的差异[J].天中学刊,2004,(04):86-88.

[6] 邵浩.迁移学习:理论与实践[M].上海:上海交通大学出版社,2013.

[7] 赵晓江.英汉句式互译差异分析[J].中小学英语教学与研究,2008,(06):65-68.

[8] 中华人民共和国教育部.普通高中英语课程标准(2020年修订版)[M].北京:人民教育出版社,2020.

作者单位:广东省广州市广州大学附属中学 广州 510050

双减背景下初中英语
综合实践作业设计探索
——以《英语》(牛津上海版)7A M3 Diet and health 综合实践作业为例

戴　钰

提　要："双减"政策的出台旨在有效减轻义务教育阶段学生过重作业负担和校外培训负担。作业减负不是一味减轻作业量或者缩减作业时长，而是要以高质量的作业促进学生全面发展，这对教师的作业设计能力提出了新的要求。英语综合实践作业的设计不仅能促进学生将单元或模块的语言知识与语言技能学以致用，并且可以引导学生综合运用学习策略，培养自主学习、探究与合作的能力，促进学习能力和思维品质的提升。本文以《英语》(牛津上海版)7A M3 Diet and health 为例，开展单元或模块视角下英语综合实践作业设计探索，以期对英语教师作业设计有所启发。

关键词：初中英语；综合实践作业设计；双减

1. 引言

　　"双减"背景下，如何让作业切实"提质增效"，如何有效实现作业的价值与作用，值得每一位教师思考。由于升学考试的影响，初中英语作业设计一直是被初中英语教师忽略的内容，作业的内容也非常功利化和短视化，教师的精力过多集中在书本语言知识的讲解而鲜少关注研究如何提升作业质量。抄写、背诵、习题等作业，形式单一，机械重复，缺乏趣味性，学生较难取得获得感和成就感。此外，很多英语作业内容过于侧重于语言知识与技能，而对英语学科核心素养中的文化意识、思维品质以及学习能力的培养缺少关注。基于此现状，笔者以《英语》(牛津上海版)7A M3 Diet and health 为例，结合自己在单元或者模块的主题语境下综合实践作业设计的实践与探索的经验，来谈谈"双减"背景下如何进行初中英语综合实践作业设计探索。

2. 英语综合实践作业设计的步骤与方法

　　《上海初中英语高质量校本作业体系设计与实施指南(试行)》对综合实践作业定义如下："综合实践作业是指单元或模块主题语境下，综合运用语言知识和语言技能完成交际任务的作业。"在进行综合实践作业的设计时，教师要依据单元或模块的主题，结合学生情况进行整合，制定合理的作业目标，确定作业内容，依据目标细化明确作业的要求，并设计丰富多样的反馈方式。

2.1 紧扣作业目标

英语综合实践作业的目标不仅体现英语学科课程整体的育人要求,而且与教学形成互补,是英语综合实践作业设计的核心。综合实践作业的要求和反馈的设计都要围绕作业目标来进行。综合实践作业的目标可以将单元教学目标进行整合,结合班级学生的学情,从英语学科核心素养"语言能力""思维品质""文化意识""学习能力"这四个维度来进行制定适切的作业目标。

例如,本模块 U9 的阅读课时要求学生了解葡萄干烤饼的制作过程以及食谱的文本特征,并能使用祈使句简单介绍食谱。U10 的阅读课时同样出现了食谱的文本阅读,要求学生更进一步地掌握食谱的文本特征,运用 firstly、secondly 等副词表达步骤并在食谱制作过程中运用祈使句表达命令。结合这两个单元的单元目标以及对学生综合能力的培养,本次综合实践作业的目标设定如下:

表 1

语言能力	1. 表达原料的量 2. 运用 firstly、secondly 等副词表达步骤 3. 运用祈使句描述步骤
思维品质	在制作过程中,记录自己的失误,并归纳总结给出建议
文化意识	1. 了解中西美食文化上的差别,如食谱量词表达 2. 梳理文化自信,能传播介绍中华美食文化
学习能力	1. 自主查找食谱信息,获取资源 2. 主动积累并运用食品、烹饪等词汇 3. 制作电子小报排版或者视频剪辑

2.2 明确作业要求

明确的作业要求可以避免学生因不理解要求产生困惑,无法着手开始作业,以至于影响作业进度,使作业效果大打折扣。教师在进行综合实践作业设计时,既要给学生自主创新的空间,也要充分考虑不同学生的能力水平以及家庭情况,预判学生在完成作业过程中可能遇到的问题,并通过明确的作业要求来规避各种状况发生,保证作业的可操作性和有效性。明确的综合实践作业要求一般要包含作业内容、作业时间节点、结果呈现方式以及评价标准。

2.2.1 作业内容

综合实践作业的内容的确定要紧扣本单元或模块的话题、语言知识和语言技能,创设贴近学生生活实际的情境,鼓励学生在生活中运用英语解决问题。

在《上海市初中英语学科教学基本要求》中,七年级的单元话题在饮食类目涉及食品制作这一话题,并且在话题单元教学目标中,对于饮食的话题,学生要能感知与理解中外文化的共同点,能口头或者书面介绍,形成较客观、全面的语言概念。本模块的实践作业内容设计如下:

> 英语综合实践作业：
>
>   制作一个食谱（食谱形式可选）
>
>   中华美食文化博大精深，你一定有自己最喜欢的或者你最拿手的美食，快来与我们分享吧！

书本两个单元的阅读材料讲的都是西餐甜点的制作，在了解食谱文本特征即食谱包含的要素及如何描述步骤后，让学生运用课内所学，迁移到实际生活中，制作一个食谱介绍一道中华美食，引导学生树立文化自信，具备一定的传播中华美食文化的能力。

2.2.2　时间节点

综合实践作业通常为长作业，需要学生在一段时间内合理安排时间，运用本单元或模块的语言知识技能以及综合能力去完成。因此时间节点的设置要给足学生课后作业的时间，并且在综合实践作业阶段平衡控制好每天作业的时长。一般，周末和小长假，学生的时间相对充裕，可以设置一到两周的时间，让学生相对灵活地安排时间，更好地进行自主探究，完成作业。此外，寒暑假也给学生提供了大量时间去自主学习、合作探究，可以针对整册课本的重点话题来整合设计多个综合实践作业，鼓励学生充分思考、积极探究与合作，度过一个充实而有意义的假期。

2.2.3　结果呈现方式

在进行作业形式的创新与尝试时，教师也要考虑到作业的可操作性。可以结合学生的学习水平和家庭情况，设计多种呈现结果给学生选择。这样既能鼓励不同能力水平的学生，也体现了对全部学生的关怀。

例如，本模块的作业要求中，考虑到不是所有家庭都能操作视频的拍摄与剪辑，于是，笔者设计了以下几种作业呈现方式供学生选择：

> 提交方式：（选择一种即可）
>
>   1.绘制小报（纸质版）。将食谱绘制出来。
>
>   2.剪贴小报（纸质版）。将关键步骤拍照彩打，剪贴并配上文字。
>
>   3.电子小报（电子版）。将关键步骤拍照，电子排版，配上文字。
>
>   4.视频（5 min 内）。将制作过程录制视频，后期剪辑，配上字幕。

2.2.4　评价标准

评价不仅要关注学生的语言知识，更要发现和发展学生多方面的潜能，帮助学生认识自我，建立自信。科学合理的评价检测量表可以对学生学科核心素养的全面提升起到检测和促进作用。综合实践作业的评价量表设计要紧扣作业目标，并且在语言知识外还要关注到学生作业过程中的探究能力、合作能力、自主学习能力等，关注学生完成后的感受与总结。

例如，本次综合实践作业中，如下设计的量表，让学生通过自评表了解作业的标准，在表格后要学生填写自己如何在操作过程中解决问题的，并对本次作业成果进行评价。

自 评			
内容	1. 包含原料及其用量		☆
	2. 完整的步骤		☆
语法	1. 正确表达原料的用量		☆
	2. 正确使用祈使句		☆
	3. 正确使用 firstly、secondly 等副词表达步骤		☆
食谱	1. 可操作性强		☆
	2. 步骤清晰(包含小贴士)		☆

I had difficulties with _____

But I solved the problem(s) by _____
What do you think of your work?

_____

2.3 丰富反馈形式

丰富多样的反馈方式能给综合实践作业锦上添花。针对综合实践类作业的反馈,教师应在师评的基础上综合运用各种各样的形式,比如,生生互评及搭建展示平台如班级板报、墙面、学校的活动平台、微信公众号等。互评的环节既可以激发学生的主动性,还能让学生在互相欣赏中互相学习,或者发现并提出问题,给同伴提出合理的建议。而展示平台更能提升学生英语学习的自信和自我认同感。

例如,本模块的英语综合实践作业成果有纸质版、电子版和视频三种类型。纸质版的作业可以利用班级的墙报、展板区域,进行阶段展示。电子小报和视频类的作业可以后期剪辑成一段视频进行展示。除了展示平台外,本次三种形式的作业成果均可在课堂中采用生生互评的方式进行互动反馈。

3. 英语综合实践作业的价值

3.1 激发学生学习兴趣

教育要增强每个人的获得感、幸福感和成就感,这是"双减"中不能忽视的重要思想之一。不同于传统作业模式,英语综合实践作业形式丰富多样,贴近学生真实生活,不单关注英语学习成果,同样重视学习过程与体验,调动学生的综合能力,激发学生对英语作业的兴趣。学生的学习方式发生了转变,由被动学习转变为自主学习、合作学习和探究学习,使得不同层面的学生获得成就感。

3.2 提升学生学习能力

"双减"政策强调要提升学生不断学习的内驱力,培养学生有效学习的技能。英语综合实践作业的目标指向学生英语学习能力发展,要求学生运用所学语言知识技能,并调动跨学科知识来完成。在完成过程中,学生需要进行自主思考,进行科学观察和实验,收集资料,筛选信息,发现并提出问题,总结归纳等。综合实践作业不仅可以帮助学生树立正确的英语学习观,运用掌握的英语学习策略,多渠道获取英语学习资源,还可以引导学生在探究中思考中西方文化的差异。

3.3 培养学生思维品质

思维品质是英语学科核心素养的重要组成部分,而综合实践作业可以多方面提升学生的思维品质。英语综合实践作业通常需要学生自己安排好时间和作业步骤,这可以锻炼学生的逻辑思维。此外,英语综合实践作业的优势在于,没有标准答案,没有固定模板,学生有自主创新的空间。在作业过程中,学生需要不断思考与调整,尽情发挥自己的潜能,这能够促进培养学生的创新思维。在从多渠道收集资料、筛选信息时,学生需要对获取的信息进行分析和评判,学生的批判思维能力也会得到提升。

4. 结语

"双减"背景下,英语综合实践作业让学生从单调低效的作业中解脱出来,转为自由自发地学习,为英语教学真正回归落实英语核心素养打开了渠道、敞开了空间。英语综合实践作业不仅打破了原来作业模式对学生创造力的限制,更为学生积极运用和主动调试英语学习策略搭建了平台,激发学生自主学习的意识,促进学生思维品质的提升,培养学生的综合能力。教师要更新认知,积极思考,敢于创新,改变传统的作业结构,思考如何将单元话题及知识技能与学生生活实际相结合,创设较为真实的生活情境,充分利用英语综合实践作业促进学生全面发展,实现作业的多重价值。

参考文献

[1] 上海初中英语高质量校本作业体系设计与实施指南(试行)[S].上海:上海市教育委员会,2021:19-21.

[2] 赵尚华.初中英语课堂教学关键问题研究[M].上海:上海教育出版社,2020:248-260.

作者单位:上海市松江区新闵学校 上海 201612

依托英语阅读提升写作能力
——以九年级英语阅读课为例

朱海燕

提　要： 英语阅读是写作能力提升的重要基础。本文旨在探讨如何在有限的课时内依托拓展阅读，以读促写，加强语言和知识积累，丰富写作素材、话题和形式，提升写作兴趣，最终提升初中学生的英语写作水平和能力。

关键词： 英语阅读；九年级；写作

1. 引言

语言学家 Rod Ellis 指出，人的第二语言是依靠"输入和互动假设"学习和习得的。英语阅读可以为写作储备丰富的语言知识和进行"知识传授——接受——反馈"的互动（阎春莉，2012）。近年来，随着英语学习理论的发展和国内英语教学的改革，国内外许多专家不断在论证阅读与写作二者之间的相关性。

语言学家 Carson 和 Leki(1993)认为阅读能够使学生了解写作中需要的各种知识，阅读是写作的基础。Carson(1993)认同阅读在英语作为第二语言写作中所起的重要作用，他认为通常可以通过大量的阅读来获得或提高写作能力，一个好的阅读者往往能够较好地进行写作。

王蔷(2000)在论述读写关系时认为，阅读文章其实是学生写作的模板，以阅读信息为基础，帮助学生以结构层次更清楚的形式组织信息，将为今后进一步的写作活动奠定坚实的基础。

在教学实践中，我们发现依托单本教材，语言覆盖的话题和丰富度有限，在提升写作和为高中阶段英语学习准备方面也不足以支持不同层次学生的需求。我们尝试通过各种路径和方式提升学生学习兴趣。上海外语教育出版社推出的"黑布林英语阅读"系列读物，从内容选择、语言难度、配套练习设置等方面都非常适合作为国内中学生的拓展学习材料，我们尝试在九年级开展依托该套材料的阅读写作教学。

2. 问题分析

九年级学生总体升学压力重，学习目标明确并有一定功利性。任课老师比较注重中考内容的学习和操练；学生学习习惯已经基本养成，学习水平也相对稳定，不付出额外努力，无法大幅度提升。在笔者教学的三个班级中，一个班在全年级处于中上水平，总体学习习惯较好，但也有个别学生有倦怠情绪，作业拖拉。另外两个班整体学习水平偏下，学习热情整体不高。

英语写作不仅反映学生的语言水平，而且能够体现学生知识面和思维逻辑，必须进行规范的教学和操练。但是，阅读写作课很可能和常规课程老师教授的内容重复，另外频繁的训练学生容易产生倦怠感。在前几次的教学和写作训练后，笔者发现两个水平偏低的班级的学生由于词汇量和知识面都不够，写作时思路狭窄，句式的使用也十分单调，基本以主谓宾的简单句为主。机械的训练也让学生兴趣低下，可以说是应付了事，完全没有达到操练的效果。针对这个情况，笔者认为还是学生输入量太少，没有输入，怎么能有输出呢？

另外，本课程为英文拓展课，每周一个班只有一节课，课时非常有限。要为写作打下基础，需要大量有质量的阅读输入。如何处理两者之间的关系，笔者在反复思考取舍后认为在课堂上应该基于阅读技巧的教学充分培养阅读兴趣。在学生有学习意愿的基础上，教师把部分阅读任务作为家庭作业布置给学生，学生才能有质量地完成。同时，教师在课堂进行常用的写作手法教学，梳理故事结构脉络，分析精彩句式，之后学生再来写作，才能达到较好的效果。

3. 举措与效果

笔者采取了以下措施进行及时调整，先读后写，由读带写，以读促写：

3.1　阅读原版加大输入量

利用学校英语节的契机，我们在整个年级开展了黑布林阅读活动，全班共读，人手一本。短故事在课堂阅读，长故事把书分发给学生回家阅读，一般在2—3天读完及时回收，并在年级内流动。这样基本在两个月的时间内学生可以读完适合初三年级的12本读本。原版内容的输入让学生们接触到课本以外更多的地道词汇和词组用法，为下一步的写作积累了语言和话题素材。

3.2　精心选择内容创造共鸣

"黑布林英语阅读"初三系列包括《格蕾丝的双重生活》《瑞奇和美国女孩》等当代故事，描述孩子与家长产生的一些冲突和矛盾、异性同龄人之间懵懂而单纯的感情等。故事的主角与学生年纪相当，这样的内容很容易引起学生的共鸣。文章使用的语言以生活语言为主，并配合生词注释，学生阅读起来既有趣味，又不吃力。该系列还包括《金银岛》《白牙》《丢失的白象》等由欧洲英语教育专业出版社根据经典小说改编的缩写版。在进行此类阅读之前，笔者会建议大家先阅读书中提供的作者背景经历、作品产生的年代等，并做必要的解释，便于学生理解。这样做的目的是期待学生不仅通过阅读实现语言学习，更通过阅读的内容体验不同的人生，体会阅读的乐趣。

3.3　利用音频扩展输入形式

完全进行书面阅读可能速度比较慢，基础较弱的同学不易坚持，笔者尝试利用出版社APP中的配套音频资料，边听边读，帮助学生更加快速地阅读。黑布林的音频都是英语母语的专业配音人员录制，有些还有分角色的演绎。利用音频，短一点的读本用一节课的时间就可以完成,既能提高阅读效率,又能锻炼听力;既能加深学生对陌生词汇、词组的印象,又能深入体会书中角色的感情。

3.4 借助阅读单积累和评价

阅读单的要素包括:① 基本信息,如书名、作者、阅读日期,引导学生关注作者和作品背景信息;② 人物关系图,能够训练学生的逻辑结构梳理能力;③ 生词、短语及其中文释义,扩展学生词汇量;④ 我喜欢的句子,好的句子摘抄下来给学生印象更深且容易积累;⑤ 我的问题,记录故事中对人物、关系、情节等不理解的地方,启发学生深入思考,培养批判思维;⑥ 我的感想,简单描述读完故事之后带给学生的启发和感想。阅读单会在年级、班级中间进行评选,优秀的给予一定的小奖励,并在全年级和校内外英语活动时进行展示,既作为一种评价方式,又提高学生参与的积极性。

3.5 阅读后的延伸性写作

进行缩写、仿写、任务型写作及感想写作。读完一个故事,笔者在故事发展逻辑的写作技巧教学后,会请学生归纳故事脉络,提取关键信息,利用阅读单中积累的词汇、词组进行缩写。在读完几个故事后,笔者会以分主题的方式对写作进行训练,如人物描写,回顾阅读材料中关于人物外貌和情感的描写,结合积累的词汇句型,进行主题描写。再如事件描写,"黑布林阅读"系列一大特点是配备了相关练习,便于教师在课堂使用。系列问题突出故事的 what、when、who、where、how 等要素,答案整合起来就是故事概要,借助此类练习反复向学生渗透事件要素的概念,在写作时自然能够应用。

4. 效果与反思

通过课堂发言与观察和作业情况分析,笔者发现在阅读课程结束时,学生在以下方面取得了明显的进步:

4.1 情感体验更细腻

依托补充阅读材料,学生在故事情节中感受到更加丰富的情感体验,为后续写作打下了比较好的基础。有的学生用生活细节写出妈妈对自己的关爱和付出,表达了对妈妈的真情实感。有的学生在写作中体会到了环境对性格塑造的重要性,写道,"I learned that different environments could change a person's personalities and started to understand the importance of friends."。

4.2 词语表达更丰富

学生在阅读的过程中积累了丰富的语言知识和表达素材,并且能够应用在写作中。在读完《神秘花园》后,一位同学在描述神秘花园对角色的正面影响时写道,"Everyone has his or her own secret garden. In this story, the garden changes Mary into a happy child and Colin walks again when he begins to think positively. It's magical and unbelievable."。

4.3　思辨能力有发展

在梳理人物关系图时,有的学生直接用人名和箭头表明关系,有的则利用书中插图的人物形象来说明,体现了对人物关系的深入理解和孩子的创造力;有的学生就小说 *White Fang* 的主角分析如何与他人相处时写道,"After suffering great cruelty, he gradually learned how to love and trust someone. In our life, we should also be friendly with others. "。读完《格蕾丝的双重生活》后,有的同学建议格蕾丝应该早点跟父母沟通,说清楚自己的想法,在后面遇到困难的时候可能就会获得更多支持。相信学生在跟自己父母产生冲突和意见分歧时能够更好地处理。

4.4　情感态度有转变

在期末的学习心得中,笔者欣喜地发现学生表达了对英语学习态度的转变,"I read four novels and learned a lot of new words. It's difficult for me because I dislike English. But after this lesson, I like it. English can be interesting, too. "。因为学生在阅读后产生了情感共鸣,写作变成真实感受的记录,作品内容言之有物,学生对写作的畏难情绪也大大降低了。

但是,由于课时的局限和九年级学习任务重点,在课程具体实施的过程中也遇到了一些困难,比如内容稍长的经典小说类读本在课内的分析不够深入。另外,由于学生已经处于初中毕业年级,在一定程度上,原有基础和学习兴趣和习惯已经形成并且存在较大的差异,也影响到教学的整体效果。

5. 结语

笔者认为今后可以结合黑布林阅读小学和初中段的丰富素材开展读写教学。如果能从小学高段或初中低段就开设阅读写作课并坚持整个初中阶段开展读写教学,相信能够引发学生更大的英语学习兴趣和动力,对学生的英语学习起到切实的、持续的促进作用。

参考文献

[1] Carson, J. Reading for Writing: Cognitive Perspectives [M]. In Carson, J. & Leki, I. (eds,), Reading in the Composition Classroom: Second Language Perspectives. Boston, Heinle & Heinle, 1993: 85 - 104.

[2] 王蔷.英语教学法教程[M].北京:高等教育出版社,2000:34.

[3] 闫春莉.英语阅读驱动下的高中英语写作教学[D].上海:上海师范大学,2012.

作者单位:上海外国语大学松江外国语学校 上海　201620

信息技术与初中英语
过程性写作融合的教学实践初探

肖 露

提 要：信息技术与英语课程整合是当今时代发展的需求，也体现了英语课程的理念与精神。但如何实现信息技术与英语课程的有效整合仍需进一步探究。本文以一次初中英语写作教学实践为例，尝试探索信息技术与初中英语过程性写作课程的有效整合路径。

关键词：初中英语教学实践；信息技术；过程写作；有效整合

1. 引言

教育部颁布的《义务教育英语课程标准(2011 年版)》明确指出义务教育阶段的英语课程具有工具性和人文性双重性质。英语课程的重要理念之一就是要丰富课程资源，拓展英语学习渠道。英语信息技术应用能力是新时代高素质教师的重要核心素养之一。2019 年 4 月 2 日，教育部发布《关于实施全国中小学教师信息技术应用能力提升工程 2.0 的意见》，着力推动全国中小学教师(含幼儿园、普通中小学、中等职业学校)提升信息技术应用能力。因此，进行信息技术与英语课程整合既适应当今时代发展的需求，又符合英语课程的理念与精神。然而，当前不少教师英语课堂教学却进入了类似"炫"课件、"炫"技术的误区，并不关注技术的融入是否真能提升课堂教学质量、是否真能有助于学生英语核心素养的提高。因此，笔者以一次初中英语写作教学实践为例，尝试探索信息技术与初中英语过程性写作课程的有效整合路径。

2. 信息技术与初中英语过程性写作融合

2.1 信息技术与英语课程整合

信息技术与学科课程整合，是指将信息技术有效地融合于各学科的教学过程来营造一种信息化教学环境，实现一种既能发挥教师主导作用又能体现学生主体地位的以"自主、探究、合作"为特征的教与学方式(何克抗，2006：8)。信息技术与外语课程的整合是指在建构主义理论指导下，通过将网络信息技术有效地融合于外语的教学过程来营造一种新型教学环境，实现一种既能发挥教师主导作用又能充分体现学生主体地位的、以"自主、探究、合作"为特征的教与学方式,从而使学生的创新精神与实践能力的培养真正落到实处,提高学生综合运用外语的能力(何培芬,2007:14)。

2.2 过程写作法

写作是一个循环式的心理认知过程、思维创作过程和社会交互过程,写作者通过写作过程的一系列认知活动、交互活动,提高其认知能力、交互能力和书面表达能力(转引自邓鹂鸣等,2003:58)。过程写作法以写作过程为核心,认为写作是一种发现意义并创造意义的循环式的过程,此过程一般包括写前准备、初稿、反馈、修改、重写五个阶段,它们往往交叉进行、循环反复(Zamel,1983:165)。

综上,笔者认为,将信息技术与初中英语过程写作教学相融合,将信息技术应用于写前准备、初稿、反馈、修改、重写这五个阶段,让写作教学突破时间、空间限制,既能发挥教师主导作用又能体现学生主体地位的"自主、探究、合作"的教学方式,帮助切实提升教师写作教学效率以及学生写作教学质量。

3. 教学设计思路

3.1 学情分析

九年级学生对于本次写作话题——电影明星——很有兴趣,有话可说;但他们对于如何将自己所知的以及通过网络查阅到的大量人物信息,选取、整合成一篇有逻辑的文章,还很困惑,思维的逻辑性尚待提高。教师要在有限的课堂时间内完成写前准备、小组合作写作以及写后评价是本课最困难但也是最关键的。因此,笔者充分利用作业软件,以提问形式让学生在课前做好书上文本预习工作,先自行解决生词,并对文本进行思考,以便节省课堂时间、提高课堂效率。另外,笔者还通过互动白板软件,在学生写作过程中及时给予指导,学生即刻改进,从而提升课堂质量以及效率。

3.2 教学目标

本课选择译林版牛津初中英语九上第七单元作文任务进行信息技术与过程性课堂写作教学设计。教学目标如下:

1. 通过对教材文本(成龙个人档案)的细致分析,学生能够知晓如何选择重要的、有代表性的人物资料。
2. 通过对教材文本(丹尼尔的文章)的深入剖析,学生能够明晰如何整合信息、架构文章。
3. 通过小组合作写作,学生在与同伴交流过程中互相学习,懂得沟通的重要性。
4. 通过学生自评、互评、师评,学生能够掌握评价作文的标准,并能够据此改进文章。

4. 教学过程

4.1 写前充分准备

在本节课前,授课教师利用问卷软件,了解班级学生对于电影、电影明星的喜好以及看法,并根据学生想法调整原本教材写作任务："我最喜欢的电影明星",改成"你们小组比较喜欢的电影明星"。让学生写作任务真实、不虚假,有话可说、有话可写。

另外,由于本节课课堂时间有限,如果想在课堂短短45分钟完成解析教材文本、指导写作、写作后点评是不可能的,因此授课教师利用作业软件,提前布置学生预习教材104到105页内容,解决A部分生词,并根据对A部分的预习完成B部分文章填空,并提出问题,如:成龙是如何变成知名电影明星的?为什么有那么多人喜欢成龙?让学生提前思考教材文本。

【教学说明】

问卷软件的使用让写作任务给学生提供了更加真实的情境,学生写起来更有兴趣,更有话可写。另外,作业软件的使用让学生能够有准备地来到课堂,大大提高了课堂效率。

4.2 引入调动兴趣

教师利用白板软件里的游戏功能,将第七单元前面所学电影知识、语法知识融合在内,一来可以让小组比赛做游戏帮助活跃课堂气氛,二来引导学生回忆巩固本单元重点内容,三来可以为接下来的写作积累素材。

【教学说明】

使用互动白板让学生在课堂一开始能够活跃起来,以竞赛形式迅速调动学生积极性,立刻投入课堂学习。

4.3 明确写作任务

教师从讨论学生课前所完成小调查着眼,让学生明确自己本节课的任务:阅读、理解教材提供文本后小组共同搜索资料,完成一篇介绍喜爱的电影明星的文章。

教师通过对教材文本第一部分成龙个人档案提问,让学生了解到网上查找资料是要有所选择的。通过提问,引导学生关注成龙演艺生涯、电影作品特别之处以及慈善事业,让学生明白他成功背后的原因、他受人喜爱的原因。

教师通过提问,引导学生关注教材第二部分文章结构、语言,引发学生思考Daniel是如何把碎片化的信息进行整合的。

【教学说明】

板书与PPT相结合,教师与学生共同分析、解剖文本构架,互动生成对文本的理解。

4.4 小组合作写作

基于对教材范文的剖析,学生以小组为单位,利用平板电脑查找资料;而后根据所查资料,小组内部讨论,确定自己的写作任务,开始写作。写作过程中教师来到每一组,确认资料查找是否有困难、任务分配是否清楚。

【教学说明】

在课堂利用平板电脑,教师给予即时指导、反馈,让学生能够明晰查找资料注意事项。

4.5　写后互评自评

学生完成小组写作任务后,教师利用白板软件向全班展示学生小组合作作品,然后引导学生从语言、组织、内容、书写四个大方面对他人书面表达进行评价,而后再对自己小组书面表达作品进行评价,进而针对评价标准进行相应修改。

【教学说明】

白板软件的使用可以让学生课堂写作立刻被全班阅读,继而发现问题,提出修改意见和建议,立刻进行作文修改,极大地提高了课堂效率。

4.6　课后互改自改

教师通过文本编辑软件,将所有小组课堂写作作品进行汇总,制作成作品集,通过网络分享给各个小组,各个小组选择班上除自己小组外其他任意一个小组的作品,进行修改。在收到其他小组修改意见后,本组成员再对本组写作作品进行进一步修改。

【教学说明】

文本编辑软件的使用可让课堂学生作品立即汇总成册,让学生立即看到自己的成果,他们充满成就感。文本编辑软件的互动功能可让学生看到同伴对其作文的修改过程以及修改意见,学生充满兴趣、乐趣地对自己文章进行下一步改进。

5. 教学反思

信息技术与英语写作课程融合改善了传统写作课堂的单一交流模式,使写作教学过程中的交流变得更多元化、更立体化以及全过程化。

5.1　交流更多元化

教学过程中的交流不再局限于师生之间,而是变得更加多元化,包括师生交流、生生交流、人本(即学生与自己习作之间的)交流。

5.2　交流更立体化

教学过程中的交流不再受时间和空间的限制,既有课堂上师生、生生间口语的会话、讨论,又有学生与习作书面语言文字间思想交互与共享。

5.3　交流全过程化

教学过程中的交流不再局限于写作过程的某个环节,而是贯穿写作全过程,包括写前的教师讲授、集体头脑风暴、同伴讨论、师生多元对话,写中的同伴交流、互助合作,修改过程中的同伴修改、评价、反馈,写后的总结反思等等。

通过这次将信息技术与英语写作课程有效融合的教学实践,笔者第一次真正感受到了信息技术与英语课程有效整合的必要性与必然性。信息技术与英语课程的有效整合能够在让学生主体地位得到充分发挥,让一线教师英语课堂充满生机活力的同时,英语教学质量得到切实提升。

参考文献

［1］Zamel，V. The composing process of advanced ESL students: Six case-studies［J］. TESOL Quarterly，1983，(17)：165－187.

［2］邓鹏鸣,刘红,陈艳,陈芃,章毓文.过程写作法的系统研究及其对大学英语写作教学改革的启示［J］.外语教学,2004,(6)：58－62.

［3］何克抗.迎接教育信息化发展新阶段的挑战［J］.中国电化教育,2006,(8)：5－11.

［4］何培芬.网络信息技术与外语课程整合的理论与方法［J］.外语电化教学,2007,(1)：14－19.

［5］中华人民共和国教育部.义务教育英语课程标准(2011年版)［S］.北京：北京师范大学出版社,2011.

作者单位：南京市第一中学初中部 南京　210000

文本解读视域下高中生
思维品质培养的实践路径
——以 *A Pioneer for All People* 为例

崔　林

提　要： 文本解读是课堂阅读教学的逻辑起点,是提高课堂教学效率和培养学生学科核心素养的关键。不同的阅读文本类型会有不同的文本解读的角度。本文以现行人教版必修四第二单元的"A Pioneer for All People"为例,从文本主题、文本内容、文本结构、文本语言、文本标题、文本插图、文本意义对其进行解读,旨在促进学生思维品质的发展。

关键词： 文本解读;思维品质;课堂教学;实践路径

1. 引言

教育部 2020 年修订版《普通高中英语课程标准》明确指出：语篇是英语教学的基础资源,深入研读语篇、把握主题意义、挖掘文化价值、分析文体特征和语言特点及其与主题意义的关联,对教师做好教学设计具有重要意义,是教师落实英语学科核心素养目标,创设合理学习活动的重要前提。然而,在实际课堂教学中,不少英语教师忽略了语篇的整体性,不重视语篇所传达的意义,使英语教学对学生思维品质的关注和培养少之又少。本文借助课堂教学案例分析,旨在通过阐述如何以文本解读促进高中生思维品质的发展。

2. 思维品质及现状

经修订后颁布的 2020 年修订版《普通高中英语课程标准》(以下简称新课标)在传承、完善、提升双基和三维目标有益教育理念的基础上提出了英语学科核心素养。学科核心素养是学科育人价值的集中体现,是学生通过学科学习而逐渐形成的正确价值观、必备品格和关键能力。必备品格是指英语学科核心素养中的文化意识和思维品质,关键能力是指语言能力和学习能力。其中,思维品质被定义为思维在逻辑性、批判性、创新性等方面所表现的能力和水平。思维品质首次出现在新课标中就被确定为 21 世纪学生必备的重要核心素养。因此,学生思维品质的培养成为了广大教师和学者研究的热点话题。然而,在实际英语教学中,仍有部分教师只关注文本的表象处理,对学生思维品质的发展起不到实质性的作用。例如,教师在语法教学时,未能关注语篇与语法之间的内在联系,过度讲解语法知识点,从而忽视引导学生构建语篇结构和语篇意义、锻炼思维的过程。在词汇教学时,教师仅要求学生识记单词或根据上下文猜测词汇意思,而未深入挖掘词汇所承载的语篇价值。在阅读教学中,仅关注文章结构梳理和基本信息提取,而忽略了对文章内容的思考、分析、质疑、鉴赏等。基于教学现状探源分析可知,不少教师在英语教学时未能对文本进行深度解读。由此,本文提出了文本解读的角度,并借助案例分析,探索培养学生思维品质的操作策略。

3. 文本解读和思维品质

文本解读是对文本内容进行多维度的分析之后对其做出的解释,从而促进对文本内涵的深度解读。文本解读是阅读课堂教学的逻辑起点,而课堂阅读教学是渗透英语学科核心素养的优势路径之一。因此,一个好的文本解读是提升课堂教学实效和培养学生核心素养的关键。那么如何更好地进行文本解读,培养和发展学生的思维品质?基于语篇的语言观,不少专家、学者都提出了不同的文本解读操作策略。程晓堂认为,教师在进行文本分析时,不仅要关注语篇的微观结构特征,还要关注语篇的宏观组织结构,帮助学生理解语篇的结构提高其阅读效果。王蔷、张秋会结合三中心论、语篇分析理论和图式理论,从语篇整体性出发,提出了应从主题角度、文本内容角度、语言角度和作者角度对文本进行深层解读。戴军熔提出了从语言、体裁、阅读技能、写作技能、文化意识、情感态度等多个角度进行文本解读。不同的专家、学者虽然表述不同,但都蕴含了同一核心概念:文本解读不能拘囿于单词的简单识别和句子意义的表层分析等低层次理解活动,而要在理解文本内容之后引导学生进行分析、评价、鉴赏、质疑等高层次思维活动,多角度、多层次分析文本内容,并提出自己的观点,培养和发展学生思维的逻辑性、批判性、创新性和发散性等。

4. 以文本解读促进学生思维品质培养的实践

思维品质是指思维在逻辑性、批判性、创新性等方面所表现的能力和水平。培养思维品质的指标动词包括观察、比较、识别、分析、发现、提取、运用、判断、评析、鉴赏等。教师可引导学生积极使用这些指标动词,多角度看待文本呈现的内容,培养学生批判性思维。

4.1 文本标题和插图

标题是文章的眼睛,它不仅体现文章的主要内容、主旨意义,还蕴含比喻、象征以及情感倾向。好的标题具有高度的概括性、醒目性、针对性的特点,具有丰富的内涵。教师可通过选择文本标题中的某一词汇进行解读,有助于对文本的深层理解。同样,插图在英语教学中起着很重要的作用,好的插图能够吸引学生的注意力和激发学生的学习兴趣。教师可以在英语教学中充分利用丰富有趣的插图培养学生的观察力和想象力。

本文的标题是"A Pioneer for All People",教师可对标题中的"pioneer"进行提问,如:为什么使用"pioneer"这个词而不是"farmer",培养学生思维的发散性。此外,教师还可引导学生观察教材中的配图,培养学生观察力和推理能力。

4.2 文本主题和内容

文本主题与内容关注的是文本"是什么"的问题,是思维活动的较低层次。本课选自新人教版高中英语必修四 Unit 2 的一篇阅读文章 *A Pioneer for All People*，属于新课标三大主题语境中的人与自我的范畴。本文是一篇从外貌、成就、贡献、爱好、个性切入介绍袁隆平院士的记叙文。教师可借用问题指引学生辨体，梳理文章要点，启发学生思维。

4.3　文本结构及语言

文本结构是支撑文本的框架，是作者达成写作目的的依托。文本语言隐藏着重要的情感信息。它们关注的是文本"怎么写"的问题，是思维活动的较高层次。该文每个段落的大意分别为：

（1）介绍了袁隆平院士的外貌、个性、成就；

（2）按照时间顺序介绍了袁隆平院士的梦想及贡献；

（3）介绍了袁隆平院士的爱好。

教师可设计活动引导学生梳理文章结构和文章大意，培养学生的逻辑思维能力。此外，本课的文本语言虽简单质朴，但教师可通过挖掘文本语言的隐性情感信息，设计高层次的问题，培养学生的逻辑推理能力。如：通过让学生挖掘"文中为何使用了大量的数字"以及"本文是以什么顺序介绍了袁隆平梦想实现的过程"这些信息，体会袁隆平院士所做的巨大贡献以及感悟袁隆平院士坚毅、刻苦、脚踏实地的精神，培养学生的逻辑推理能力。

4.4　文本意义

文本意义关注的是文本"为什么"的问题，是思维活动的最高层次。文本意义可分为两部分：一部分为文本本意，另一部分为文本的现实意义。文本的本意即作者的情感态度、意图和价值观等。教师在文本分析过程中可设计问题情境引发学生思考袁隆平院士取得巨大成功的原因，帮助学生树立正确的价值观。文本的现实意义即英语阅读教学不应囿于文本内容，而要拓展与文本相关的内容，如：人物的生平信息、工作历程、爱好、与现实生活的结合点等，丰富人物形象，升华拓展文本主题，帮助学生多角度、多层次理解语篇、看待事物，培养学生思维的发散性和灵活性。教师在解读文本现实意义后，可在教学活动中设计超越语篇的探究活动，如：让学生搜集袁隆平院士团队研究超级水稻的艰辛经历等相关资料，结合学生生活实际，让学生谈谈在日常生活中我们应怎么做，培养学生思维发散性。

5. 结语

2020 年修订版《普通高中英语课程标准》提出"普通高中英语课程具有重要的育人功能，旨在发展学生的语言能力、文化意识、思维品质、学习能力等英语学科核心素养，落实立德树人的根本任务"，将思维品质放在了核心素养培养的重要位置。面对当前高中英语教学中思维品质培养环节暴露出的问题，本文结合文本解读角度，为高中生思维品质的培养提供了一条可供参考的具体实践路径。

参考文献

［1］程晓堂.基于语篇的语言教学途径［J］.国外外语教学，2005，（1）：9.

［2］戴军熔.高中英语阅读文本解读中的六个基本关注点［J］.中小学英语教学与研究,2012,
　　（9）：10.

［3］文亚光,郑春红.语篇视角下的高中英语阅读教学［M］.成都：西南交通大学出版社,2019.

［4］张秋会,王蔷.浅析文本解读的五个角度［J］.中小学外语教学,2016,39(11)：6.

［5］中华人民共和国教育部.《普通高中英语课程标准(2020年修订版)》［S］.北京：人民教育出版
　　社,2020.

［6］周大明.课标.课题.课例—思维英语教学探究［M］.北京：光明日报出版社,2019.

作者单位：河北科技大学 石家庄　050000

基于 PBL 模式的初中英语
综合实践作业的设计与实施
——以《英语》(牛津上海版) 7A M2 U7 Signs around us 为例

董佳雯

提　要："双减"背景下,构建高质量作业体系的需求十分迫切,综合实践作业在此背景下进入教育工作者的视野。这类作业注重通过在真实生活中的实践来落实学科整体育人要求,与 PBL 模式的基本特征不谋而合。本文主要结合具体的案例阐述基于 PBL 模式的初中英语综合实践作业的设计思路和实施建议,以期为一线教学提供参考。

关键词：PBL 模式；初中英语；综合实践；作业设计和实施

1. 引言

随着"双减"政策的落地,减负增效不再是一句空话,必须要切实落实到学校常规的教育教学活动中去,提高教学品质。作业是提升教学质量的关键领域之一,因此进行作业改革、构建高质量的学校作业体系势在必行。综合实践作业要求学生在实际生活中运用所学知识解决问题。开展综合实践作业有利于全方位地落实学科育人要求。但是如何设计、如何开展是老师们都在摸索的问题。笔者以执教过的"《英语》牛津上海版 7A M2 U7 Signs around us"为例,探索如何基于 PBL 模式进行综合实践作业设计并提出一些实施建议。

2. 基于 PBL 模式的学习活动的特征

PBL 的全称是 Project-based learning(项目化学习)或是 Problem-based learning(问题式学习)。它的中文叫法很多,学界的解释众说纷纭。吴琼综合多种定义认为："基于项目的学习是以学科的概念和原理为中心,以完成项目作品为目的,在真实世界中借助多种资源开展探究活动,并在一定时间内解决一系列相互关联着的问题的一种新型的探究性学习模式"(吴琼,2016)。这个定义比较符合当下初中英语学习的主流情况。由此定义我们可以归纳出基于 PBL 模式的学习活动具有以下基本特征：

学习内容综合性。基于 PBL 模式的学习活动要求学生以学科知识为中心解决问题。学生需要融合学科多种知识、甚至综合运用多学科的知识技能来开展学习。

学习情境真实性。基于 PBL 模式的学习活动注重实践体验,让学生解决的问题必须是真实生活中的问题,学生要在现实生活里运用各种知识技能去发现问题、分析问题、解决问题。

学习途径多样性。基于 PBL 模式的学习活动要求学生能借助多种资源开展学习,不限于仅从书本上,而是从现实生活中找到解决途径。学生能够使用多种方式或手段来解决问题,如网络信息技术、多媒体技术等。

学习模式自主性。基于 PBL 模式的学习活动并非由老师教授或主导,而是学生按照自己的意志开展计划、配置资源、进行探究。老师也可以成为学生解决问题的资源获取渠道,但并非必须,这一切取决于学生打算如何开展他们的学习。

3. 基于 PBL 模式开展初中英语综合实践作业设计与实施的意义

3.1 以真实情境夯实学生语言能力

PBL 模式注重问题情境的创设,尤其注重联系学生生活,让学生经历发现问题、设计问题解决方案直至解决问题的过程。学生在这个真实过程中使用并加深对语言的理解、内化语言知识和技能,用语言去真实地交流和解决问题。语言的运用不再是纸上谈兵而是真真切切地发生并影响着学生的学习成效;另一方面,学生为了更好地解决问题,会敦促自己在语言的使用上更准确,精进自己的语言素养。

3.2 以多元途径培养学生实践能力

实践能力就是一种综合运用能力,包括获取处理信息的能力,合作交际能力,观察事物、发现问题的能力,汇总现象、提出问题的能力,体验实践、分析问题的能力,思维参与、解决问题的能力和发展提高、交流成果等一系列的能力。PBL 模式以多元的学习途径激发学生学习兴趣、促进学生沉浸并全方位地体验学习活动,旨在将理论知识升华至实践能力。

3.3 以自主探究提升学生学习能力

传统的作业模式以老师理论讲解、学生理解之后完成书面作业的形式展开,很少给学生提供实践探索的机会,不利于学生自主探究能力的培养。而 PBL 模式要求学生必须进行自主探究,这就为学生独立学习创造了有利条件,学生不必遵循着老师给出的标准学习,而是可以按照自己的意志进行规划和探究,通过实践来验证猜想、找寻各种解决方法。自主探究的过程也是学会学习的过程。

3.4 以综合任务落实学科育人要求

PBL 模式关注多学科知识和技能的融合,而综合实践作业强调学生合作、探究、创新、问题解决等综合能力(上海市教委教学研究室,2019),因此 PBL 模式与综合实践作业对学生的培养目标是高度契合的。基于 PBL 模式开展综合实践作业更有利于落实学科整体育人要求,与培养学生的核心素养即语言能力、学习能力、思维品质和文化意识的要求不谋而合。

4. 基于 PBL 模式的初中英语综合实践作业的设计思路

考虑到综合实践作业须具备 PBL 模式的特征,即综合性、真实性、多样性和自主性,因此在设计此类作业时要以学科知识为主,同时兼顾这些特点。笔者绘制了综合实践作业设计思路的路径图(见图1)。以下笔者将结合《英语》牛津上海版 7A M2 U7 Signs around us 这一单元的实际案例来阐述综合实践作业的设计思路。

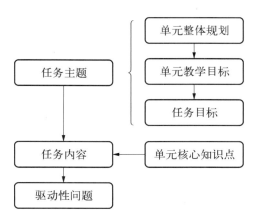

图 1　综合实践作业设计思路路径图

4.1　依据单元整体规划确定任务主题

综合实践作业应该围绕一个主题展开实践探究活动,因此确定任务主题是设计作业的第一步。任务主题的确定一定要围绕单元内容、紧扣单元教学目标。因此在确定主题前要先进行单元整体教学规划,确定单元教学目标(见表1)。教师再根据单元教学目标确定任务目标为"能够识别、理解并描述不同场所中标志的含义和作用",最后确定任务主题为"signs in different places"。

表 1　单元整体规划
7A Module 2 Unit 7
单元教学规划

年　级		七年级	教材	《英语》牛津版七年级上册
单元规划	方法	☑语言知识　☑语言技能　☑话题　☑功能　☑教材		
	名称	Unit 7 Signs around us		
单元教学内容		语音、词汇、词法、句法、语篇、功能和话题 核心内容:话题——描述我们周围的各类标志		
单元教学目标		1. 观察各类标志、理解他们的含义 2. 理解标志的四个种类、能够区分这四种标志 3. 能够正确地使用情态动词来表述不同种类的标志含义,并将标志归类 4. 能够说出标志的种类及该标志出现的场所 5. 能够运用正确的介词表达地点 6. 能够用图片和文字描绘出生活中的常见标志、理解标志在生活中的作用和重要性		

	教学材料	☑教材中的素材　　☑训练题　　☑作业			
	学习活动	输入活动数量	4	输出活动数量	4
设计教学	评价方案	评价形式	☑评价过程　☑纸笔测试　☑口试　☑作业		
		评价时机	☑随堂　☑课后　☑单元结束后		
	单元学习时间	＿＿＿＿4＿＿＿＿课时			

4.2　依据单元核心知识点确定任务内容

在确定任务主题后,教师需要厘清单元知识重点,为作业内容定下基调,预设作业可能呈现的成果,以确保单元教学目标主要是语言知识和技能目标的达成(见表2)。通过梳理这一单元的语言知识和技能,教师可以明确学生在完成这个综合实践作业时需要运用到但不局限于这些知识和技能。在完成 7A M2 U7 的综合实践作业中,学生的实践活动需要围绕标志样式、含义、出现场所、功能等方面的听说读写活动来展开。明确作业内容的基调对于后续驱动性问题的提出有着导向作用。

表 2　单元语言知识与技能目录
7A M2 U7 单元教学语言知识与语言技能目录

单元话题		Signs around us			
课时·课型		课时1阅读课 (p48－49)	课时2阅读＋听说课 (p50)	课时3听说课 (p51)	课时4写作课 (p52)
语篇		对话、图文	看图说话、 说明文(规则)	对话	说明文
语言知识	语音	hike /aɪ/ direction /dəˈrekʃn/, warning /ɔː/, instruction /ɪnˈstrʌkʃn/ (1.1.2A)	dice /aɪ/, roll /əʊ/, land /æ/, miss /ɪ/, luck /ʌ/ (1.1.2A)	silence /ˈsaɪləns/, camp /æ/ (1.1.2A)	
	词汇	mean, hike, direction, warning, instruction, countryside, useful, shelter (2.1C)	roll, dice (2.1B) player, take turns, land, miss, luck (2.1C)	go camping, silence, exit (2.1C)	

单元话题		Signs around us			
语言知识	词法	疑问代词(3.2.3B)：what 疑问副词（3.3.3B）：how/where 情态动词（3.5.2B）：can/must 动词不定式(3.5.5B)：how to do	情态动词(3.5.2B)：need/must 连词(3.8.2A)：if 动词不定式(3.5.5A)：the first to do	疑问代词(3.2.3B)：what 疑问副词(3.3.3B)：where 介词(3.7.1B)：in/on/at	情态动词(3.5.2B)：can must 介词(3.7.1B)：in/on/at
	句法	特殊疑问句(4.2.2C)：What does this sign mean? 陈述句(4.2.1C)：We can/must（not）… There be … It's a(n) … sign.	祈使句(4.2.3C)：Climb to 18. 条件状语从句(4.3.3A)：if …，…	特殊疑问句(4.2.2C)：What kind of sign is this? Where can we find it? 陈述句(4.2.1C)：It's a(n) … sign. There be … We can/must （not）…	陈述句(4.2.1C)：We can/must（not）… There be … It's a(n) … sign. It means：…
功能意念		询问：What does this sign mean? 解释：This sign tells us … It means：… 识别：It's … sign.	指示：Climb to 18. If you …，you must …	询问：What kind of sign is this? Where can we find it?	能够与不能够：We can/must（not）…
语言技能	听			在听力活动中理解标志的含义、种类、地点等相关信息	
	说		通过阅读和体验,制定新的游戏规则	通过读图,在听说活动中运用情态动词、介词短语等表述标志的种类和其出现的地点	
	读	阅读图片和文字说明,获取包括标志的含义、分类等相关信息	通过阅读活动,理解游戏规则;阅读图片并理解有关标志的含义		
	写				综合运用本单元所学的有关标志的知识,图文并茂地介绍我们生活中的常见标志

4.3 提出真实的驱动性问题

基于 PBL 模式的综合实践作业需要在真实的情境中完成以激发学生的学习动力,因此提出一个真实而有趣的驱动性问题是创设真实情境的有效途径,也是引领学生进行自主探究的切入口。在"signs in different places"的任务主题下,结合预设的作业内容,笔者设置了驱动性问题链:Have you noticed the signs in different places in our life? Are these signs helpful enough when you are in trouble? What signs would you like to add to help people better? 一个好的问题能够给学习者提供一个广阔的、多维度的探索空间。它既能激发学习者提供学习的内在动力,也能提纲挈领地指出持续思考、自我探究的方向(夏雪梅,2018)。

5. 基于 PBL 模式的初中英语综合实践作业的实施建议

5.1 基于学情合理分组,创设真实科学的合作环境

首先,教师需要为学生进行分组以便于学生进行合作交流。分组时教师需要考虑班级同学的能力水平和个性特点,让同组成员间存在一定差异性,创设较为真实和科学的合作环境,同时也要考虑各组之间实力的均衡,以保证学习任务的顺利开展。笔者在分组时首先按照学生的学业能力水平将全班 40 个学生分为 ABCDE 共 5 个档次,每一小组的 5 名成员需要分别来自于这 5 个档次,总共 8 组学生。然后根据学生的性格特点和特长,在同一档次的学生中进行小组间的微调,以达到"同组异质、异组同质"的分配效果。最后由各组成员自行商讨确定组长,由组长负责组织协调和任务的推进。

5.2 依据任务制定计划,使学习过程可视化

制定计划是体现学生综合实践能力、使学生的学习过程可视化的非常重要的一步。学生需要经历一个完整的思考、计划和行动的过程,才能有效地解决问题、达成学习目标。在制定计划的同时,组长也要组织组员依据计划进行合理分工、明确组员职责,确保任务的顺利推进。教师可以为学生搭建一个大致的计划框架,由学生来自行规划任务开展的具体步骤、顺序和分工(见表 3)。学生自主决定如何拆分任务、分配任务的内容、时间节点、负责人、阶段成果的形式、最终成果的形式和展示方式。教师通过计划表了解学生的作业内容、探究方法和途径、资源渠道、分工参与、成果展示等,并给与必要的指导。

表 3　综合实践作业任务计划表

7A M2 U7 Project Schedule

Main project		Add a sign to a place in the city and introduce your ideas.			
Sub-projects	What to do				
	How to do it				

Main project		Add a sign to a place in the city and introduce your ideas.			
Sub-projects	How to do it				
	How to show it				
	Person in charge				
	Deadline				

5.3　实施任务、开展过程性评价，有效推进学习进程

各组依据计划分步骤实施任务，在规定时间节点内生成阶段性成果，对阶段性成果要进行验收，并且可以采用小组自评与教师评价相结合的方式开展过程性评价。这不仅能激励小组成员朝着最终成果努力，同时也有助于组员们发现问题、反思微调。在 7A M2 U7 综合实践作业的过程中，有一组同学计划的分步任务是先收集身边不同场所的标志，再整理出这些标志的含义。收集到的标志以照片形式记录，组员们积极性很高，很快这组的文件夹就满满当当了。但是当他们在整理时发觉标志的种类太过单一，几乎都是信息标志。于是这组同学决定回到上一步，继续搜罗多种类型的标志，让他们的探究覆盖面更广、探究成果有更大的产出空间。

除了对阶段性成果进行评价，对各小组成员的参与度和表现也要进行评价。由组长组织小组成员进行内部讨论，采用个人自评、组员互评和组长评价相结合的方式，给到每位组员一些评语，激励组员们反思优化自己的学习方式、更好地参与后续任务；同时也可以以积分的方式，为每个组员打分，在任务结束后对优秀组员进行表彰。

5.4　展示成果、进行终结性评价，使学生收获有益体验

当各组最终完成学习任务、产出自己个性化的任务成果后，要在全班范围进行展示并给出终结性评价。公开展示和评价可以促使学生再次回顾完成任务的整个历程，对于自己的表现进行肯定或者反思，收获有益的体验。在评价时，师生可以依据共同制定的评价量表进行评价（见表 4）。评价量表围绕着 PBL 综合性、真实性、自主性和多样性的原则制定，囊括了学生的作品设计样式、作品理念原创性、作品呈现效果、小组计划和合作以及个人喜好。评价方式采取小组互评与老师共同评价相结合。

正如教师所希望的那样，学生最终作品的呈现有以海报形式、PPT 形式配以口头介绍以及视频等方式呈现。因为学生作品凝聚了集体的智慧、汇聚了个人所长，才有了超出预期的创意和亮点。科学的评价也回馈给学生正向的激励和良性体验，让综合实践作业的意义得以体现、目标得以达成。

表4　综合实践作业成果评价表

Checklist（Tick your opinion）		
Good designing of the sign	□ ☺	□ ☹
Original ideas of the design	□ ☺	□ ☹
Good presentation	□ ☺	□ ☹
Good plan and cooperation	□ ☺	□ ☹
Like it or not	□ ☺	□ ☹

6. 结语

　　兴趣是推动学生学习的原动力。PBL 模式能极大地激发学生的学习热情、调动学生的参与积极性、培养学生的自主学习能力。在完成学习任务的过程中，学生通过分工合作、实践探究、汇报展示，不仅能获得更广阔、更深入的学习体验，同时也能形成正确的价值观、关键能力和必备品格（倪文娟等，2021）。基于 PBL 模式的综合实践作业可以是针对一个单元的学习任务，也可以是穿插在课堂中的微任务，更可以是跨学科的任务探究。无论是哪种形式，教师都要为学生搭建展示平台，激发和鼓励学生持续开展实践研究的热情，真正达到学以致用的目的。

参考文献

［1］倪文娟,王君,刘小娟,邓波儿,王云红,刘书婷.以项目学习为导向的初中英语整本书阅读实践探究——以《爱丽丝漫游奇境记》整本书阅读教学为例[J].英语学习,2021,(06)：43-46.
［2］上海市教育委员会教学研究室.初中英语单元教学设计指南[M].北京：人民教育出版社,2018.
［3］上海市教育委员会教学研究室.初中作业设计与实施指导手册[M].上海：华东师范大学出版社,2019.
［4］上海市教育委员会教学研究室.上海市初中英语学科教学基本要求（试验本）[M].上海：上海教育出版社,2021.
［5］吴琼.基于项目式学习的国家课程校本化重构[M].广州：广东教育出版社,2016.
［6］夏雪梅.项目化学习设计：学习素养视角下的国际与本土实践[M].北京：教育科学出版社,2018.

作者单位：上海外国语大学嘉定外国语学校 上海　201800

智慧课堂中基于数据可视化的
精准教学实践与研究

提　要：随着移动智能终端和大数据技术的迅速发展，智慧学习环境已成为推进教育信息化的途径。智慧课堂能够借助大数据技术对学生学情进行全程动态数据分析，它有助于教师实现教学目标的个性化、教学过程的精细化以及教学评价的全面化，为精准教学注入新的内涵。而通过信息技术与英语教学目标、教学主体、教学内容、教学方式、教学过程和活动、教学评价和反馈数据相融合，能帮助教师为学生提供更为有效的英语课堂教学。本文主要阐述了初中英语智慧课堂中，教师如何基于可视化数据来实现精准教学、初中英语课堂数据可视化的应用价值以及对于初中英语精准教学可视化数据的思考和建议。

关键词：智慧课堂；数据可视化；精准教学；有效融合

1. 引言

"互联网＋"时代，大数据、云计算和移动互联网等新一代信息技术正对教育领域产生深刻的影响。基于全新的移动互联网技术，当前的平板课堂能够借助大数据技术对学生学情进行全程动态数据分析。利用移动学习终端设备提供的精准数据分析，能够使学情数据化、思维可视化、学习个性化，为我们带来全新的智慧课堂教学体验，是未来数字化教学的发展方向。英语教师借助丰富的移动教学技术，一方面可整合多模态的教学资源，调动学生多种感官，突破时空限制；另一方面通过精准的数据分析，可准确地读懂每一个学生，为其提供更多的个性化学习体验。这些都利于提升教学效率，积极推动学生核心素养的发展。

2. 智慧课堂中基于数据可视化的精准教学的内涵

2.1　什么是智慧课堂?

智慧，即"能迅速、灵活、正确地理解事物和解决问题的能力"。而智慧教学是学生的学习活动和教师的教学活动有机结合的整体，它是以发展学生智慧为目的的组织活动的综合。从技术上讲，智慧教学要求通过学习数据准确判断学习问题，从而优化教学策略、重构教学内容、提供精准干预。因此智慧课堂的核心即：运用最新的信息技术手段来改革课堂教学，基于大数据实现精准教学，通过智慧的教与学，促进学生的个性成长和智慧发展。

2.2 什么是数据可视化?

数据可视化借助图表、图像形象地呈现数据,分析蕴含在数据背后的信息与数量关系。一方面,它充分应用"一图胜千言"的可视化表达方式,具有显著的沟通力、呈现力与吸引力,在课堂教学中常被用于呈现教学信息,通过图形图像的方式增进学生对教学内容的理解与认知,支持学生学习过程中的认知建构,或是对已记录的学习数据加以可视化,便于后期的比较与分析;另一方面,它通过技术将已构建教学关联的课堂数据,以即时反馈、全局展示、动态积累的方式应用于课堂教学各环节中。其应用主要包括:获取课堂表现数据、呈现可视化结果、自主调整反馈。

2.3 什么是精准教学?

精准教学的概念最初由 Lindsley 于 20 世纪 60 年代提出。它是一种通过记录与分析学生学习行为的频次用以评估课堂教学实施效果的方法。精准教学为面向知识的教学提供了一种高效的解决思路,但也存在明显不足:一是传统环境下的精准教学难以真正准确地记录学业表现和有效捕捉学生的个性特征;二是传统的精准教学评价方法大多固化而单一,无法跟进学生的动态成长和多元化发展。

大数据的兴起和智慧学习环境的出现为精准教学的发展提供了新的契机。这种新型的精准教学具有科学化、精准化、智能化的特征。

因此,智慧环境下基于数据可视化的精准教学具有新的内涵:它是指借助信息技术收集学生学习行为、个性化特征、学习习惯与态度等纵向变化的数据,以生成各种可视化的图谱报告从而指导教学设计与实施,提供反馈与预判学生学习状况的一种科学、精准、智能的现代化教学模式。

3. 智慧课堂中实施精准教学的意义

笔者在近几年的教学实践中借助互动平台收集学生课堂行为、作业、考试等数据,以生成各种可视化的图谱报告,从而指导教学设计与实施,并进一步为每个学生制订有针对性的练习方案。它具有如下意义:

3.1 教学目标更个性化

传统课堂上,"个性化教学"难以落地,教师根据单一的教学目标而实施的教学效果也非常有限。智慧学习环境的数据挖掘和学习分析技术使教学目标的"私人订制"成为可能。它依据每位学生独有的学习习惯、个性特征及学习期望,使得精准教学目标更具针对性和差异性。

3.2 教学资源多模态化

信息技术把教学语言与图像、视频、声音、文字相结合,让学生在真实的生活语境中理解、学习和运用语言。同时,多模态教学资源能突破时空限制,使输入的语言信息贴近真实生活,能够调动学生的多种感官,强化学生对语言信息的认知和记忆,在培养学生语言能力的同时激发学生的文化意识,提升学生情感的体验度。

3.3 教学过程最优化

信息技术的应用增大了单位时间内的教学容量,使知识的传递更为省时高效。同时,信息技术的交互性改变了"教师说学生听"的传统授课方式,讲、演、练、评结合,互动、讨论和探究的过程贯穿课堂始终。此外,因为语言内化的过程需要反复性的训练环节,而借助智慧学习平台,学生自己仿读、纠音,从而熟练掌握核心词汇、句型,为控制性和开放性地输出语言提供了保障。

3.4 教学评价全面化

智慧学习环境下,师生能够得到即时的反馈信息,有利于改进教师的教和学生的学。此外,学生在学习过程中的所有行为表现都将成为大数据分析的来源,这使得学生的学习变化测评更加精准而全面。家长、老师、学生三方均能及时、清晰地掌握学生学习情况。

4. 智慧课堂中精准教学的模型建构

经过近几年的教学实践,笔者感受到平板应用对传统课堂教学带来了巨大的变化。接下来,笔者以《英语》牛津上海版 7A Module 2 Unit 5 Period 2 Choosing a new flat 为例,具体阐述初中英语智慧课堂中,教师如何基于可视化数据来实现精准教学。

4.1 课前: 精确个性化教学目标

在课堂教学前,根据预习反馈数据精细而准确地把握每位学生的学习表现与个性特征,根据学生对核心词汇、句型的了解程度来分析知识重难点,学生的痛点与盲点,同时,根据学生个体信息的收集和分析来构建"班级画像",从而精准地制定本课时的教学目标。

4.2 课中: 精细课堂教学过程

在课堂教学中,利用互动软件,制作电子课本帮助学生在课堂中通过听、说、读、写等多样性活动完成阅读文本的学习、新授词汇及句型的操练和巩固。

4.2.1 内容整合方面,针对核心技能进行模块化设计

首先,借助视听方式,了解文本信息,通过猜一猜、学一学、说一说、记一记等方法,鼓励学生在情境中学习新单词,模仿新句型。运用信息技术将文字、图片、声音直观地展现出来,使得学生的认知活动从文字走向图像,从单一走向多元。

Step 1: Have a guess about Ben's problems.

Step 2: Learn the use of some key words and expressions.

在网络平台的支持下,学生能在线查找单词用法、例句等。在课堂中,学生只需在 pad 上对核心单词或词组划线,这些单词或词组的中英文释义、用法、例句等即可全部呈现。

Step 3: Talk about different kinds of flats with the help of the pictures.

Step 4: Have a short memory test and talk about the kind of flat Mrs Li was interested in.

应用在线平台的换位和计时功能,可以高效地完成 memory test 环节,学生能在有趣的记

忆测试环节,对已学新知进行课中及时巩固。

4.2.2　教学组织方面,采取分层学习,对同一班级的不同学生实施个性化教学

接着,教师由扶到放,引导学生自主学习课文内容。以下是对学生学习步骤的说明:首先自主听课文录音后回答有关课文内容的问题;然后学生根据自身水平选择不同的学习内容。

在设计时,考虑到不同层次学生的学习需求,将学习任务分层设计,学生可以自主选择,能力较强的学生听完一遍录音后即可完成问题的回答和课文内容的填写,能力较弱的学生可以自主选择听两遍或者多遍录音后完成学习任务。这样的学习方式增大了单位时间内的学习容量,同时,这种学习方式的交互性改变了"教师说学生听"的传统方式,借助学习平台,学生自己训练听说、仿读、纠音,熟练掌握核心句型,寻找和提取关键信息,完成语言和文本内容的内化。

Step 5: Listen to the tape, answer some questions and fill in the blanks of a passage.

此外,智慧课堂中,学生还能用 pad 笔边听边记笔记,并用截屏功能将课中的笔记实时发送到自己的邮箱,有助于他们在课后对课堂笔记进行系统整理,为英语学习的课后巩固提供了高效的支持。

在输出环节中,借助信息技术,教师设计了不同难度的输出文本,让学生自主选择,完成语用输出。

Step 6: Organize their own family meeting and talk about their ideal flats and living place.

最后,借助信息平台技术,学生可以直接在 pad 上拖曳英语图标来设计自己理想的公寓,同时可以拖曳周边环境图案来设计自己公寓周边的环境。教师端能够实时监测到每个小组的设计图,选取有代表性的作品在教室大屏上展示,并邀请组长或组员上前用英语作介绍。教师给予学生充分的选择空间,学生自主设计、自由表达,突出了学生的主体地位。在完成任务的过程中培养了学生自主学习、合作学习的能力。

Step 7: Design their ideal flats and introduce them to the whole class.

4.2.3　课堂评价方面,教师课中干预,及时掌握每位学生在知识结构上的变化

边学边测,学生能够及时了解当下自己的知识掌握情况,解决学习难点,稳固知识链生长。同时,教师借助智能技术跟踪和分析学生的学习表现,及时掌握每位学生在知识结构上的变化,通过有针对性的小组讨论、师生互动等,帮助学生巩固英语知识和技能,完成对阅读文本的理解。

4.3　课后: 精准教学测评

课后教学测评通过对学生知识点正确率以及相关技能的完成度等数据进行精准分析,为下一课时教学目标的制定和教学过程的实施提供参考和建议。

教师结合学生情况、课型特征及知识点难度等,设计出难度适宜、内容丰富的题型。通过智能的题型变化,学生可以反复演练错题知识点,并获得详细解析,辅助自己对知识点的全面理解和灵活运用。

精准教学模型建构如下图:

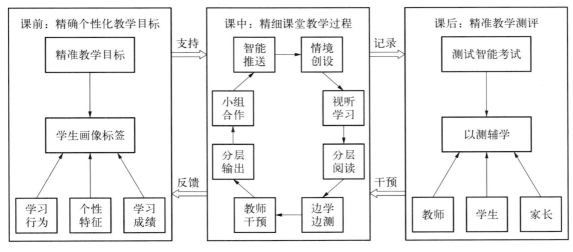

图1

5. 课堂数据可视化的应用价值

5.1 增强了课堂交互的时效性

　　课堂数据可视化的应用使课堂交互真正得以"实时实地"。虽然传统的课堂通过即时了解和监控学生也可以实现一定的交互性,然而这种交互在对学生即时评价反馈上仍存在较大的延时性,从而使其它的交互如学生与学习内容之间、学生与学生之间、学生自身之间的交互相应也存在延时。而课堂数据可视化的应用使得教师即时而准确地了解学生对某一知识的掌握情况,从而减少师生间反馈所需的时间,促使课堂交互真正实现"实时实地"。

5.2 增加了课堂交互的自由度

　　课堂数据可视化的应用充分尊重学生的个性成长,从而增加了课堂交互的自由度。传统课堂中,教师难以有针对性地给予某些学生相应的提示,课堂教学的公开透明在某种程度上并不利于学生隐私的保护,一些较为内向的学生或者不喜欢公开表达自己观点的学生因担心答案给自己带来的压力而选择沉默。而课堂数据可视化的应用可以使教师和学生借助技术应用按需反馈信息,充分尊重和保障学生的成长,为课堂中的学生创设毫无压力的表达空间,使其更愿意且更真实地表达自己。

5.3 保证了课堂交互的全面性

　　课堂数据可视化的应用使得课堂交互充分面向个体和全体学生。教师可以通过这种可视化的方式即时了解个体和全体学生的行为表现,它可以将教师对学生的每一次评价与反馈记录下来,充分支持教师课后的总结和反思,从而促成教学充分面向个体和全体学生的良性循环。此外,当我们常态化地使用平板教学后,学生的学习数据会一直积累在系统平台中,每学年结束后,平板教学系统将会为每个学生形成一份年度学习报告,使得学生的学习反馈更加全面。

6. 对初中英语精准教学可视化数据的思考和建议

6.1　单课时可视化数据的针对性

基于核心素养的英语教学纵向以语言知识为主线,横向以围绕主题的听说读写能力提高为依据。因此,智慧学习环境下的可视化数据的生成维度需要遵从初中生英语学习的规律,教师要针对初中英语实际学习情况设计出难度适宜、内容丰富的题型,并确保学生可以通过反馈数据及时自纠。同时,通过电脑智能技术将数据同步反馈给教师和家长,形成三位一体的教学监测体系。

6.2　单个学生可视化数据的连贯性

基于核心素养的英语教学以主题为核心,以单元为备课的基本单位,系统设计教学。且英语教材具有自身特点,同一主题在不同年级均有所呈现,并螺旋上升。因此,同一语言知识点在不同年级不断复现但难度递增。人工智能技术能否将每个学生对于同一知识点在不同课时、不同单元、不同模块、不同学年甚至是整个初中阶段的运用情况数据可视化。这样的变化曲线可以直观地观测到学生对于同一知识点运用的成长变化,便于教师分析学生的学习情况以及教师自身的授课效果,及时改进自己的教学策略。

6.3　班级整体可视化数据的系统性

无论是课前预习数据的生成,或是课后教学测评数据的反馈,均有助于教师实施精准教学目标,调整教学策略,避免教学决策经验化。智慧环境下的精准教学要为教师提供科学、可靠的班级"盲点"数据,找到班级学生的学习"痛点"。班级整体画像要能够体现班级的错题分布、错误频次对比等,便于教师掌握班级整体学习情况,在授课过程中及时作出调整。

7. 结语

智慧课堂为学生带来更加精致的课堂教学,提供更多的个性化的学习体验,积极推动学生英语核心素养的发展,大幅度提升课堂的教学效率,实现智慧精准教学。同时,我们相信,技术的发展必然是以人的智慧为基础的,而人的智慧又是无穷的,随着技术的不断更新迭代,数据可视化的应用必将为课堂带来更加全面的改进和提升,为智慧教育带来更多的畅想和期望!

参考文献

[1] 程晓堂,孙晓慧.英语教科书分析与设计[M].北京:外语教学与研究出版社,2011.

[2] 刘晓鸣.素质教育背景下智慧教学研究[D].吉林:吉林大学,2015.

[3] 彭红超,祝智庭.以测辅学:智慧教育境域中精准教学的核心机制[J].《电化教育研究》,2017,

38(3)：10.

［4］任红杰.基于大数据的精准教学：生成路径与实现条件[J].《黑龙江高教研究》,2017,(9)：
165－168.

［5］阮士林,郑燕林.课堂数据可视化的价值与教学应用[J].《现代远程教育研究》,2016,(1)：9.

［6］张静,江六六,龙芳等.智慧环境下中学英语精准教学模型建构与效果检验[J].《中小学英语教
学与研究》,2018,(12)：5.

作者单位：上海外国语大学嘉定外国语学校 上海　201805

基于认知风格开展因材施教

袁　婧

提　要： 学习者在成长过程中受千差万别的周围环境影响，逐渐形成迥异的性格、气质、态度等内在心理特征，即个性。尊重学生的认知风格，因材施教，可以提高学习者学习的积极性，增强学习者对学习方法的灵活运用，促进学习者自主学习能力的发展。英语教师在教学中要关注中国学生特有的英语认知风格。在进行英语教学时，应大力实施因材施教，尽可能灵活运用各种不同风格的教学方法，施展个性化教学，满足不同类学习者的需要，促进学生主动地富有个性地学习。努力提高教学的针对性和有效性。本文讨论根据学生不同的的认知风格来因材施教，根据陶行知教育理念中的因材施教观点，从学习者的认知风格出发探讨实施因材施教。

关键词： 因材施教；认知风格；试听触觉英语教学方法

1. 引言

学习者在成长过程中受千差万别的周围环境影响，逐渐形成迥异的性格、气质、态度等内在心理特征，即个性。个性差异使得学生往往在接受相同的教学方法时产生相差甚远的教学效果。正是因为学生间的个体差异，教师要采用各种教学手段，满足不同认知风格学生的需要。因材施教要求教师从学生的实际情况出发，根据学生具体学习能力、认识水平及自身素质，充分利用自身特长，进行差别教育，帮助学生找到自己的学习方法，从而获得最佳发展。

2. 学习认知风格

苏霍姆林斯基曾提出，教育工作的实践证明每个学生的个性是不同的，教育者应致力于开发每个学生的差异性、独立性和创造性。教学要遵循符合学生身心发展的规律。这一规律正是因材施教。特定年龄段的学生其心理特点和智力水平既有普遍性又有特殊性。教育者应针对学生的共同特点和个别差异，扬长避短，长善救失。

我国教育名家陶行知先生亦早就提出过要因材施教。他认为"培养教育人和种花木一样，首先要认识花木的特点，区别不同情况给以施肥、浇水和培养教育，这叫因材施教"。陶行知先生用培育花木的"材"比喻受教育者的性格、志趣、能力、现有基础等具体差异。在本文中笔者试图抓住其中一点——学生的学习认知风格做具体剖析,探讨从学习者的认知风格出发实施因材施教。

陶行知先生提倡教师的教学要以学生的实际情况为依据,用形象化的比喻来说明"因材施教"的原则:"牡丹需要不同的肥料,如果用松肥种牡丹,牡丹会瘦死。反之,如果用牡丹肥来种松树,松树受不了,会被烧苗。为了鼓励孩子们的创造力,我们应该像园丁,首先要了解他们,了解他们的特点想办法,给他们适当的肥料、水和阳光,消灭害虫。只有这样,他们才能茁壮成长,否则难保不会枯萎。"

由此可见,实施因材施教需分三步走。

第一步,观察并分析学生的认知风格。

作为一名年轻的英语教师,笔者曾留意到学生各种相去甚远的课堂表现:有的学生能看着板书一字不差的把课文复述出来;有的学生总爱喃喃自语,口中念念有词;有的学生做课堂作业,写着写着总会不由自主站起来……作为刚走上讲台的新教师,最初也对此感到困惑——为何同是学生课堂表现差异却如此之大? 在对学生的认知风格进行分析后这些问题似乎有了合理的答案。

什么是学习认知风格?

"从信息加工角度界定,学习者特有的认知、情感和生理行为构成学习风格,其实质是反映学习者如何感知信息、如何与学习环境相互作用并对之做出反映的相对稳定的学习方式"(霍李娜,2014)。简言之,认知风格就是"学生在学习的过程中接收信息—保留信息—处理信息的主观偏好方式"(张海英,2011)。

学生各自偏爱的学习方式多种多样,没有两个人会完全相同,但一般都是或通过眼睛看,或用耳朵听,或动手做等途径。据此,认知风格可大致分为三类:视觉型、听觉型和触觉型。

2.1 视觉型认知风格

视觉型认知风格的学生偏向于视觉接收,他们往往需要亲眼看到板书,借助示意图、幻灯片、讲义稿等字面信息来消化吸收所学知识点。如果有可能,视觉型学生会尽量坐前排以避免障碍物(如前排学生的头)对自己视线的阻挡。课堂上他们对教师的板书特别重视,并且勤于记笔记帮助理解记忆。

2.2 听觉型认知风格

听觉型认知风格的学生是出色的聆听者,他们通常对声音敏感,音乐、语言交流、言语说教对他们来说更容易接受。听觉类学生会发现大声朗读对他们把握课文内容、抓住关键信息大有裨益。比起书面测试,这类学生在口语表达上更出色。

2.3 触觉型认知风格

触觉型认知学生的学习习惯顾名思义擅长通过行动来探索发现。他们优于动作技能,喜欢亲自动手,触摸、运动、操作都是他们有效学习的方法。但触觉类学生很难在课堂上端坐四十分钟。这就不难解释为什么我们的学生中总有几个小朋友坐不住,时不时会站起来"活动身体"。当不了解这其中的奥秘时,新教师见到此类场景不免对该等学生感到不满,认为他们不遵守纪律。但在分析了这类学生的认知风格后，不难发现这是他们特有的学习方式，而非故意为之，故不仅不应给予批评，还要加以指导。

第二步，制定匹配和适配策略。

教师了解学生的学习认知风格可以做到心中有数，有的放矢，根据各个学生不同的学习特长来辅导他们，对症下药，在课堂上运用多种教学方式帮助学生用他们自己更习惯的方式来学习，兼顾到不同类学生的需求，从而施展因材施教，提高学习效率，指导个性发展。

相反，若教师在教学中不能针对具体认知风格恰当地运用教学方法，或只是使用单一的教学法，强行灌输知识点，学生可能会感到课堂教学乏味无趣，无法集中注意力，进而学习效果不理想，对所学科目失去信心，甚至自暴自弃。

同时，教师必须认识到这三种认知风格之间并无高低好坏之分，关键在于是否适合特定学生。笔者认为，作为主导的教师在教学新授课时不妨利用特定学生熟悉的相匹配的策略来帮助其尽快掌握新知识，而在复习课时有意识地运用适配的策略强化他们不擅长的领域。

根据学生的认知风格因材施教对小学英语教学尤为重要。英语作为国际通用语言，尽管在过去数十年得到了极大传播，但在国内目前的环境下英语学习还只是外语学习而不是二语习得，学习者在缺少真实语言环境的情况下难以顺利掌握到位，尤其对于小学低年级学生更是个挑战。这要求教师充分利用课堂四十分钟，通过视、听、触觉等多种感官刺激全方位帮助学生消化吸收知识。

3. 因材施教

了解了各认知风格的特点与优势后，教师可据此在课堂上运用相应的英语教学方法因材施教。由于低年级学生的特性，英语课上教师常会借助游戏开展教学，寓教于乐。

3.1 抓住学生的眼睛

视觉类学生阅读速度快，图表符号理解能力强，因此书面语言接受能力快。但此类学习者口头表达能力相对弱，非书面材料理解难，听觉刺激效果不佳。对此，教师应采用与之相匹配的策略，即加强阅读训练以及英语电影电视的播放，与之不相匹配的策略则是播放音频材料及增加口头训练指导。具体的视觉类英语教学方法包括：

a. 图片游戏。在英语课堂上，教师可以用很多小游戏，包括任何利用图片教学英语的游戏。看图猜单词是常用的游戏之一，学生总是对将要展示的图片充满好奇心，教师在不知不觉中就抓住了他们的注意力。这个方法同样可以在单词复习的过程中使用。另一个充满乐趣的教学方式是鼓励学生看图复述课文，并在此基础上开展看漫画编故事的活动。给图片配字幕和看图说话不仅能够巩固学生的课本语言知识，同时也激励学生大胆展开想象，培养学生的创新能力。

b. 阅读游戏。阅读对所有学习语言的学生来说都是一项重要的技能，视觉学习者在此方面更有一定优势。作者在处理课文教学时常会组织学生组成阅读小组，自读课文后在组内互相交流，让学生既有表达自己的观点又有倾听他人想法的机会，从而对课文有更深层次的理解，达到理想的阅读效果。

3.2 关注学生的耳朵

听觉类学生语音辨析能力强，口头表达能力佳，非书面材料理解效果好而动作技能相对弱，书面材料操作难。与之相匹配的英语学习策略是加强录音的播放、师生与生生间的讨论和谈话，而其失配策略则是加强阅读及影视的播放。

a. 朗诵比赛、游戏。正如前文所述，大声朗读能帮助听觉类学生更好把握课文内容。机械重复单词和句子虽然在短时间内可以快速提高学生的英语水平，但长期以往学生学习英语的兴趣难再持续，因此适当利用分角色朗读、编唱儿歌、表演歌曲等比赛和游戏鼓励听觉类学习者主动操练单词、句型。

b. 听力游戏。听觉类学生对声音敏感，理应听力能力较强，但英语初学者常感到他们能理解自己老师讲的英语，却听不懂英语为母语的人士的英语。在英语语言课堂上教师可以采用播放英语录音、歌曲等刺激学生的听觉能力。

3.3 让学生动起来

触觉类学生由于动作技能活动能力强，但视听能力相对弱，书面材料理解欠佳。对此，课堂上可采用相匹配的策略是多多开展动作游戏、角色扮演等活动；而失配的策略是加强阅读及影视的播放。

什么是运动/触觉游戏？我们可以反思、查找那些涉及身体反应的游戏，或让学生触摸与移动周围东西的游戏。根据游戏与这些元素关联的身体活动和联系的具体含义可以分为三组：触觉游戏、空间游戏和手工游戏。

a. 触觉游戏。最常见的触觉游戏是让学生有目的地触摸真实物品，然后执行某些任务。这些任务有一定的难度区别。最简单的版本是让学生触摸袋子里的物品然后猜测是何物，这往往是一个词汇游戏。为了使游戏更有挑战性，还可请中高年级学生描述感觉，其余学生试图猜测是什么。

b. 空间游戏。空间游戏简单来说就是允许学生在坐立较长时间后可以站起来活动的游戏。这类游戏通常也包含视觉和听觉因素。如在教授英语动作类词汇时"听口令做动作"的活动既能让小朋友复习巩固所学动词，还能让他们短暂地休息放松，以保证接下来更好的听课效果。

c. 手工游戏。自制辨音卡片、手绘图文卡等任何涉及学生动手制作、组装的活动都是英语课上可以活用的手工游戏。鉴于手工活动占用的课堂时间往往较长，教师可以考虑在课上示范后将此作为趣味回家作业布置。

三种认知风格的特征与相应教学策略表

认 知 风 格		视 觉 型	听 觉 型	动 觉 型
学习特征	优势	易看懂文字、图表等书面材料，较擅长书面测试	擅于语音辨识，易于接受口头讲授，口语表达能力强	活泼，富有运动节奏感，动手能力强
	劣势	口头讲述有难度，不易分析听觉刺激	书写作业困难，运动协调能力差	视觉、听觉接收能力有待提高

认 知 风 格		视 觉 型	听 觉 型	动 觉 型
教学策略	匹配策略	使用小组阅读、图片、影视等教学资源	运用听讲、讨论、谈话、音频、录音等教学手段	触觉游戏、空间游戏和手工游戏
	失配策略	加强听觉刺激	通过板书记录、阅读、触觉类活动训练	加强听讲、阅读等视听觉的训练

第三步,在活动中实施相应策略。

对于不同类型的学生,英语教师不仅要采用相应匹配策略,促进学生更快掌握新知识,还应有意识地采用失配策略,强化该类学生不擅长的学习能力,平衡综合学习技能。例如中年级3A Unit 2 的主题是自我介绍,语篇可读性较强,可以安排学生先初读课文并按认知风格分组活动。不同风格的学生同组活动有利于协作学习、取长补短。在小组内分任务进行探讨,一人负责提问,一人负责总结大意,一人负责将课文所提到的内容与实际活动相联系。组内讨论结束后教师随机抛出沙滩球,接到的学生按照大拇指按住的数字1(根据课文内容提出问题)或2(用一句话总结课文内容)或3(在实际生活中你会怎样用英语来介绍自己)完成相应阅读任务。在此基础上再邀请学生分角色表演,深化对课文的理解。以上活动融合了多种技能的运用,首先学生必须使用视觉自读课文,然后运用听觉交流探讨,随后通过抛接球,表演课文调动动觉,活跃课堂气氛的同时强化了学生多种感官学习方式。

又如,牛津英语3A Unit 1 主要介绍简单的问候语"Good morning"等。在本单元教学时,笔者尝试用一首儿童动画歌曲"Good morning to you"来开场,调动学生兴趣的同时为本堂课教学主题埋下伏笔。这一简单步骤包含听歌所用的听觉,看动画和字幕所用的视觉两种认知途径,充分调动了学习者的学习热情。

4. 结语

尊重学生的认知风格,并据此因材施教,可以提升学生学习的积极性,促进学习者自主学习能力的发展。英语教师在教学中要关注每个学生独特的认知风格,必须尽可能地灵活运用各种不同风格的教学方法,施展个性化教学,努力提高教学的针对性和有效性,满足不同类学习者的需要,从而促进学生个性化自主学习。

参考文献

[1] 陈林林.教学方法有效选择的学情路径探究——基于认知风格视角[J].辽宁教育,2016,(12):38 - 40.

[2] 方明.陶行知教育名篇[G].北京:教育科学出版社,2005.

［3］胡晓风.陶行知教育文集［M］.成都：四川教育出版社,2007：78.

［4］霍李娜.学习风格理论及其对英语教学的启示［J］.英语广场,2014,(2)：87－88.

［5］李产超.学习风格与英语教学策略［J］.广东第二师范学院学报,2000,20,(5)：102－105.

［6］曲宪明.学习风格理论及其对英语教学的启示［J］.长春教育学院学报,2010,(2)：3.

［7］张海英.学习风格研究及其对大学英语教学的启示［J］.新西部,2011,(10)：175.

［8］张万祥选编.苏霍姆林斯基教育名言［M］.天津：天津教育出版社,1999：121－122.

作者单位：苏州高新区狮山实验小学教育集团 苏州　215000

KUD 目标模式指向核心素养的英语学科大概念教学

周鑫源

提　要：学科大概念是反应学科本质、处于课程中心地位、统摄教学过程的学科概念架构，能够超越单一年级而持久停留，指向深度学习。本文以大概念为理论指导，以人教版初中英语教材为依托，采取 KUD 目标模式，探讨了如何基于大概念运用 KUD 目标模型开展指向核心素养的初中英语教学的有效途径，从而帮助教师明确教学核心任务，助力学生核心素养落实，实现语言学习和素养达成的双丰收。

关键词：学科大概念；KUD 目标模式；初中英语；学科核心素养

1. 引言

面对 21 世纪这样一个全球化、智能化和多变化的时代，如何培养人、培养怎样的人等育人要求再一次给教育工作者带来了挑战。英语学科教育承载着教学目标、教学内容、教学方法、评价标准等结构环节，那么如何立足于学情需要把新的核心概念贯穿于学科体系之中来指导推进立德树人根本任务的落实落地呢？核心素养，顾名思义，是指一个基本国民立足于社会所具备的基本素养，是个人终身发展所需的价值观念、必备品格和关键能力的高度凝练和整合。英语学科核心素养由四大要素构成，即语言能力、学习能力、思维品质和文化意识，在基于党的教育方针和学科本质的基础上对传统三维目标进行了提炼。新课标的创造性和可操作性迅速成为教研人员研究的热点，但英语学科核心素养的实施与所描述的美好蓝图之间有着巨大的鸿沟无法跨越，差距不可忽视。

首先是片面追求文化输入，忽视学生实际水平。英语学科核心素养的提出，对原本的情感目标进行升华，使得很多教师盲目重视文化意识及价值取向的培养。不管是在听说阅读还是写作课上，都会向学生灌输中英文化差异对比，或对目的语文化进行剖析。殊不知，教师忽略了学生的实际认知水平。对于高中生来说，在课堂上大力"浇灌"情人节和七夕节的文化差异及民族象征是可行的，但是放在小学课堂，很明显风马牛不相及，教师挥汗如雨的同时，小学生也会毫无波澜。

其次是过度关注知识本身，有悖主题语境教学。一线教师由于受到应试的影响，在课堂上过度关注语言知识点，语言知识成为课堂的主线。虽然在公开课上会结合核心素养创设新的教学目标，但是由于平时疏于情境创设，在公开课上所创设的情境缺乏真实性和整体性，或脱离学生实际生活，强行创设以导入主题；或情境固化不变，学生失去兴趣，学习效率自然降低。

语篇是语言学习的最小单位,语篇的学习依靠内容,内容学习离不开语境,语境离不了主题。主题语境为英语新课标中六大要素之一,统揽着基于主题意义的教学活动和内容,是整体教学的主干,指向英语学科核心素养。

最后是散装教学模式,漠视教学评一体化。评价是教学过程的关键一环,它并非孤立存在,而是如影随形。在日常教学活动中,许多教师只负责教,学生按部就班学,评价仅仅出现在期中或者期末这些大的阶段,教学评一体化流于形式。造成这种碎片式教学模式的主要原因是教师对于评价的意义存在理解误差,认为评价只是目的,只是反馈。然而评价本身也是教学的重要部分,教学评三者就像是三角形的三个顶点,失去其中一个定会导致不稳定性。因此,教师要及时刷新自己的刻板印象,铭记评价是促进学生发展和教学发展的催化剂,教学活动与评价是你中有我、我中有你的相互融合关系。

2. KUD 目标模式的来源与内涵

如果把大概念教学比喻成船,那么 KUD 目标模式就是桨。高质量完成大概念教学活动的前提就是利用好 KUD 这双桨。大概念,又称大观念(big idea),最早由教育家布鲁纳创设。它是一个高度形式化的概念,具有认识论和方法论的双重意义,具有很强的普遍性。崔超认为,大概念是组织教育过程的核心,为教师设计教育过程提供思路和参照,保证单元教学的相互关联和一致性。埃里克森曾经对知识结构进行深入剖析,它认为概念是知识的重要组成部分。大概念教学就是在教师了解并确立大概念之后,围绕大概念这个核心组织教学,使学生充分了解该学科的内在结构,实现协同思考,达成能独立解决课堂内外问题的能力。学科大概念就是大概念和学科教学体系相结合,形成更加上位的概念来统揽教学。因此学科大概念具有中心性、网状性、抽象性和可迁移性等特征。学科大概念指向学科核心素养的知识内容,深挖探究学科大概念就是对学科核心素养的挖掘。

KUD 教学目标模式即知道(know)、理解(understand)和会做(do)。以概念为本的学习模式围绕 KUD 三部分,从逆向设计的角度,将检验预期结果的评价前置。在进行教学目标设置时,先对学生的需求进行分析,了解学生需要学会什么,学完以后会做什么。逆向思维紧紧依靠学生生成,以理解为本位,强调理解核心概念的落实,真正实现知识迁移。知道,指向内容学习标准;会做,代表学生在学完知识后达成的技能和策略;理解,是指大概念,表明学生经过学习以后应该把握的原理原则。

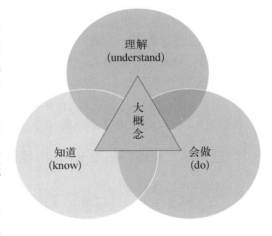

以英语学科核心素养为导向的英语教学,应该遵循 KUD 目标模式,基于学科大概念,从学科本质出发,切实培养学生以概念为本,达成学科关键知识和核心思想的意义建构,促进学生将凌乱碎片化知识进行有机整合,在深挖学科核心内核的同时,助力学科核心素养的落实,指向深度学习。

3. 基于大概念的 KUD 目标模式设计

3.1　系统研读教材，提升 KUD 所学内容能力

　　作为一名终身学习、终身发展的教师，不能只了解自己所教授年级的内容，而是要在进入教室之前，对所教学段的所有教材进行研读，梳理出知识体系，整合相关核心概念，形成大概念教学。以人教版初中英语为例，教材在七年级上册第六单元"Do you like bananas?"和八年级上册第八单元"How do you make a banana milk shake?"以及九年级第二单元"I think that mooncakes are delicious."三个模块都安排了食物相关的话题，在对三个单元有着初步理解后，KUD 目标模式便会形成雏形。

　　知道（Know）：七年级学生能够认识并了解生活中一些基础食物如 hamburger、tomato、orange、ice-cream、milk、bread 等等。八年级学生能够理解有些食物是由名词短语构成，如 milk shake、beef noodles、rice noodles 等，能对传统的中国食物有初步的认识。九年级学生随着认知水平的不断深入，需要了解如 zongzi、mooncake 这些与节日相关的食物，将食物知识的学习同文化节日相结合，并能够识别国外著名节日的风俗、传统饮食习惯，提高人文素养。

　　理解（Understand）：即建构大概念，明确育人方向，指向核心素养的形成。七年级学生能够在食物单词的基础上对词汇进行可数、不可数、既可数又不可数三大类进行归类，奠定语言学习的基础。八年级学生能够在七年级的基础上针对可数与不可数进行有效提问（how many，how much），学会用英语表达传统中国食物，思维提升的同时形成初步的文化自信。九年级学生能够将不同食物同不同国家的节日进行对号入座，学会比较文化异同，汲取文化精华。

　　会做（Do）：七年级学生能够用"Yes, I do/No, I don't."基础句型对 do 引导的一般疑问句进行回答，并表达对食物的喜恶。八年级学生能够用 first、and、then、finally 等程序性副词对食物的制作流程准确表达。九年级学生能够通过对节日相关食物进一步对节日表达自己的感想，会用 I believe/think/wonder 来对 festivals 文化特征进行描述与概括。

　　总而言之，教师不能将目光局限在现有的教材当中，而是要提前系统研读，备好教材，必要的时候还要结合小学及高中教材进行理性思考，深化同一个话题在不同年级出现的真正目的，帮助学生一步步提升语言能力，借助 KUD 模式不断进行记忆、理解、应用等思维活动，在反复学习知识的同时，润物细无声地培养学生的高阶思维。

3.2　遵循输入原理，拓展 KUD 内容范围

　　科技进步日新月异，人们的学习方式、生产方式、思维方式正在悄无声息地发生变化。信息时代的教学资源如同浩瀚星空，为教师打开了一扇探索大门。那么教师应该如何有效地拓展教学内容呢？教师首先要认清盲目进行教学资源的二次开发是徒劳无益的，立足学情和教学时效才是首要条件。克拉申的可理解性输入假说 i+1 原理认为，应在学生现有的理解水平和知识基础上，向学生输入略高于现有水平的知识材料，使得学生的语言习得达到一个平衡点，从而有效获得语言输入。

以人教版八年级下册第七单元"What's the highest mountain in the world?"为例,本单元通过以自然地理、世界之最为主题语境,对八年级上册所学习的最高级进行复习。那么既然是语法复习单元,教师不能将最高级当作全新的语言目标进行讲授,而是在语法点复习巩固的基础上,结合语境,向学生进行思维的延伸和再开发。如本单元在一开始介绍了珠穆朗玛峰、撒哈拉沙漠、里海以及尼罗河,教师在单元话题导入或者创设情境时,也可以向学生拓展中国之最,如长江是我国第一长河,南海为我国最深的海等等。单元 KUD 范围如下:

知道(Know):学生能够识记 Qomolangma、the Nile、the Caspian Sea、the Sahara、the Great Wall(复习)、Lake Superior(拓展)、Andes Mountains(拓展)、the Dead Sea(拓展)等,并知道这些地点分别对应的世界之最。

理解(Understand):学生能够意识到单元大概念为人与自然,在单元主题的基础上建立文化自信,比较中外文化异同,使其具备跨文化能力和传播中华文化的价值观念。如学生能用英文描述世界之最:"The Andes Mountain is more than 8,900 kilometers so it is the longest mountain in the world."。

会做(Do):通过本单元的学习,学生能够用英文谈论世界之最,并向他人描述世界各大自然景观的地位,培养学生跨文化意识。同时,将自己已知的地理知识同新知识相结合,形成知识可迁移意识。

3.3 捕捉分层概念,实现 KUD 深度学习

3.3.1 在词汇学习中实现 KUD 深度学习

词汇学习是语言知识学习中的基础模块,也是语言系统的基本组成部分(语音、词汇和语法)之一。而在实际教学中,很多外语教师将"单词"与"词汇"混为一谈,认为"单词"就是"词汇","词汇"就是"单词"。事实上,"单词"是指音形义,学生只需要认识和识记即可;"词汇"则是指其在语言中所有的单词和短语的总和,既包括"单词"中的音形义,又包括"单词"的各种变化形式以及"单词"构成的短语和各种搭配等。在对词汇本质有了深度理解后,我们以人教版八年级下册第六单元"An old man tried to move the mountain"听力语篇材料为例,探究 KUD 目标模式构建。

知道(Know):学生能够识记愚公移山细节描写中的词汇,如 put all the earth、dig、begin to move、continue to move、keep on digging、take the mountains away 等。

理解(Understand):学生能够独立思考生动语言背后隐藏的人生哲理及价值观。Could continue to move after he died、kept digging day after day、never give up 等词汇生动折射出愚公不畏困难、铤而走险的坚强意志。学生能在教师的指导下,梳理出词汇背后的深刻含义,结合语境提高自己的批判性思维能力,达成价值取向的鉴别能力。

会做(Do):学生通过学习愚公移山的故事,能够应用所学习的词汇描述现实生活中的英雄事例,从而培育积极向上的道德情操。

3.3.2 在句型学习中实现 KUD 深度学习

句子是语言的结构性体系之一,日常交际、写作等语言输出活动都离不开句子。我们以七年级下册第五单元"Why do you like panadas?"表达原因观点类句型为例,尝试用 KUD 模式来构建目标模式。

知道（Know）：学生能够应用 cute、fun、interesting、smart、lazy、beautiful 等相关词汇和短语来回答 why 引导的特殊疑问句，表达自己的喜好。

理解（Understand）：学生能够对不同特征的动物进行归类，如 lion、tiger 都属于 scary 一类，dog、koala 等属于 cute 一类，并对这些动物的来源国家进行归类，如 panda 来源于 China，elephant 来源于 South Africa 等。在归纳概括概念后，建立对概念本身的理解新框架，在回答"Why do you like pandas?"问题时，学生可以进行更加具体、更具逻辑性的表达："Because pandas are from China, we are in the same country. They're kind of interesting and cute. Sometimes they are lazy but usually they are very active. They are the symbol of my motherland."。

会做（Do）：学生在梳理动物的特征后，不仅能够回答 why 的简单提问，还能够自然说出国籍、食物喜好、品种等等，还可以为动物园创作英文海报，深化语言输出能力，形成传递信息、表达观点的关键技能。

3.4 提炼单元大概念，把握 KUD 育人价值

主题意义探究是语言学习的最核心内容。单元主题教学是指围绕一个主题，通过对主题语境的探究，运用一系列语言活动和技能的操练，在直接经验和间接经验有机结合的过程中，发展学生的核心素养。基于主题意义探究的英语教学有利于将教学内容和语言学习结合起来。在这个大概念的基础上，教师需要挖掘语篇背后的育人价值，建构大概念统领下的单元课程结构，指向核心素养。我们以人教版九年级第 13 单元"We're trying to save the earth!"为例，来把握 KUD 目标模式。

知道（Know）：通过学习本单元，学生能够识记污染和环境保护相关词汇，如 rubbish、littering、factories、coal、plastic forks 等词汇，学会混合使用多种时态如 Present progressive、Passive voice、Present perfect 等。

理解（Understand）：在学习 Section A "Save the Sharks!"阅读语篇后，学生能够意识到海洋生态环境出现了危机。由于人们肆意妄为，唯利是图，导致海洋食物链顶端——鲨鱼的数量日渐稀少，海洋生态系统失去平衡。随后 Section B "Rethink, Reuse, Recycle!"一文中，学生体味到通过身边的微小行为也能为环境保护贡献力量。只有保护自然，和平共处，人类才能生存下去。通过对主题语境探究，统领单元语篇的育人价值后，教师最终建立起单元语篇的关联性：即"We are trying to save the earth."，引导学生探索"人与自然"背后的育人价值。

会做（Do）：学生通过梳理单元语篇的主题意义，能够对当下生态环境的危机进行批判性思考。学生能够运用所学知识，列下 good environment 和 bad environment 的清单，整理出环境破坏背后的人为原因，并提出改进措施。学生亦可以写信的方式为有关部门提出建议，真正达到学以致用，树立正确的环境保护观念。

4. 结语

总的来说，大概念教学具有一定实践意义和可操作性。基于大概念的 KUD 目标模式有利于克服传统教学过程零散、知识碎片化等问题，从学生的理解出发，从知识的本质入手，通过

单元主题意义探究,有效迁移所学核心概念的内在联系和关键意义,指向深度学习同时真正落实学生的生成。本文通过尝试设计"概念为本"的学习模式,以人教版初中教材为依托,建构如何运用 KUD 模式的指导框架,希望对一线教师有所启发。不过大概念属于"舶来品",相关研究仍在进行完善当中,所以留给教师们继续探究的路依旧很漫长。教师只有真正掌握大概念的内涵意义及获取途径才能助力学科核心素养育人价值在学生身上开花结果,才能将大概念教学落实落地英语课堂。

参考文献

［1］ Bruner, J. S. and Lufburrow, R. A. The Process of Education［M］. Harvard University Press, 1960.

［2］ 程晓堂.基于主题意义探究的英语教学理念与实践[J].中小学外语教学(中学篇),2018,41(10)：1－7.

［3］ 程晓堂,赵思奇.英语学科核心素养的实质内涵[J].课程·教材·教法,2016,36(05)：79－86.

［4］ 崔超.大概念视角下英语单元教学的重构[J].教学与管理,2020,(04)：42－45.

［5］ 林恩·埃里克森,洛伊斯·兰宁.以概念为本的课程与教学：培养核心素养的绝佳实践［M］.鲁效孔,译.上海：华东师范大学出版社,2003.

［6］ 吕全鹏.指向学科核心素养的语文学科大概念教学——以整本书阅读为例[J].语文教学与研究,2021(07)：135－139.

［7］ 梅德明,王蔷.普通高中英语课程标准(2017 年版)解读［M］.北京：高等教育出版社,2018.

［8］ 王蔷,周密,蒋京丽,闫赤兵.基于大观念的英语学科教学设计探析[J].课程·教材·教法,2020,40(11)：99－108.

［9］ 王喜斌.学科"大概念"的内涵、意义及获取途径[J].教学与管理,2018,(24)：86－88.

［10］ 张学顺,崔广进.英语词汇深度学习的教学策略[J].教学与管理,2020,(10)：56－59.

［11］ 赵冬云,李雨萱.学科核心素养下采用 KUD 模式设定学习以目标提升小学生英语语言能力[J].英语学习,2020,(04)：15－19.

［12］ 赵康.大概念的引入与教育学变革[J].教育研究,2015,36(02)：33－40.

作者单位：湖北师范大学(硕士研究生在读) 黄石　435000

跨文化意识在高中英语
翻译教学中的体现与运用

边中杰

提　要：本文通过对跨文化交际和意识的定义、阐述和介绍引出在英汉翻译中译者必须对英汉两种语言之间的差异有所认知和了解的重要性，从而进一步探究在高考英语上海卷翻译教学中教师如何引导学生利用跨文化意识，包括对汉英语言特点差异的知识，来解决翻译学习中的一些典型问题，藉此希望能提供给高中英语教学从业者和广大英语学习者尤其是高中生一些有益的启发。

关键词：跨文化交际；跨文化意识；汉英语言差异；高中英语翻译教学

1. 引言

　　随着我国改革开放和加入世贸组织以来与国际社会的交流日益深化，对于英语这门全世界使用范围最广的"世界普通话"的学习变得越来越普遍，对于汉英两种语言之间的翻译工作的准确性和精确性的要求也正不断提升，而在两种语言的翻译过程中，跨文化的意识显得尤为重要。由于英汉两种语言隶属于两个差异巨大的语系，它们的特点和属性差别是大于其相似性的，这对于高中英语翻译教学带来了不小的难度和挑战。笔者拟通过对跨文化意识和交际的介绍、汉英两种语言差异的对比来探讨并初步尝试解决一些在高中英语翻译教学中的常见问题，希望能对广大高中生和高中英语教师不论在英语学习还是英语教学上都有所新的启示和帮助。

2. 跨文化交际和跨文化意识的建立

　　跨文化交际（cross-cultural communication）指的是本族语者与非本族语者之间的交际，也指任何在语言和文化背景方面有差异的人们之间的交际。跨文化交际不仅是一个概念，现在也逐渐成为一门学科，一门在国际交往日益频繁、全球经济一体化的特定时代产生的新兴学科。在中国，跨文化交际研究是改革开放的产物。跨文化交际又是一门综合性学科，它是当代社会科学学科综合研究的结果，学科背景主要涉及文化语言学、社会语言学、言语交际学。其中文化语言学凸显"文化"的维度，社会语言学凸显"社会"的维度，而言语交际学凸显"交际"的维度。这三个不同的方面都围绕语言符号与非语言符号的"语用"这个核心，正是在这个基础上建立起了这么一门综合性的语言学科（关世杰，1996）。

2.1 不同文化给跨文化交际带来的语言障碍与文化障碍

文化背景的差异是一个宽泛的概念,既是指不同文化圈之间的差异,也是指同一文化圈内部亚文化之间的差异。从跨文化交际的实际情形来看,由于文化背景的差异,包括语言障碍和文化障碍,导致交际失误,容易引起冲突的主要是中国和欧美国家的人际交往。西方人的思维方式是线性的,比较讲究逻辑和形式,而中国传统文化以"辨证统一"为主的运思途径,螺旋或波浪式的曲线,较能反映中国传统的思维方式。在语言的体现上是中国语言的意合和西方语言的形合。中国人说话较含蓄、不直接,而西方人说话爱直截了当,虽然这种现象由于工业革命的产生和互联网的普及有所改变,但是大体上还是如此。

2.2 克服文化冲突和掌握跨文化交际原则与策略

在用英语与英语国家人士的交往中,我们必须建立跨文化的意识以克服文化冲突。建立跨文化意识,我们首先要提高文化敏感性(intercultural awareness)。增强文化敏感性有一系列的方法,比如通过阅读原版的英语国家的文学著作,观摩原版的英语电影电视剧,也可以组织文化观的讨论或讲座,进行文化、风俗习惯的比较,多与外国人来往。最好最有效的方式还是直接接触多种文化环境,因为跨文化意识的习得是一个心理适应和行为认同的过程。人类从孩提时代起就完成了一生中最复杂的认知过程之一,即母语的习得,这就构成了自己本民族文化的认知方法、行为模式、交往习惯、价值观念、思维模式等。这些深层结构都具有一定的排他性,构成了人类一部分的潜意识,对世界的理解都以本民族文化观为标准进行评判。而在跨文化交际中,人们不断克服这种本民族文化观的标准,逐渐学会接受尊重对方文化观的标准,追求二元文化的协调和平衡(金惠康,2003)。

此外,掌握一些跨文化交际原则与策略对于有效开展跨文化交际也是大有裨益的。其中有一条很重要的原则就是"合作原则(Cooperative Principle)"。其下属四个准则,例如数量准则要求双方说话的时候所提供的信息一定要足够,但是信息不要太多,不相关的信息不要提供。而质量准则规定人们在交流时尽量讲真话,不要提供虚假信息,这样才能保证交际能够顺利进行。除此两点外,还包括关联准则和方式准则。

通过以上方法克服文化冲突并掌握一些基本的跨文化交际原则与策略后,我们才能建立良好的跨文化意识,最终实现有效的跨文化交际。结合我国现阶段国情和对外开放政策的需求,为了能更有效地在跨文化交际中帮助母语为汉语人士在英汉互译过程中提高目标语的精确性、地道性,并减少一些由于跨文化交际可能产生的误解,有必要了解英汉两种语言的差异。

3. 汉语和英语的八大差异

3.1 英语重形合(hypotaxis),汉语重意合(parataxis)

美国翻译理论家 Eugene A. Nida 在其著作 *Translating Meanings*(1983)中说明了汉英这一差异:就汉语和英语而言,也许在语言学上最重要的一个区别就是形合和意合的对比。所谓形合,即表示句内种种逻辑关系须用连接词明确地表达出来。缺少了连接词或者逻辑标记,如"It is late. I must leave." — It is late 之前少了连接词 because,如此表达是不符合母语为英语人士的习惯的。所谓意合,顾名思义,无须所谓的逻辑标记,句子靠意思就能捏合在一起,为听者或读者接受。如上句的对应汉语说法:迟了,我得走了。以下这句话可以更清晰地体现汉英间的差异:"一个英国人,不会说中文,有一次在中国旅行。(An Englishman who could not speak Chinese was once traveling in China.)",这句话中,讲究形合的英语句子的 who 不可省略。汉语则干净利落,无须所谓的"逻辑标记"。

3.2 英语: 前重心;汉语: 后重心

结论、断言、结果以及事实,应该成为句子的"重心",但就"重心"位置而言,"英前汉后",例如:小国人民敢于起来斗争,敢于拿起武器,掌握自己国家的命运,就一定能战胜大国的侵略。本句所用句式为:条件——→断言,即"如果怎样,结果就怎样"。前者"条件"为轻,后者"断言"为重。其相应的英语表达为:"The people of a small country can certainly defeat aggression by a big country, if only they dare to rise in struggle, dare to take up arms and grasps in their own hands the destiny of their own country."。不难看出,译文的表达与汉语是逆向的,即英语先"断言"后"条件",即"结果就怎么样,如果怎么样"。

3.3 英语: 静态(static)语言;汉语: 动态(dynamic)语言

英语相对少用谓语动词,汉语则喜欢使用动词。在实际的语言运用中,汉语往往较多使用兼语式或连动式。英语静态特征的表现是多维的,主要有句法方式和词汇方式两种。前者使用非谓语动词、省略动词以及将动词名词化等。后者使用动词的同源名词(如 realize — realization;free — freedom;master — mastery)、同源形容词(如 support — supportive;doubt — doubtful)、介词和副词等。相对而言,汉语的动词由于缺乏英语动词那样的形态变化,若要表达动作意义,往往选择面不多,只能使用动词本身,比如:"Back and forth his head swiveled, desire waxing, resolution waning.",中文为"他来回晃着脑袋,欲望膨胀,意志萎缩"。此句话中,英语用独立主格结构,汉语则用并列的数个动词。又如:"That would be the confirmation that it was in general use.(这将证实其使用是十分普遍的。)"。此句中,英语用同根名词(confirm — confirmation),汉语不得不用动词。

3.4 英语重物称(impersonal),汉语重人称(personal)

英语的物称倾向十分明显,最明显的是对主语的选择。英语常常选择不能施行动作或无生命事物作主语。相对而言,汉语则更习惯于人称化的表达,尤其是主语,能施行动作或有生命的物体为主语首先。例如:"A wave of cigar smoke accompanied Ogilvie in.(奥格尔维进门时,带进一缕雪茄烟雾。)"。又如:"Bitterness fed on the man who had made the world laugh.(这位饱尝辛酸者却让全世界的人发出笑声。)"。

3.5 英语多被动(passive),汉语多主动(active)

英语多使用被动句式与其物称倾向不无关联。充任主语的词既然有大量"无灵"

(inanimate)物称,其被动句式因此不鲜见。反之,汉语的主语多喜欢用人称,自然会采用更多主动句式。当然,英语的被动句式也不可滥用,其内在的逻辑在于:不必强调动作的施行者,则将其置于句尾 by 之后;亦或不必、不愿或不便言明动作的施行者,则索性将其省略。比如:"The importance of oceanography as a key to the understanding of our planet is seldom as well appreciated.(海洋学是人们认识星球的关键,而其重要性却不是人人都知晓的。)"。又如:"An illustration is furnished by an editorial in the Washington Post .(《华盛顿邮报》的一篇社论提供了一个例证。)"。

3.6　英语重后饰（back modifier）,汉语重前饰（preceding modifier）

英语与汉语就句子的逻辑重心而论,英语习惯于前置,"先声夺人";汉语多后移,"后发制人"。从语序来看,两种语言都采用"主谓宾"(SVO)的线性排列顺序,然而,英汉在修饰语(定语和状语)的位置处理上存在着一个显而易见的差异。英语的修饰词既可以置于被修饰成分之前,也可以置后,但此时往往修饰词为短语或从句。而汉语的修饰词无论是词、短语或句子,其位置一般都处于被修饰成分之前。英语忌讳"头重脚轻",而以"尾重"(end weight)为美,而这种"美"多半依靠"重后饰"的表达形成。例如:"It is a good plan to imagine an argument with a person having a different bias.(想象与持不同偏见的人进行辩论是一个很好的办法。)",这个例子显示英汉处理其修饰成分的位置是"反其道而行之"。

3.7　英语重时体（tense and register）,汉语轻时体

从语法上来说,英语动词的时体显得极为丰富。理论上来说,英语有十六个时态,而时态是汉语的弱项。英语可以通过固定的语法手段将动作发生的时间和状态作更准确和精细的描绘,有时这种描绘还可以融入说话人的一种感情色彩。以进行时为例:"I'm now living in a very pleasant flat.(表示满意:我现在住在一间非常舒适的公寓。)"。又如:"You have always been making that mistake. (表示不满:你老是犯那类错误。)"。正因为英汉两种语言的差别,有时候,英语略施"时体"小技,而汉语则只得动用词汇手段。例如:"It has often been noted that those who live, or have lived, in the shadow of death bring a mellow sweetness to everything they do."是美国盲人作家 Helen Keller 的一句名言,句中的 who live、or have lived 用得轻松自然。此句相应的汉语表达是:人们已经注意到但凡受到死亡威胁或是死里逃生的人对于他们所干的任何事总是兴趣盎然。

3.8　英语多复合长句,汉语多简单短句

以上所列第一点(英语重形合,汉语重意合)以及第三点(英语:静态语言;汉语:动态语言)等,加之英语各种的替代词与关系词的运用,导致英语较多出现"多枝共干"式长句、复合句。而汉语则相反,多用短句、简单句。试比较:"As we lived near the road, we often had the traveler or stranger visit us to taste our gooseberry wine, for which we had great reputation, and I confess, with the veracity of a historian, that I never knew one of them to find fault with it. "。此句话洋洋洒洒,多达 47 个单词,其主干为:we often had the traveler or stranger visit us,其余皆可视为"枝",它们借助于 as、to、for which、and、with、that

等功能词与主干自然、有机、清晰地连接在一起，构成了一个长句。汉语作为重意合的"动态"语言，可将词句翻译如下："我们就住在路边。过路人或外乡人常到我们家，尝尝我们家酿的酸果酒。我们家做的这种酒很有名气。我敢说，尝过的人，从没有挑剔过。我这句话像历史学家一样靠谱。"

正因为汉语和英语两种语言在语法结构、思维方式、构词，还有背后所代表的文化等方面的巨大差异导致在高中英语教学中翻译（包括中译英和阅读理解中对英语长难句的翻译与理解）一直是一个常见的教学难点，也是广大高中生失分较多之处。

4. 跨文化意识和英汉语言差异的了解在高中英语中译英题型教与学中对克服语言障碍的作用

在英语高考上海卷的标准题型中，中译英是一个比较经典、存在时间很久的一个题型，主要考察学生在把来源语（汉语）翻译成目标语（英语）的过程中的对语法、词汇、句型等知识点运用的能力。除此之外，由于此题型在整张试卷中是为数不多的需要具备一定跨文化意识的题型，学生也必须对汉英两种语言的差异有比较全面和准确的了解和理解。在平时的教学中，学生在中译英中出现的错误有不少都是由于缺少一些跨文化的意识，没有注意到两种语言的差异而导致的。以下笔者就这一现象列举一些在历年上海英语高考中译英真题中出现的需要运用跨文化意识来解决翻译中难点的典型例子，并加以简要的分析。

例1：那位头发花白的外交官与他的老友不期而遇，脑海里浮现出那些为理想奋斗的青春岁月。(remind)(2021年秋考中译英第三句)

此句典型地体现了英语作为一种形合语言和汉语作为意合语言的差异。这里的汉语中两句分句只有一个逗号连接，而翻译成英语的句子必须要在动词remind前加引导定语从句的关系代词which，来指代前一句中叙述的这一事件。而在青春岁月（youthful days）后须加引导时间状语从句的连接词when来引出为理想奋斗的事实。因此，此题是要通过加连接词来完成英语句子的串联。

参考翻译："The grey-haired diplomat came across/encountered/bumped into/ran into/met unexpectedly his old friend, which reminded him of the youthful days when they were striving for their ideals/dreams/ambitions."。

例2：我花了三天时间画了一幅风景画，庆祝曾祖父的一百岁寿辰。(take)(2021年春考中译英第二句)

此句汉语的主语是"我"，而由于括号中所给单词是take，显然出题者意欲考察学生"It takes/took sb. ... to do sth."这一个非常基本和常见的英语句型。因此原来的汉语主语"我"必须转化成无灵主语或者说形式主语It。另外，在翻译时必须在庆祝（celebrate）前加不定式符号to来连接前半句汉语的句子。词汇表达"风景画""曾祖父"和"寿辰"都是学生容易写错、翻译得不准确或者答不出来的点，须在日常的教学中加强对一些生活化的表达方式的积累和使用。

参考翻译："It took me three days to paint a landscape painting to celebrate my great-grandfather's 100th birthday."。

例 3：这条小溪蜿蜒流淌，陪伴着世代居住的村民，见证了这个村庄的日新月异。**(company)（2021 年春考中译英第四句）**

此句的汉语有两个比较长的定语，分别是"蜿蜒流淌"和"陪伴着世代居住的村民"。而世代居住又是在这个定语中再去修饰村民这个名词短语。翻译成英语的句子时，如果一时找不到合适的形容词来修饰，就必须把这么长的定语置后，放在后面修饰中心词。当然"蜿蜒流淌"对于有些词汇量较大的学习者来说是可以找到一个对应的形容词（winding）来作前置定语来修饰的。这题典型地体现了英语重后饰而汉语重前饰的不同特点。此外，括号中的名词 company 的用法也是值得关注的。

参考翻译："The river that winds its way, in the company of the villagers who have lived there for generations, has witnessed the ongoing changes in the village."。

例 4：正如这本小册子介绍的那样，这里的司机都有礼让行人的习惯。**(As)（2020 年春考中译英第二句）**

此句"正如"后的汉语句子是主动句，但在翻译成英语时既可以翻成主动句，亦可以翻成被动句，这体现了英语句子多被动、语态的切换较灵活的特点。在平时的教学中，教师可以有意识地多设计一些英语主动与被动互相切换的练习，让学生体会英语语态灵活多变和喜用被动的特点。此外，这句话中的"礼让"也是学生容易写错的一个表达方式，教师应引导学生跳出汉语思维的束缚，把汉语的"礼"字能够化译掉。

参考翻译："As is introduced in this booklet, the drivers here are all in the habit of giving way to pedestrians."。

以上这些经典的在高中英语中译英练习中体现跨文化交际和中英两种语言在思维方式与语言表达上的差异的例子，能够提供给广大高中英语教师在翻译教学中一些值得思考和总结的地方。在中译英练习时可以帮助学生总结以下几个典型的考察方式和答题时需注意的点：1. 注意时态和语态的准确使用；2. 注意如何处理汉语句子中的长定语把其转换成英语的后置定语；3. 注意在汉译英时连接词的加减问题；4. 注意汉语句子和译成英语句子后语序的不同；5. 汉语四字成语的翻译方法。基于以上 5 点，教师在日常的备课中可以精挑细选一些中译英的练习，分门别类地安排在不同的注意事项下，帮助学生在大量练习后能有一些理性、科学的总结和归纳。

5. 跨文化意识和英汉语言差异的了解在高中英语阅读理解题型长难句翻译教与学中对克服文化障碍的作用

由于英汉两种语言分别隶属于印欧语系和汉藏语系这两大差异巨大的语言体系，其背后的文化差异也是很明显的。比如 wait for windfalls 翻译成汉语是"守株待兔"，这个英语的表达方式中根本没有"兔子"这一单词，但是两种不同的语言文化可以用不同的意像（windfalls 和兔子）来表达相类似的含义。又比如英语短语 one's cup of tea 翻译成汉语是"合乎心意的人或物"。这一表达方式来源于维多利亚女王时期英国人喜喝下午茶的习惯。由此可见，在跨文化交际和翻译时，对英语国家的文化有一定的了解也是很有必要的。

而在高中英语阅读理解题型（包括阅读选择题和六选四题型）中，由于现在大多数选文都是来自英美国家的严肃期刊、报纸和杂志,试题设计者对原文的改动较少,因此语言都是很地道、非常"原汁原味"的,其中长难句居多,再加上学生对英语国家文化背景知识的知之甚少以及汉英思维差异等因素,使得阅读理解也是不少学生失分的"重灾区"。以下笔者就这一问题列举一些阅读理解题中出现的需要利用跨文化意识来解决的长难句。

例 1:在一篇讲述作者和一棵栗子树之间爱恨交加情感的文章中开篇有这样一段文字:"It's a unique tree. In late September or early October, falling fruits as hard as baseballs threaten the skulls of you, your children, your neighbours and those that reside next door to them. Umbrellas in the yard are a must while dinning in early August, and as for me, I wear my bike helmet while working in the garden."。这几句话对于中国的高中生来说并不容易读一遍就理解,除了句子较长、修饰语较多外,其中作者把栗子树上结的果实来类比棒球的硬度和质地对于不了解棒球运动的汉语读者来说也是较难体会的。由于文化差异,棒球这一运动项目一般在欧美国家尤其是美国和加拿大较流行。另外,此句还体现了英语为母语人士在写作时体现出的不同于中文使用者的幽默,这也加大了对准确理解这句话的难度。此段落的参考翻译:"这是一棵独一无二的树。每年九月末或十月初,像棒球一样坚硬的果实掉下来,这会让头骨有被砸伤的风险,你和你的孩子以及左邻右舍还有居住在这棵树周围的人都要小心啊。八月初就餐时在院子里撑一把伞是必需的防护措施。至于我自己,我在花园干活时是戴着自行车头盔的。"

例 2:在一篇关于美洲贩卖奴隶史的阅读理解篇章的第一段中有这样一句比较长而难以理清句子结构的话:"Archaeologists used DNA taken from a broken clay pipe stem found in Maryland to build a picture of an enslaved woman who died around 200 years ago and had origins in modern-day Sierra Leone."。在这种比较学术和严谨的文章中,这样的长句是不鲜见的,这句话也体现了英语语言的一些特点:非谓语动词和后置定语使用较多,且通过这些手段把句子的主干和分支能有机连接联系起来,体现英语形合的特征。此外,大多数中国高中生对欧洲和美洲贩卖黑人奴隶和殖民的历史不甚了解,这对准确理解此句也带来了不小的挑战和障碍。参考翻译:"考古学家利用在马里兰州找到的一个破旧的粘土烟斗杆上提取的 DNA 来了解一位祖籍在现代塞拉利昂且于大约 200 年前过世的女性奴隶的概况。"

通过以上两个典型的例子,广大高中英语教师可以在日常的阅读理解教学中通过灌输培养跨文化意识和强调汉英语言特点差异的方式来指导学生更精准地把握对长难句的理解、翻译和运用,并且在教授语言技能和知识的同时也需要适当了解一些西方国家尤其是英语为母语的国家的历史、地理、经济等方面的信息,便于更有效地为学生答疑解惑,开展教学。

6. 结语

英汉两种差异巨大的语言之间的互相翻译表面上看是来源语和目标语之间的转换,但这种转换由于文化和思维方式的不同是很难的。因此,更确切地说,翻译是把一种语言的文字(文化)意义用另一种语言表达出来。这个任务的难度就决定了我们在进行汉英翻译时必须具备一定的跨文化意识。这种意识不是一蹴而就的,而是通过长期的对于英语语言环境的接触并基于对汉英两种语言差异的研究逐渐培养和形成的。在高中英语翻译的教学中,我们也可以运用一些跨文化的意识来解决教师的教与学生的学中产生的难点和重点,让学生了解一些基本的、典型的关于英语和汉语差别的常识性问题,最终不仅能帮助学生在学业水平上取得长足的进步,并且能为在新世纪、新形势下培养具备跨文化意识的合格的双语和多语人才起到推波助力的作用。

参考文献

［1］关世杰.跨文化交际学[M].北京:北京大学出版社,1996.

［2］金惠康.跨文化交际翻译[M].北京:中国对外翻译出版公司,2003.

［3］柯平.英汉与汉英翻译教程[M].北京:北京大学出版社,1993.

作者单位:同济大学附属七一中学 上海　200040

基于大观念的小学英语
纸笔测试命题原则与策略

吴丽霞

提　要：大观念(大概念)是英语学科核心素养与学生之间输入教学和输出测评的有效途径。本文基于对小学英语纸笔测试命题现状的调查结果,研究基于大观念的小学英语纸笔测评命题原则和策略,总结出五"性"、三"化"原则,并利用大观念的网状性特征、可迁移价值、落实性功能,从构建命题整体框架、创设真实问题情境、审视素材的素养达成价值三方面进行举例分析。

关键词：大观念;核心素养;纸笔测试;命题

1. 引言

　　2018 年 1 月,教育部颁布了普通高中各学科课程标准,凝练了学科核心素养,并强调以学科大概念(big idea,本文采用译文"大观念")为核心促进学科核心素养的落实。《普通高中英语课程标准(2017 年版)》(以下简称《课标》)提出发展学生的英语学科核心素养,包括语言能力、文化意识、思维品质和学习能力。学科核心素养的颁布成为连接核心素养理念与具体学科之间的关键环节,是核心素养在学科层面的具体化(李刚、吕立杰,2018：38)。作为引领新时期课程改革中学科核心素养落实的关键,大观念指向学科结构的中心,锚定了学科内容的基本框架,将学科核心素养明确地嵌入到整个课程与教学过程中。学生对于大观念的理解和运用让学生把握了该学科内容的基本结构和关键脉络。要使学生发展核心素养的思想和目标真正落地,还必须要有与发展核心素养理论框架相匹配的测评方式,发挥后者指挥棒的作用,才能引导师生主动将发展学生核心素养作为教育教学的中心任务(王蕾,2016：25)。

　　学科核心素养、学生、大观念以及测评四者的关系如图 1 所示。本文主要阐述基于大观念

图 1

的小学英语纸笔测评命题,即图 1 中下方的箭头。

2. 当前小学英语纸笔测试命题现状

目前纸笔测试依然是我国英语教学测评的主要方式。笔者通过对所在地区小学学段的教师命卷途径及方式进行调研,发现本地区大部分教师命卷存在以下三个现象:1. 在试题来源方面,教师们通常利用练习册、试题集或网络上下载的试题进行简单拼凑。2. 在命题取向方面,被调查的教师都表示听过核心素养理念,但具体不理解,命卷时不会考虑核心素养的理念;不会考虑试卷的总体设计及试题间的逻辑关系;看重对语法知识的练习和考查,不会设置情境。3. 被调查的教师均不曾阅读过测试理论方面的书籍。

从调研情况来看,小学英语纸笔测试现状与《课标》理念严重脱节,已经成为发展英语学科核心素养的掣肘。命题者应以学科核心素养为导向,基于大观念这个联结学科内容的核心概念架构,在现有基础上改变小学英语学科纸笔测试试题与核心素养脱节的状态,使英语学科纸笔测试试题能够有效判断学生学科核心素养的发展状况,才能既准确反映课程改革的成果,又对日常教育教学起到积极的反拨作用,从而促进教学与考试的协调发展(程晓堂,2018:1)。

笔者有幸参与了所在地区的基于学科核心素养的小学英语评价命题改革工作,命题范围涵盖了人教版 PEP 小学英语(三年级起点)三至六年级上、下册的第一至六单元单元卷、期中卷和期末卷。下面,笔者将结合所积累的命题经验,谈谈基于大观念的小学英语纸笔测试命题的原则和主要策略。

3. 基于大观念的小学英语纸笔测试命题原则

3.1 五"性"原则

五"性"指的是适应性、整体性、真实性、典型性、完整性。

3.1.1 适应性。命题要适应各年段小学生的心理、生理特点及认知水平,尽量选取较活泼、有趣的文字和图片素材,题型尽量多样化,试题难易度分布合理,让学生有比较愉悦的做题体验。

3.1.2 整体性。命题要以英语学科大观念为组织零碎知识与技能的抓手,考查目标紧紧围绕学科核心素养的四大方面进行设定。试卷的整体情境、各题情境之间以及每道题内情境都要有较强的逻辑,呈现较好的整体性。

3.1.3 真实性。命题中不管是试卷主题、情境的选择还是问题的设置,都遵循真实性原则,与学生的生活接轨,实现"教—学—考—用"的一致性,培养高分也高能的学生。

3.1.4 典型性。命题要基于英语与其它学科间大观念及英语学科中各大观念之间形成的知识网络,考查课标和教材中的重难点以及学生在生活情境中使用时所需的关键性的、典型的内容。

3.1.5 完整性。命题的听力和读写部分都尽量选用较完整的语言素材,让学生能在完整的语境下进行识别、区分、归纳、分析、阐释、评价或书面表达等。

3.2 三"化"原则

所谓三"化"原则,包括主题化、情境化、问题化。

3.2.1 主题化。命题要依据英语学科大观念,整张试卷基于明确的大单元主题,贯穿全卷连接同一主题下相关联语境,对学生用英语做事情能力进行考查。

3.2.2 情境化。语言只有在社会情境中使用才能体现其存在的价值。学习和使用语言都离不开情境(程晓堂,2018:2)。因此,对语言素养的测评,更应该选用真实语境。试卷的题目应以相对完整的生活情境作为背景,学生既是在做题,也是在将所学知识运用于生活情境中,使考试具有可迁移应用的价值。

3.2.3 问题化。核心素养的关键点是解决问题的能力,核心素养的培养也是在解决问题的过程中实现的(程晓堂,2018:2)。因此,核心素养的测评也应该强调问题的解决能力。试题中应以真实情境下的问题为驱动,引导学生在解决问题的过程中展现真实的英语学科核心素养发展状况。

4. 基于大观念的小学英语纸笔测试命题策略

4.1 利用大观念的网状性特征,构建命题整体框架

学科大观念反映了学科的主要观点和思维方式,是学科结构的骨架和主干部分(顿继安、何彩霞,2019:6)。大观念可以帮助学生在零散的知识间建立关联、形成结构,实现整合和深度学习。命题者应当摒弃目前以零散的、线性的知识为导向的命题思路,转而以学科大观念为依据进行纵、横向联结英语学科观念,还可以适当融合其它学科观念,拟定整体架构的命题思路。

首先,从课程大观念出发,明确需考核课程内容中的指导思想和核心理念。然后,深入研读需考核的课程内容,提炼其中的大、小观念,搭建整体架构图,确定考核的总体目标。接着,梳理需要考核课程内容中的结构化知识和语言,确定每个小题的考核目标。最后,敲定每个小题需要采用的语篇和题型。

因此,基于大观念的命题的整体框架是以需考核内容中的大主题为引领,每一道考题就是围绕这个大主题展开的小主题,这些小主题既独立考查学科微小观念和具体语言知识,又相互关联,与大主题一起织成具有逻辑的知识网状结构,促成学生对中、小观念理解运用能力的考核。笔者命制的 PEP 小学英语毕业总复习测试卷就是基于大观念思路进行整体命制的。由于篇幅限制,此处只展示试卷的情境框架。

例 1 PEP 小学英语毕业总复习

PEP 小学英语毕业总复习

Hi! I'm Yuanyuan. I'm in Grade 6. I'm going to graduate(毕业).

Listening

一、Listen and choose.

I am writing the souvenir book(纪念册).

二、Listen and choose.

I'm talking with my friends about their photos. Can you answer questions about the changes？

三、Listen，tick and write.

My friends and I are talking about pictures we like in the School Picture Show（画展）.

四、Listen and write.

I'm telling Mr Li about the survey on what we can do for the farewell party（告别派对）.

Reading and Writing

五、Read and write.

I am playing a guessing game with my classmates in the farewell party.

六、Read and choose.

I am writing a diary about my school life.

七、Read and choose.

I am going to buy some souvenirs（纪念品）*for teachers with Wang Li on the weekend.*

八、Read and judge.

Li Hua and I are talking about the notes on the message board（留言板）*in class.*

九、Read and choose.

I am talking with friends about the dream-job survey（梦想职业调查）*in the magazine.*

十、Think and write.

You are going to graduate（毕业）, *too. I want to know about your dream job in future.*

————附加题————

Read and Translate.

I am reading a Tang poem about friendship（友谊）.

例1以"毕业"为主题情境,学生通过完成十一个情境中的任务,考核了相应的小学话题内容：通过写纪念手册考查介绍个人信息的表达；通过看旧照片考查人物和地点发生变化的表达；通过欣赏画展考查季节、景点、植物和动物；通过准备告别派对考查个人特长和劳动分工；通过派对中的字谜游戏考查重点词汇的词形和意义；通过写日记语篇考查日常课程、星期、场所、活动等；通过买纪念品考查关于计划中时间、地点、方式、事情等问答表达；通过读留言板的毕业留言考查对语篇中重要信息的识别、提取和理解；通过读调查图表考查对职业的表达以及对图表信息区分、归纳、分析和评价；通过写关于梦想职业的作文考查书面表达；最后在附加题中通过读英文翻译一首"友谊"主题的唐诗考查根据关键信息进行推理的能力以及中西方文化的比较和欣赏能力。整个命题框架中以同一主题情境贯穿全卷,网罗了PEP小学英语三到六年级的大部分重点话题、核心句型和词汇。

4.2 指向大观念的可迁移价值,创设真实问题情境

大观念的意义在于"能提供理解知识、研究和解决问题的思想方法或关键工具,可运用于新的情境,具有持久的可迁移应用价值"(顿继安、何彩霞,2019：7)。因此,基于大观念的命题需要关注学生解决新情境中新问题的能力。命题者应主要关注以下两方面。

4.2.1 创设真实情境。语言测试的真实性体现在试题的情境化和生活化。试题要联系学生自身的生活实际,基于学生的认知经验,以尽可能接近或类似现实生活中语言使用的实际情境来展示。

例 2 Read and choose.

Liu Yun read Alice's Moments. Now she is talking with Ben on the phone.

A. Where	B. speaking	C. went to	D. enjoyed	E. stayed
F. read	G. visited	H. ate	I. Sounds	J. How

Liu Yun: Hello! Ben! This is Liu Yun 1._____.

Ben: Hi! Liu Yun.

Liu Yun: 2._____ was your summer holiday?

Where did you go?

Ben: I 3._____ at home.

Liu Yun: Me, too. I 4. _____ Alice's Moments.

Ben: 5._____did she go?

Liu Yun: She 6._____ Beijing. She 7. _____the Great Wall, Tian'anmen Square and the Palace Museum. She 8. _____good food. She 9. _____ her summer holiday!

Ben: 10.____ great!

例 2 是 PEP 六年级下册第四单元测试卷的阅读题。这道题选取学生生活中非常熟悉的朋友圈作为背景素材。然后设置 Liu Yun 与 Ben 日常通电话时顺便谈论他们的朋友 Alice 朋友圈内容的生活场景。这种情境与社会生活紧密联结,可以较好地考查学生所学的英语知识在实际生活中的运用能力,同时,这种迁移运用能力也能帮助学生快速适应真实生活中的相似场景。

4.2.2 科学设计问题。试题所提供的情境除了具备生活化特点之外,更要具备问题性的特征。只有两者兼备的问题情境才具有真实性,才能真正检验学生分析问题和解决问题的能力,即英语学科中的思维品质。要使测试情境和素材具备问题性,命题者就要进行追问:这个语篇素材是在什么问题情境下产生的? 它的产生是为了解决什么问题? (程晓堂,2018:6)小学生对这些问题有哪些相关的生活和情感经验?

例 3 Think and write.

Tim wants to buy a notebook(笔记本电脑)*. Here are three types of notebooks.*

Tim 想买一台笔记本电脑,请你根据下面表格的提示,写不少于 5 句话的建议。(表格中信息不必完全体现在文中)(6%)

Brand	A	B	C
From	USA	Korea	China
Screen	13.3 inches (英寸)	13.3 inches	13.3 inches
Price	￥13,110	￥6,897	￥5,326
Colour	white	red	black

Tips： 1. more expensive than …（比……更贵）　 2. cheaper than …（比……更便宜）

Dear Tim，I think you'd better choose（选择） _____ . Because _____

_____

_____

_____ These are my suggestions for you.

　　例 3 是 PEP 六年级下册第一单元测试卷的写作题。这个语境是在买一款最满意的商品而进行同类货品对比时产生的，几乎所有学生都有类似的生活经验。该考题设计的问题任务是"为 Tim 给出购买建议"，不仅弱化了考核目的，而且与常见的家庭选购问题近似。学生的"责任意识"因此被激发，主动进行观察分析、综合思考之后给出阐释和评价。在这个书面表达的过程中，学生会根据阐述观点的需要，有目的地选择比较级、最高级等词汇和语法结构。

　　需要注意的是，为了让试题中的问题情境更直观地展现出来，从而更快速地被小学生理解，命题者需要使用较生动、细致的试题引导语言，并适当辅以图片、方框、线条等细节提示。

4.3　体现大观念的落实性功能，审视素材的素养达成价值

　　学科核心素养是核心素养理念在学科层面的具体化。大观念指向学科结构的中心，与学科核心素养有着潜在的相互联系，并最终促进其落实。命题者需要明确所选用的情境和语篇等命题材料与学科核心素养之间的内在关系（常双，2020：12），对核心素养达成有价值的、关键的素材做到应留尽留，对与核心素养关联不大的边缘性情境和素材则要进行调整或剔除。

5. 结语

　　学科核心素养的本质是立德树人。在未来的一段时间内，纸笔测试依然会是我国大部分地区对核心素养落实进行评价的主要手段。与基于大观念的小学英语教学相适配的测评方式是对学科核心素养落实的有效检测方式，也将会是未来的研究趋势和发展态势。小学英语测评命题者应该更深入思考大观念与测评的结合问题，为提升小学英语测评的有效性、培养学生的英语学科核心素养作出努力。

参考文献

［1］ 常双.指向核心素养的初中英语命题原则与策略［J］.大连教育学院学报，2020，36（02）：
　　　10-13.

［2］ 程晓堂.基于问题情境的英语考试命题理念与技术［J］.中国考试，2018，（12）：1-8.

［3］顿继安,何彩霞.大概念统摄下的单元教学设计［J］.基础教育课程,2019,(18)：6－11.

［4］李刚,吕立杰.大概念课程设计：指向学科核心素养落实的课程架构［J］.教育发展研究,2018,38(Z2)：35－42.

［5］王蕾.学生发展核心素养的考试和评价——以 PISA2015 创新考查领域"协作问题解决"为例［J］.全球教育展望,2016,45(08)：24－30.

课题信息：【此论文系广东省小学英语学科教研基地(河源)项目组学科育人视域下小学英语话题式纸笔测试题的设计与应用研究项目组研究成果。】

作者单位：河源市第一小学 河源　517000

基于高中英语课程内容的
高考英语命题分析
——以 2021 年高考英语全国乙卷为例

黄利军

提　要：本文从《普通高中英语课程标准》(2017 年版 2020 年修订)核心素养之基础"课程内容"中的"主题语境、语篇类型、语言知识、文化知识、语言技能和学习策略"六个要素入手，以 2021 年高考英语全国乙卷为例，用表格形式对该卷的各大题型逐一进行关联分析，旨在让师生明白高考英语试题是如何基于课程标准的课程内容进行情境材料选择和命制的，以便依标复习备考，有的放矢。

关键词：课程标准；课程内容；高考英语命题；关联

1. 引言

　　自 2020 年起，教育部考试中心没有再出版新的普通高等学校招生全国统一考试大纲及其说明。那么，无"纲"时代的高考命题以及备考应该如何应对呢？《普通高中英语课程标准》(2017 年版 2020 年修订)对此做出明确说明：英语高考主要面向完成英语必修课程和选择性必修课程的学生，考查内容包括本课程标准规定的必修课程和选择性必修课程的主要内容，难度要求以学业质量水平二为主要依据，高考由国家教育部组织实施(教育部，2020：92)。该课程标准中的课程内容是发展学生英语学科核心素养的基础，包含六个要素：主题语境、语篇类型、语言知识、文化知识、语言技能和学习策略(教育部，2020：12)，它与课程标准中的语言能力、文化意识、思维品质和学习能力四大核心素养高度关联。既然高考英语命题基于课程标准，那么高考英语命题如何融入课标内容呢？本文拟以 2021 年高考英语全国乙卷为例，从课标核心素养之基础"课程内容"的六个方面入手，对高考英语命题进行关联分析，以期对师生依标备考有所帮助。

2. 试卷整体分析

　　2021 年高考英语全国乙卷依据普通高中英语课程标准、中国高考评价体系、普通高等学校招生全国统一考试大纲及其说明命制，充分落实立德树人的教育根本任务，进一步深化对考生的德、智、体、美、劳全面发展的正确引导。试题以核心价值为引领、以学科素养为导向、以关键能力为重点、以必备知识和主干知识为基础、以三大主题语境(人与自我、人与社会、人与自然)为载体，全面考查考生在听、读、写等方面的综合语言运用能力，体现基础性、综合性、应用性和创新性,突出交际素养、思辨素养和学习素养。

该卷的难度系数为 0.54(不含听力),平均分为 64.91 分。与 2020 年相比,难度下降 0.04,平均分提高 4.91 分。整套试卷中,易、中、难题所占比例分别是 19.67%、44.26%、36.07%,各大题型得分率由高到低依次是完形填空(58%)、阅读理解(57%)、语法填空(51%)、书面表达(49%)、短文改错(48%)、听力(30%)。得分率低于 50% 的题目有 22 题,其中阅读理解占 6 题、完形填空占 6 题、语法填空占 4 题、短文改错占 5 题、书面表达占 1 题。

(注:难度系数在 0.70 及以上的为容易题、难度系数在 0.50—0.69 之间的为中等难度题、难度系数在 0.49 及以下的为难题。)

3. 试题与课程内容对接

下面,本文从课标中课程内容的主题语境、语篇类型、语言知识、文化知识、语言技能和学习策略六个要素入手,以表格形式对 2021 年高考英语全国乙卷的各大题型逐一进行关联分析(参见表 1—5)。

表 1　高考英语听力与课程内容关联分析一览表

主题语境	1. 人与自我——生活与学习:生活(Text 1、Text 2、Text 4、Text 5、Text 7)、学习(Text 8) 2. 人与自我——做人与做事:做事(Text 3) 3. 人与社会——社会服务与人际沟通:社会服务(Text 9)、人际沟通(Text 10) 4. 人与社会——文学、艺术与体育:体育(Text 6)
语篇类型	1. 对话(Text 1—Text 9) 2. 记叙文(个人故事,Text 10)
语言知识	在下列交际场合,相关的语音、词汇、语法、语篇和语用知识:问路(Text 1)、购物(Text 2)、提供帮助(Text 3)、旅游(Text 4)、就医(Text 5)、体育运动(Text 6)、健康饮食(Text 7)、学校生活(Text 8)、社会(Text 9)、人际关系(Text 10)
文化知识	1. 了解常用英语词语表达方式的文化背景 2. 了解英美等国家人们的行为举止和待人接物等方面与中国人的异同,实现有效沟通 3. 在下列交际场合,用正式或非正式、直接或委婉的语言形式表达意思,体现文化理解,达到预期的交际效果:问路(问路与指路,Text 1)、购物(选择衣服尺码,Text 2)、提供帮助(为同事帮忙,Text 3)、旅游(选择旅游套餐,Text 4)、就医(谈话场景,Text 5)、体育(网球运动,Text 6)、饮食(健康饮食,Text 7)、学校生活(参加拼写比赛,Text 8)、社会(老年人的社会角色,Text 9)、人际关系(母女间的关系,Text 10)
语言技能	1. 从语篇中提取主要信息和观点,理解语篇要义(第 6、20 题) 2. 理解语篇中显性或隐性的逻辑关系(第 8—10 题) 3. 把握语篇中主要事件的来龙去脉(第 11—14、18—20 题) 4. 抓住语篇中的关键概念和关键细节(第 2、7、8、9、11、13、14、15、16、18、19 题) 5. 在听的过程中有选择地记录所需信息 6. 借助话语中的语气和语调理解说话者的意图(第 12 题)

续　表

学习策略	1. 在听的过程中,借助情景和上下文猜测词义或推测段落大意(认知策略) 2. 根据说话人的语调或用词,推断其态度和意图(认知策略) 3. 在获得的信息与个人的经历之间建立有意义的联系(认知策略) 4. 借助手势、表情等非语言手段提高交际效果(交际策略) 5. 借助语音、语调、重音和节奏的变化以及眼神、手势等手段进行交流(交际策略)

表2　高考英语阅读理解与课程内容关联分析一览表

<table>
<tr><td colspan="2">主题语境</td><td>1. 人与社会——文学、艺术与体育:A篇文本(体育);科学与技术:B篇文本(技术)、D篇文本(科学);社会服务与人际沟通:第二节文本(人际沟通)
2. 人与自然——环境保护:C篇文本(人与环境)</td></tr>
<tr><td colspan="2">语篇类型</td><td>1. 说明文:A篇文本(地点介绍)、B篇文本(现象说明)、D篇文本(事例阐释)、第二节文本(交际技巧)
2. 新闻报道:C篇文本(简讯)</td></tr>
<tr><td rowspan="4">语言知识</td><td>词汇知识</td><td>在语境中理解具体词语的功能、词义的内涵和外延以及使用者的意图和态度等</td></tr>
<tr><td>语法知识</td><td>运用所学的语法知识理解语篇的基本意义和深层意义</td></tr>
<tr><td>语篇知识</td><td>1. 说明文、新闻报道等语篇的主要写作目的及其结构特征
2. 语篇中段首句、主题句、过渡句的作用、位置及行文特征
3. 语篇中的信息组织方式以及语篇成分(如句子、句群、段落)之间的语义逻辑关系</td></tr>
<tr><td>语用知识</td><td>在特定语境中正确理解他人的态度、情感和观点以及不同文化的价值观和社会习俗</td></tr>
<tr><td colspan="2">文化知识</td><td>1. A篇文本介绍一些世界知名的大型体育场馆,引导考生关注体育运动和身体健康,提高运动意识
2. B篇文本介绍澳大利亚很多人家里保留电话座机的现象及原因,引导考生关注社会现象及科技发展前沿,养成科学探究的精神
3. C篇文本介绍艺术家用废弃塑料制作成精美的雕塑,引导考生培养健康向上的审美情趣,提高审美能力,同时引导考生关注能源节约和生态环境保护,减少污染
4. D篇文本介绍工作环境背景音对创造力影响的实验,引导考生关注新时代科技发展,热爱科学,培养科学探究的精神
5. 第二节文本介绍在宴会上如何与人交谈,成为别人感兴趣的人,引导考生热爱生活,提高交际能力,培养良好的人际关系</td></tr>
</table>

语言技能	1. 从语篇中提取主要信息和观点，理解语篇要义（第31题） 2. 根据上下文推断语篇中的隐含意义（第24、26、27、28、30、35、36、37、38、39、40题） 3. 根据上下文线索推断词语的意义（第25题） 4. 抓住语篇中的关键概念和关键细节（第21、22、23、32、33、34题） 5. 把握语篇的结构以及语言特征（第36—40题） 6. 借助话语中的语气和语调理解说话者的意图（第29题） 7. 根据语境线索推测语篇内容（第24、26、27、28、30、35、36、37、38、39、40题） 8. 批判性地审视语篇涉及的文化现象（第24、26、27题） 9. 根据语篇标题预测语篇的体裁和结构（A篇文本）
学习策略	1. 根据语篇类型和特点，了解篇章的主要内容和写作意图（第31、29题） 2. 通过快速浏览理解篇章大意（第31题） 3. 通过扫读获取篇章具体信息（第21、22、23、32、33、34题） 4. 根据不同语篇中的衔接方式，理解语篇的逻辑以及段落间的衔接（第36—40题） 5. 在读的过程中，借助情景和上下文猜测词义或推测段落大意（第24、25题） 6. 根据说话人的语调或用词，推断其态度和意图（第29题）

表3　高考英语完形填空与课程内容关联分析一览表

主题语境	人与社会——社会服务与人际沟通：人际沟通		
语篇类型	记叙文（个人故事）		
语言知识	词汇知识	在语境中理解具体词语的功能、词义的内涵和外延以及使用者的意图和态度等。具体考查的单词和短语及其在语境中的词义如下（列举时采用单词或短语的原形）：nurse（护士）、grade（等级）、put ... to the test（使……受检验）、recover（恢复健康）、attempt（试图）、eventually（最后）、require（需要）、slowly（慢慢地）、grateful（感激的）、delight（高兴）、leave（离开）、say goodbye to（向……道别）、reach（到达）、refuse（拒绝）、do one's job（做本职工作）、reply（回答）、care（护理）、given（必然的事物）、save（拯救）、extra（额外的事物）	
	语法知识	运用所学的语法知识理解语篇的基本意义和深层意义	
	语篇知识	1. 记叙文的主要写作目的及其结构特征和语言特点 2. 语篇中的显性衔接和连贯手段 3. 语篇中的信息组织方式以及语篇成分（如句子、句群、段落）之间的语义逻辑关系	
	语用知识	在特定语境中正确理解他人的态度、情感和观点以及不同文化的价值观和社会习俗	

文化知识	讲述一位病人以特殊的方式向医护人员表达感激之情,倡导建立和谐美好、彼此关爱的良好人际关系
语言技能	1. 把握语篇的结构以及语言特征,从语篇中提取主要信息和观点,理解语篇要义,抓住语篇中的关键概念和关键细节 2. 理解语篇中显性或隐性的逻辑关系,把握语篇中主要事件的来龙去脉,识别语篇中的内容要点和相应的支撑论据 3. 识别书面语篇中常见的指代和衔接关系,根据连接词判断和猜测语篇中上下文的语义逻辑关系 4. 批判性地审视语篇涉及的文化现象
学习策略	1. 根据语篇中的核心词、代词等,理解段落或句子之间的内在衔接 2. 根据不同语篇中的衔接方式,理解语篇的逻辑以及段落间的衔接 3. 根据说话人的语调或用词,推断其态度和意图 4. 在获得的信息与个人的经历之间建立有意义的联系 5. 在读的过程中,借助情景和上下文猜测词义或推测段落大意 6. 通过快速浏览理解篇章大意,通过扫读获取篇章具体信息

表 4　高考英语语法填空和短文改错与课程内容关联分析一览表

主题语境		1. 人与自然——环境保护:语法填空文本(人与环境) 2. 人与自我——生活与学习:短文改错文本(家庭生活)
语篇类型		1. 说明文:语法填空文本(现象说明) 2. 记叙文:短文改错文本(个人故事)
语言知识	词汇知识	1. 了解词汇的词根、词缀,掌握词性变化规律,并用于理解和表达有关主题的信息和观点 2. 在语境中理解具体词语的功能、词义的内涵和外延以及使用者的意图和态度等 3. 学习形容词与名词、动词与副词、动词与名词等的习惯搭配,确切表达意思、描述事物
	语法知识	1. 运用所学的语法知识理解语篇的基本意义和深层意义,在语篇中正确理解和使用常见时态及其被动语态、非谓语动词、从句等 2. 在词法方面,掌握词的形态变化,如名词的数与格、动词的时与态等;在句法方面,掌握句子结构,如句子的成分、语序、种类等 3. 语法填空具体考查定冠词表示特指、名词的复数形式、形容词性物主代词、介词(含固定短语)、形容词作定语、动名词、动词不定式的用法,突出词性的转换(第 61 题动词转换为形容词、第 62 题动词转换为名词、第 63 题名词性物主代词转换为形容词性物主代词、第 68 题名词转换为形容词)和动词的不同变化形式(第 61、62、67、70 题)

语言知识	词汇知识	4. 短文改错具体考查名词的复数形式(第 71 题涉及固定短语 do the dishes)、代词(第 79 题涉及行文逻辑,单数变为复数)、连词(第 73 题从属连词 whenever 或 when 引导的省略句)、介词(第 74 题固定短语"benefit ... from doing ..."或 by doing 表示方式)、形容词(第 78 题副词转换为形容词作定语)、副词(第 77 题 much 的比较级)、动词的形式(第 72 题一般现在时并列谓语、第 75 题一般现在时、第 80 题词形变换)、词性辨析(第 76 题 like 作介词和作动词的词义辨析与用法)、惯用法(第 71 题 do the dishes、第 73 题 when/whenever necessary、第 77 题"What's more")、主谓一致及省略(第 80 题)
	语篇知识	1. 记叙文、说明文的主要写作目的及其结构特征和语言特点 2. 语篇中的显性衔接和连贯手段 3. 语法结构在组织语篇中的作用 4. 语篇中的信息组织方式以及语篇成分(如句子、句群、段落)之间的语义逻辑关系
	语用知识	1. 根据交际具体情境,正确理解他人的态度、情感和观点 2. 运用得体的语言形式,表达自己的态度、情感和观点,体现文化理解,进行跨文化交际
文化知识		1. 语法填空讲述生态旅游的内涵、意义及应该坚持的原则,引导考生接近、认识、敬畏、欣赏、保护大自然,提高环保意识 2. 短文改错讲述作者通过做家务劳动感受到其乐趣和益处,引导考生积极参与家务劳动,形成热爱劳动的观念
语言技能		1. 把握语篇的结构以及语言特征,从语篇中提取主要信息和观点,理解语篇要义,抓住语篇中的关键概念和关键细节 2. 识别书面语篇中常见的指代和衔接关系,根据连接词判断和猜测语篇中上下文的语义逻辑关系,根据上下文线索推断词语的意义 3. 根据表达的需要选择词汇和语法结构 4. 批判性地审视语篇涉及的文化现象
学习策略		1. 根据语篇中的核心词、代词等,理解段落或句子之间的内在衔接 2. 根据不同语篇中的衔接方式,理解语篇的逻辑以及段落间的衔接 3. 根据说话人的语调或用词,推断其态度和意图 4. 通过快速浏览理解篇章大意,通过扫读获取篇章具体信息 5. 通过构词法、话题词等方式建构词族、词汇语义网 6. 通过观察、比较、分类和总结等手段,概括具体语言形式的结构、意义和使用规律

表5 高考英语书面表达与课程内容关联分析一览表

主题语境	人与自我——生活与学习：学习	
语篇类型	应用文（发言稿）	
语言知识	词汇知识	1. 了解词汇的词根、词缀,掌握词性变化规律,并用于理解和表达有关主题的信息和观点 2. 学习形容词与名词、动词与副词、动词与名词等的习惯搭配,确切表达意思、描述事物 3. 在语境中,理解具体词语的功能、词义的内涵和外延以及使用者的意图和态度等 4. 在语境中,根据不同主题,运用词汇命名相关事物,进行指称,描述行为、过程和特征,说明概念等
	语法知识	1. 运用所学的语法知识,理解口头和书面语篇的基本意义,描述真实和想象世界中的人和物、情景和事件,简单地表达观点、意图和情感态度,在生活中进行一般性的人际交流 2. 运用所学的语法知识理解语篇的基本意义和深层意义,在语篇中正确理解和使用常见时态及其被动语态、非谓语动词、从句等 3. 在词法方面,掌握词的形态变化,如名词的数与格、动词的时与态等;在句法方面,掌握句子结构,如句子的成分、语序、种类等
	语篇知识	1. 日常生活中常见应用文的基本格式、结构及语言特点 2. 语篇中的显性衔接和连贯手段,如通过使用代词、连接词、省略句、替代等手段来实现的指代、连接、省略、替代等衔接关系 3. 语篇中的信息组织方式,如语篇中新旧信息的布局及承接关系 4. 语法结构在组织语篇中的作用,如通过使用被动语态或调整主从复合句中主句和从句的位置,在句子中合理安排重要信息的位置,以提高语篇的连贯性 5. 语篇成分(如：句子、句群、段落)之间的语义逻辑关系,如次序关系、因果关系、概括与例证关系
	语用知识	1. 根据交际具体情境,正确理解他人的态度、情感和观点,运用得体的语言形式表达自己的态度、情感和观点 2. 根据交际场合的正式程度和行事程序,选择正式或非正式、直接或委婉的语言形式,表达自己的态度、情感和观点,体现文化理解,运用得体的语言进行跨文化交际 3. 通过书面形式进行交际时,能根据交际对象的身份、事由、正式与非正式程度,选择得体的语言形式进行有效的跨文化沟通

文化知识	要求考生以"Be smart online learners"为题写一篇参赛发言稿,写出线上学习的优势与不足并给出建议,引导考生正确利用互联网进行有效的学习,成为智慧的网上学习者
语言技能	1. 根据表达的需要,设计合理的语篇结构 2. 根据表达目的选择适当的语篇类型,根据表达的需要选择词汇和语法结构,选择正式语或非正式语 3. 在书面表达中借助连接性词语、指示代词、词汇衔接等语言手段建立逻辑关系 4. 以书面形式描述、概括经历和事实,传递信息、论证观点、表达情感 5. 运用语篇衔接手段,提高表达的连贯性 6. 通过重复、举例和解释等方式澄清意思
学习策略	1. 在获得的信息与个人的经历之间建立有意义的联系 2. 根据主题表达的需要,列出主要信息,组织基本信息结构 3. 通过事物说明、特性描述以及必要的修辞手段创建文本 4. 根据主题表达需要,合理运用语篇知识,有逻辑地组织信息结构 5. 使用恰当的句子、段落和篇章结构,增强文章的逻辑性

从以上 5 个表格中的对标分析来看,高考英语试题对语言知识和语言技能考查呈显性,试题中绝大多数题目都能找到相对应的考查目标和内容要求,例如在听力和阅读理解中考查主要的理解性技能,在完形填空中考查对词汇的理解、掌握和运用能力,在语法填空和短文改错中考查基础语法知识的运用能力,在书面表达中考查综合运用语言知识的能力和表达性技能。对主题语境、语篇类型、文化知识和学习策略的考查呈隐性,没有设置具体的题目,但体现在整套试题中,考生通过对主题语境和语篇类型的理解,运用学习策略在具体的语篇情境中解决实际问题。

4. 结语

今后的高考英语命题基于普通高中英语课程标准,坚持以立德树人、发展素质教育为目标,融入学科核心素养,全方位考查课程内容要求的目标,尤其突出对文化意识、思维品质以及交际素养、思辨素养的考查,体现价值引领、素养导向、能力为重、知识为基。在复习备考中,学生要重视教材,回归教材,夯实基础,既要学好词汇和语法基础知识,更要关注语篇、语用和文化知识的学习和运用,既要加强阅读理解、应用写作和语言表达能力的训练,更要重视逻辑思维能力、辩证思维能力和批判性思维能力的培养。只有这样,才能提升综合语言运用能力,发展学科核心素养(黄利军,2021:40)。

参考文献

［1］黄利军.价值引领 素养导向 能力为重 知识为基——2020 年河南省高考英语命题、答题分析

及 2021 年备考建议(下)[J].招生考试之友,2021(1).

[2] 教育部考试中心.2021 年普通高等学校招生全国统一考试英语试题(乙卷)[Z].2021.

[3] 中华人民共和国教育部.普通高中英语课程标准(2017 年版 2020 年修订)[S].北京:人民教育出版社,2020.

作者单位:郑州市教育局教学研究室 郑州　450000

在初中英语教学中渗透
国际理解教育实践探索
——以人教版八年级上 Unit 8 饮食单元教学为例

杨 娇 汤 燕

提 要：在全球一体化背景下，国际理解教育应运而生。英语学科是实现国际理解教育的重要途径之一；英语学科能够很好地培养学生的跨文化意识，增强国际交流能力。本文深刻挖掘初中英语教材中饮食单元教学中蕴含的情感态度和文化意识，立足教材寻找渗透国际理解教育的契合点，课前开展形式多样的探究活动，培养国际理解教育意识，课堂开展内容丰富的实践活动，形成国际理解教育观念，课后开展文化多元的拓展活动，提升国际理解教育精神等四个方面实施国际理解教育实践探索。

关键词：饮食内容教学；英语学科渗透；国际理解教育

1. 引言

"国际理解教育"是联合国倡导各个国家以"国际理解"为教育理念开展的教育活动，目的是促进不同区域、不用种族、不同国家之间的交流和合作，共同应对全球社会不同问题；旨在培养青少年认同和弘扬中华优秀传统文化，尊重、理解、包容不同区域、不同国家的文化和风俗习惯，培养具有"民族魂"和"世界眼"的世界公民。

初中英语教材编写的指导思想兼顾"工具性"和"人文性"，总目标是发展学生的综合运用能力，重视培养学生积极学习的态度和情感，并通过英语课程的学习传播中国文化，增强学生爱国主义精神，拓展学生国际视野，发展跨文化意识和能力，明确提出要将国际理解教育理念融入英语学科教学。

表1 一至五级分级目标中情感态度和文化意识描述

一级	对学习中接触的外国习俗感兴趣
二级	乐于了解外国文化和习俗

三级	能意识到语言交际中存在文化差异
四级	在学习和日常交际中能注意到中外文化的异同
五级	进一步增加对文化差异的理解与认识

2011版《义务教育英语课程标准》总目标分为五个级别，如表1所示。每个级别又从学生语言技能、语言知识、情感态度、学习策略和文化意识等五个方面来考量学生的发展需求。语言技能和语言知识关注的是学生语言运用方面能力的发展和提高；情感态度是增强学生国家意识，拓展国际视野，培养合作、交流、沟通能力；学习策略培养学生自主学习、发现问题、解决问题、反思、交往、质疑、比较、观察等方面的能力；文化意识首先要培养学生热爱祖国、传播祖国优秀文化，然后逐步在教学中涉及外国文化知识内容，并最终能理解和学习中外文化异同，进而提高跨文化交际能力。

由于教学压力的增加，教师在教授课文时侧重对学生语言知识和语言技能的关注，如注重单词、短语、句型的背诵，语法的讲解，阅读课文结构的分析，却忽略了学生在情感态度、学习策略和文化意识的培养。在学习过程中，忽视了对学生独立自主、合作、反思、质疑等能力的培养，更忽视培养学生树立开放、平等、尊重、包容和欣赏等态度来对待世界文化的多元。为了将"国际理解教育"落到实处，我们在初中英语教学中渗透国际理解教育，进行以下实践探索。

2. 立足教材，寻找渗透国际理解教育的契合点

英语教材不仅重视培养学生综合语言运用能力，也非常重视文化内容的渗透。教材既介绍英语国家的文化，也介绍我国民族文化，让学生通过英语学习扩大视野，了解世界文化的多元性，对世界文化形成开放、包容的心态，并培养跨文化交际能力。教材中也有许多渗透国际理解教育的契合点，如初中英语教材中的饮食教学单元能很好地开展国际理解教育。七年级到九年级教材中都有饮食教学单元，每个单元都有丰富的文化内容可挖掘。如七年级上 Unit 6 "Do you like bananas?"让学生初步了解西方食品，如三明治、汉堡；然后渗透中西方饮食观念差异和欧美饮食习惯。七年级下 Unit 10 "I'd like some noodles."讲解如下文化知识：① 学习不同国家生日饮食习俗；② 了解西餐菜单及点餐，并和中国点餐文化比较，找到他们的差异性。培养学生审视自己、尊重他人的品质。八年级上 Unit 8 "How do you make a banana milk shake?"文化知识有中西方饮食文化差异比较、中国传统节日的饮食习俗及地方风味小吃探究；九年级 Unit 2 "I think that mooncakes are delicious!"中文化知识涉及国内外不同的节日和风俗习惯，文化气息浓郁，如中泰两国的"泼水节"、中国的春节、端午节、中秋节以及这些传统节日的传统食物和风味小吃，仿佛参加一场盛大的国际美食节，让我们隔着书本都能闻到美食的味道。

教师在备课过程中对饮食单元教学目标进行深度挖掘，发现其中蕴含的情感态度和文化意识，在教学过程中通过一系列的教学手段向学生逐步渗透国际理解教育。

以初中英语教材八年级上 Unit 8 为例,本单元功能话题是 Cooking(食物制作),教师根据教材内容、教学重难点,在充分分析教材后,确定本单元的教学目标是:

① 通过本单元的学习,能正确使用下列关于食物和食物制作的词汇和句型:shake、yogurt、honey、watermelon、spoon、salt . . .、cut up the bananas;以及"First, peel the bananas. Next, put the bananas in the blender . . ."。

② 通过学习奶昔、三明治、云南米线、火鸡等美味食物的制作方法,引出学生对更多地方、国家风味小吃的了解和学习,培养学生合作、交流、沟通、尊重、包容等国际理解教育核心素养。

③ 通过学习文章"Thanksgiving in North America"中关于火鸡是美国节日传统食物的知识,引出更多关于中国传统节日及食物制作方法。激发学生对家乡、对祖国的热爱之情,同时体验和比较中外文化差异,引导学生欣赏世界多元文化之美。

3. 课前开展形式多样的探究活动,培养国际理解教育意识

饮食教学是个比较广泛的话题,也是学生比较感兴趣的话题。教师在进行 Unit 8 学习前布置实践活动,让学生利用课余时间了解本地的、四川的、中国的、国外的美食,内容包括:美食名称、美食种类、烹饪方法、美食来源及与之相关的地理环境和风俗习惯。学生根据自己的爱好自行选择,查找、收集、整理自己喜欢的美食,绘制美食介绍卡,便于课前三分钟互动交流。如有学生选择家乡美食——河鲜,介绍说"河鲜是新津著名的美食之一,河鲜种类繁多,有几十种之多,其中黄辣丁远近闻名。河鲜独占鳌头,由新津地理环境决定,五河汇聚,水资源丰沛,所以鱼类众多。而河鲜吃法也十分丰富,水煮黄辣丁、红汤青波、清蒸刺婆等。新津河鲜美食属于川菜,四川地处盆地、气候湿润,所以川菜大多麻辣,这是为了祛湿。"也有学生选择其他地方的饮食。由点及面,由新津美食谈到四川美食、中国美食、世界美食,透过美食看到精彩的世界。

教师还把全班学生分为 6 个小组,开展关于中外美食知识的竞赛活动,如抢答题:"1. 新津著名美食是(　　　),并说出至少三种种类。2. 中国八大菜系是(　　　)。选择题:茶、可可和世界哪一种饮料并称为世界三大饮料(　　　)。A. 汽水　B. 果汁　C. 牛奶　D. 咖啡"。借助知识竞赛引导学生初步了解中西方国家饮食文化差异,感受多元饮食文化的魅力,为 Unit 8 Cooking(食物制作)的学习做铺垫。

以饮食为切入点,既可以激发学生学习的兴趣和积极性,了解基本的饮食知识,又能提高他们对科学饮食、健康生活的认识,还可以培养学生审视自我,尊重他人,理解世界的多元性,欣赏文化的多样性。

4. 课堂开展内容丰富的实践活动,形成国际理解教育观念

4.1　小组活动——制作香蕉奶昔

教师根据主题教学的交际和语言功能,设计出具体的、可操作的任务;学生通过演讲、提问、对话、讨论等多种语言活动形式来完成任务,以达到学习和掌握语言的目的。如制作香蕉奶昔,让学生依照食品清单带上香蕉、牛奶、草莓、冰淇淋、酸奶等材料到学校,以小组为单位,

通过小组合作完成。

全班分为 6 个小组,每组确定做一种食物,或香蕉奶昔,或水果沙拉等。小组根据每人所带的食物和量,在小组内制作美食。做好后,六个小组轮流上讲台用英语向全班同学展示食物制作过程。展示时,小组内派一人向全班同学汇报有关食物清单的内容、制作的步骤,其他成员做信息记录。该小组根据汇报内容向全班进行提问:"How many bananas do we need? How much yogurt do we need?"此活动培养学生合作和交流能力,形成共同参与意识。

4.2 角色扮演——"三明治的制作和来历"

教师创设具体的情境,让学生在情境中根据设定内容进行互动活动,学生可以通过对话、动作、表演等方式自由地表达自己的思想和情感。这样的活动可以帮助学生更好的理解教材,并将文化内容渗透其中。如 Unit 8 Section B 听力教学中,教师根据对话内容创设一个真实对话场景:关于制作三明治及其来历(S-Sandwich,R-Reporter)的情景对话表演。

R: Who are you and where are you from?

S: I am Sandwich and I am from England.

R: You are so delicious, how can you make it?

S: First, put some butter on a piece of bread, then put some lettuce, or tomatoes and so on, next put another piece of bread.

P: Good, how can you come to China?

S: At first, I am a person who likes to play cards all day and night, and when I am hungry, my servant gives me some food just like: two pieces of bread and some vegetables into the bread. After that, many people like to eat it from England to America, even to China.

学生在具体情境中学习语言,既锻炼学生的口语能力,又激发学生的学习情绪和学习兴趣。而将关于三明治的来历融入对话中,既让对话新颖有趣,又让学生在不知不觉中了解到文化知识。

4.3 对比阅读——比较中外饮食文化差异

中华美食文化历史悠久,国外饮食文化也源远流长。对中外传统节日美食文化差异比较的探究学习,可以促进学生对中华饮食文化的理解和认同,也加深学生对国外饮食文化的理解。学生通过探究学习还了解到地域、风俗习惯、经济政治等方面都和饮食文化的形成有密切的关联。如 Unit 8 Section B(2a-2b)阅读版块是关于美国食物火鸡的制作方法。本部分的学习是让学生学习关于北美节日传统文化的相关内容。这也引发学生联想中国传统节日和美食,例如:粽子是中国传统节日端午节的传统食物。老师顺势引导学生阅读介绍粽子的文章,再把中国端午节的传统美食粽子和美国传统食物火鸡关联比较阅读,引出相关联传统文化内容。中国传统节日注重人文关怀,端午节划龙舟、吃粽子是为了纪念中国伟大诗人屈原。对比阅读,增长学生的认知经验,帮助学生开拓视野。

4.4 激情辩论——中国饮食 PK 国外饮食

从中外饮食文化差异中引出问题:中国饮食和国外饮食那个更好呢?"中国饮食 PK 国

外饮食"辩论环节,引起了学生极大的关注和热情,同学们从食材、制作方法、烹饪方法、营养价值、餐桌礼仪等方面再到和饮食密切相关的地理环境、风俗习惯、经济政治等方面进行辩论。如小 A 同学说:"I like Sichuan food, because it is delicious, and I like hot food ."。小 B 同学却喜欢西方食物,他说:"Hamburger is my favorite food. It has chicken, greens, cream and jam."。辩论赛中同学们各抒己见,滔滔不绝,小组之间、同学之间进行激烈的思维碰撞。在比较和辩论中,同学们对中外文化有了更深的理解和体验,知道中外饮食差异来源于中外文化差异正是"一方水土养一方人""十里不同乡,百里不同俗"。从"南米北面"知道中国北方由于气候干旱,适合种植小麦,所以北方人喜爱吃面食;南方气候湿润,适合水稻生长,米饭就是南方人的主食。日本是个岛国,所以海鲜产品十分丰富,海鲜料理是日本著名的美食之一。中国自古以来是以农业生产为主的经济方式,饮食主要是以植物性为主,主食是谷类,辅食是蔬菜,少量肉食。而西方人受传统游牧、航海民族文化影响,多爱食肉类,如牛肉、羊肉、猪肉、鸡肉和鱼等。辩论激发学生对家乡、对祖国的热爱之情。尊重世界文化的多元,欣赏文化的多样性,形成学生包容、开放的品格。而在辩论中学生也发现,随着世界各国经济文化交流日益密切,增加了各国人民的了解、交流和互补,中外饮食文化也不断融合。如国外的快餐馆也出现中国的稀饭、豆浆和油条,而中国的餐桌上也出现了刀、叉等餐具。

5. 课后开展文化多元的拓展活动,提升国际理解教育精神

5.1 制作手抄报

为了让学生们更好地感受饮食文化所来的文化碰撞,以小组为单位,学生制作主题为"中外饮食荟萃"的各种各样的手抄报,绘制精美的食品图片,讲解食品制作过程,拓展饮食背后的文化知识。通过手抄报的制作,学生不仅学到关于食品的词汇和短语、句型,如 immigrants、popcorn、apple milk shake 等,还了解到很多中外文化知识,如西方餐桌礼仪、美国烹饪的来源、粤菜历史等。

5.2 制作创意食谱

教师设计话题活动 Food Festival,提出"Let's make a recipe for the food festival!"制作创意食谱。活动要求:学生四人或六人一组,每个小组用英语制作一份内容详尽、有创意的菜谱。学生需要写出创意菜名、所需食材和用量,再写出制作方法。此活动注重培养学生收集信息、处理信息的能力。

学生制作的食谱内容丰富,包括中外风味小吃,如:凉糕、西式酸奶;经典西方美食,如:海鲜炒意面、自制西班牙海鲜饭;还有中西方饮食文化差异、中外餐桌礼仪对比等文化知识。

5.3 美文赞美食

学生通过之前一系列美食学习,如课前实践活动、课堂制作美食,对比阅读中外美食文化、中外美食 PK、制作手抄报、创意食谱……学生们从中学到了合作、交流、尊重、理解、包容,通过饮食这扇窗也对世界各地文化形成初步的认识。世界文化的多样性、差异性让学生看到精

彩的世界。学生还通过写美文赞美自己喜欢的美食。布置写作任务,让学生完成一篇关于美食的作文。要求:1.介绍一种你喜欢的食物;2.你为什么喜欢(至少写出3点原因);3.要有自己对食物的见解和看法。学生们积极思考、认真写作。如小C的习作 Hot pot(四川火锅):

Hot Pot

There are many delicacies in China. My favorite is our Sichuan hot pot. This is characteristic of Sichuan. We like to eat together. It makes me happy.

Hot pot makes me feel warm when the weather is cold. Let's make hot pot now. First, we need to go to the supermarket to buy our favorite food. Second, we need to make the water very hot and put in the hot pot. Then, we need to wash the vegetables and put them on the table. Finally, put what you want to eat into the pot and cook it. When it's cooked, you can eat it. You can enjoy it with your family and friends.

We have a lot of delicious food in China, like Xinjin Local food, Yunnan rice noodles, Chongqing noodles and so on. I love hot pot. I love Sichuan. I love Chinese food.

新津河鲜美食、四川火锅、汉堡、三明治、云南米线等一篇篇风味小吃的佳作在学生们笔下诞生,同学们尽可能地用英语来表达自己的思想和情感。

通过一系列国际理解教育实践探索,老师们对于国际理解教育的内涵和目标有更深入的认识,不再认为国际理解教育就是讲讲英语、简单介绍国外文化或者是有外教执教就是国际理解教育。英语教师更多是从语言角度来挖掘语言背后的内容,让学生立足本土,拥抱世界,认同弘扬自身优秀文化,尊重不同文化带来的差异性,学会理解、合作、沟通、交流等国际理解教育核心理念,让学生更好地发展自己、提升自己,培养学生全面发展的才能和具有国际视野和世界胸怀的品质。

参考文献

[1] 高姿.国际理解教育在高中英语教学中的渗透[J].中国教师,2020,(1):2.

[2] 鞠海燕.小议如何在初中英语教学中渗透国际理解教育[J].英语广场,2019,(3):28—29.

[3] 李虹.国际理解教育在小学英语学科中的渗透[J].新教师教育,2016,(36):66.

[4] 李孝燕.开发"特色节日文化"课程增进国际理解教育[J].教育实践与研究,2018,(1):9-13.

[5] 刘新生,熊梅.国际理解教育在小学——以综合实践活动课"从'饮食文化'看世界"主题单元为例[J].中国德育,2017,(24):38-42.

[6] 曲春燕.初中国际理解教育实践探索——以青岛第二十六中学为例[J].现代教育,2018,(10):3.

[7] 人民教育出版社课程教材研究所英语课程教材研究开发中心.英语八年级下册教师教学用书[M].北京:人民教育出版社,2013:2.

[8] 中华人民共和国教育部.英语课程标准(2011年版)[M].北京:北京师范大学出版社,2021:6-25.

作者单位:四川省成都市新津区实验初级中学 成都　611430